领导者
自我修炼与
领导力提升

李永瑞 ◉ 著

Leader's
Self-Cultivation and
Leadership
Upgrading

北京师范大学出版集团
BEIJING NORMAL UNIVERSITY PUBLISHING GROUP
北京师范大学出版社

图书在版编目(CIP)数据

领导者自我修炼与领导力提升 / 李永瑞著. -- 北京：
北京师范大学出版社，2025. 3. -- ISBN 978-7-303
-30540-7

Ⅰ. C933

中国国家版本馆 CIP 数据核字第 2024ZD5464 号

LINGDAOZHE ZIWO XIULIAN YU LINGDAOLI TISHENG

出版发行：北京师范大学出版社 https://www.bnupg.com
　　　　　北京市西城区新街口外大街 12-3 号
　　　　　邮政编码：100088

印　　刷：北京虎彩文化传播有限公司
经　　销：全国新华书店
开　　本：710 mm×1000 mm　1/16
印　　张：13.75
字　　数：239 千字
版　　次：2025 年 3 月第 1 版
印　　次：2025 年 3 月第 1 次印刷
定　　价：58.00 元

策划编辑：陈仕云　　　　　　　　责任编辑：陈仕云
美术编辑：焦　丽　　　　　　　　装帧设计：焦　丽
责任校对：陈　民　　　　　　　　责任印制：马　洁

内容简介

领导力是领导者准确并清晰定义未来（领），有针对性地整合并内化相关资源，积极影响广义（组织外部）和狭义（组织内部）追随者的决策和行为（导），从而实现个人价值和组织效益最大化的综合素质表征（力）。本书基于个人、局部、历史之绩与组织、全局、未来之效共成一体，以效定绩的理论视角，从领导者的目标导向是重公共还是重个人（领导视角），在领导活动中个人目标与组织公共目标是否能保持动态一致（目标离合），以及目标实现过程中领导者与组织成员及利益相关者的互动策略（组织策略）三个角度，将领导者划分为有效领导、成功领导、悲剧领导和破坏领导四种类型。此外，本书基于中国历史人物及经典著作，围绕战略校准引领组织变革，优势促进夯实队伍建设，目标同一增进组织赋能，正知善行提升格局智慧四个方面，遵循史中求是、正知善行的逻辑主线，构建了领导力提升的基本体系，期待为各级各类领导者提升领导力提供参考和借鉴。

本书在领导力的定义及维度划分、领导效能的价值评判、关键岗位人才选拔和调配等方面，结合中国优秀传统文化和中国本土管理实际，进行了积极的创新。本书选材精当、逻辑缜密、人文积淀深厚，适宜用作高等学校本科生的领导学通识课程和人文社科类专业研究生相关课程的参考教材，也可用作各类高级管理人员领导力专题培训班参考用书。

前言　史中求是，正知善行

"我虽是肖像画家，但我心中其实有想画成画和不想画成画的人；在想画的人物当中，冲动性地认为非画不可的，更是少之又少。你就是这少之又少中的一个。"（陈舜臣，2006）这是唐代著名画家阎立本在河南汴州见到当时身份还十分低微的参军狄仁杰时所说的一番话。

我自 1991 年大学毕业后从教以来，先后教过化学、体育、心理学、管理学、领导学等 20 多门不同学科的专业课程，但如果问我最喜欢教授哪门课程，类比阎立本式的冲动，那就是我在北京师范大学为本科生开设的通识教育课程——领导力与组织管理。

为教授好这门课程，我阅读了百余部专著，做了数百万字的读书笔记，发表了 60 余篇文章……最为关键的是，在这个过程中，我深深体会到，昨天的故事就是今天的历史，而今天的故事就是明天的历史。我深切地感受到梁启超所说的，历史是"记述人类社会赓续活动之体相，校其总成绩，求得其因果关系，以为现代一般人活动之资鉴者也……今日所需之史，则'国民资治通鉴'或'人类资治通鉴'而已。史家目的，在使国民察知现代之生活与过去未来之生活息息相关，而因以增加生活之兴味……观其失败之迹与夫恶因恶果之递嬗，则知耻知惧；察吾遗传性之缺憾而思所以匡矫之也。夫如此，然后能将历史纳入现在生活界，使生密切之联锁；夫如此，则史之目的，乃为社会一般人而作，非为某权力阶级或某智识阶级而作，昭昭然也"。（梁启超，2014）

这门课程的开设和准备，总体来看，就是在史中求是，在正知善行中不断探索和不断完善的过程。在这个过程中，我收获了自主学习、自我发现与自我管理的红利，全方位提升了自己，实现了跨学科的成功转型。《领导者自我修炼与领导力提升》这本书也因此得以诞生。借此机会，简要回顾一下本书缘起、内容体系，并对章节编排及相关内容进行简要说明。是为前言，兼作导读。

一、本书缘起

回顾当初，在国内外没有成型的同名专著或教材可以借鉴的情况下，我之所以决定从零开始，为北京师范大学本科生开设"领导力与组织管理"这门新的通识课程，原因有三。

1. 破谜解惑，助力学生成长成才

2002 年，北京师范大学人力资源管理专业开始招收本科生。2003 年以来，我为选修人力资源管理专业课程的学生讲授了多门专业课，认识了不少学生。他们在校期间或毕业后遇到问题或疑惑，经常来找我请教。用他们的话来说，我比他们更了解他们自己。渐渐地，我发现了他们的迷茫或困惑，"数据饱和"后总体上都可归结为以下几类现象，比如：

• 为什么有些起点很高的人进入职场后总是怨天尤人，职业发展也往往徘徊不前，或者昙花一现？

• 为什么有些起点并不高的人进入职场后一路低开高走并成为笑到最后的英雄？

• 为什么有些人做普通员工时人见人爱，而晋升为管理者后却人见人恨？

• 为什么有些人在人际交往中无论遇到什么情况都能应付自如、游刃有余？

随着时间的推移，我逐渐摸索出一套程序化的问题解答范式——每遇到一个新的问题，我都会与来访者展开一次结构化的访谈，详细记录并与之讨论对策，多时点跟踪记录，纠偏校准；"结题"后立即复盘总结，并按照"现象观察、理论提升、案例解析、指导建议"的逻辑主线形成专题论文或 PPT。随后遇到类似问题时，我一般先将我所写的文章或对应的专题 PPT 推荐给来访者阅读。

首先，基于以上几类现象的观察，结合相关案例和理论，我提炼出了如下理论问题：

• 专业人才、管理人才和领导人才在工作重心上有何区别？

• 专业人才、管理人才和领导人才在核心胜任上有何不同？

• 优秀的专业人才能否都转型升级为优秀的管理人才或领导人才？

• 优秀的专业人才、管理人才和领导人才都有什么样的心智模式？如何针对他们各自独特的心智模式和岗位职责设计有针对性的自我提升路径？

其次，遵循典型性、代表性、可比性的原则，基于规范的案例研究方法，我对刘邦和项羽进行了对比研究(见本书第四章第四节)，并以相关行业领域的典型人物成长经历及其人生感悟作为旁证。

综合上述内容，经过十多年来的不断修改和检验，针对来访者所提出的上述问题，我提炼出了如下自我诊断与自我提升对照表，见表 0-1。

表 0-1　不同类型人才工作重心、核心胜任、心智模式的自我诊断与自我提升对照表

类型	工作重心	核心胜任	心智模式	自我提升
专业人才	操作层面 接点精专 个体卓越	兴趣驱动 态度专注 专业技能	自得其乐	三规共盘 标杆示范 勤比多练
管理人才	执行层面 线面协同 团队增益	精识人性 团队管理 人际技能	助人为乐	想后思前 心有全盘 专项内嵌
领导人才	决策层面 领向导人 组织强盛	战略管理 组织建设 概念技能	率众齐乐	清零多看 机巧权变 高人陪练

令人惊喜的是，很多来访者阅读了我所写的文章或 PPT 后，问题得以迎刃而解。于是我便计划将这些案例写下来并争取公开发表。恰在此时，《软件工程师》期刊①编辑部的吴建宁先生等人找到我，希望我能为他们开设一个有关职场心理调适、管理学和领导学方面的专栏，于是我的这些心得就得以与读者见面了。

怎么写呢？我的做法是，以某一历史人物为主线，系统读完他们不同版本传记中较为权威的 1～2 部后，在中国知网上对相关主题文章进行搜索，综合传记的读书笔记和这些文章的观点，结合来访者正在面临或曾经面临的问题，按照"现象观察、理论提升、案例解析、指导建议"或明或暗的主线形成专题文章。就这样，从 2005 年 7 月起，我先后在《软件工程师》《青年心理》《北京师范大学学报(社会科学版)》等期刊上发表了 60 余篇文章，总字数超过 40 万字。这些文字为本书的写作提供了丰富的素材。

2. 躬行反省，自我施压以研促教

我所教授的课程，与我的本科(化学)、硕士(体育教育学)、博士(运动心理学)和博士后(人类认知与心理测量)专业和研究方向有很大不同。为了尽快在管理学领域立足并得到学生及同行的认可，我不断拷问自己：作为研究型大学人文社会学科教师，如何在人才培养、科学研究、社会服务、文化传承和国际交流诸项任务中取得恰当平衡，并力求彼此之间协同增益，进而有效凸显所在院校的办学特色？

其实，我与管理学正式结缘于 2000 年夏天，当时我的博士论文初稿已经

---

① 2016 年，《软件工程师》期刊更名为《软件工程》。

写完，离答辩还有将近一年的时间。我利用修改论文的间隙，兼职负责了由清华大学和原国家经济贸易委员会联合举办的"中国企业家创新管理研修班"第1～5期的组织工作。借此机会，我有幸聆听了诸多知名教授的品牌课程。经过近一年的学习和反思，我发现我对管理学有本真性的兴趣，因而决定做两年博士后择机转入管理领域。

2003—2006年，我在给北京师范大学本科生授课时，常常将我所听过的诸多著名教授的课程内容与我自学的西方经典教材进行对照、补充与校验。

2006年夏天，北京师范大学首届人力资源管理本科生毕业，该专业的几门主干课程我已讲授了一轮，经过复盘总结，我感觉所授知识比较零碎，主线不清晰，理论与实践契合不够，对此我感到很内疚。于是自2006年秋天起，我对人力资源管理相关专业课程的以研促教就从对外学习、择精模仿阶段步入了学习借鉴与自主创新相结合阶段。

就在当时，发生了一件非常偶然的事，大约是2006年6月初的某个星期六中午，负责给一个心理学博士课程班（学员多为各出版社社长等企事业单位高级管理人员）讲授组织行为学课程的任课教师因临时有事，需要请一个人代授当天下午的课程。我有幸受邀代课。当时我刚刚转录完斯蒂芬·P. 罗宾斯（Stephen P. Robbins）《组织行为学（第7版）》中17万字的精华，便准备临场发挥一下。但令我感到意外的是，有学员说他们期望的《组织行为学》中的"组织行为"不是与菜贩砍价或给孩子选购尿不湿这样的生活琐事，而是与中国的改革开放等重大历史事件相伴随的国家或企事业单位的组织行为。恰巧此前我刚刚读完唐浩明所著的《曾国藩全传》，于是我就凭借记忆，按照我所理解的组织行为学的基本框架，作了一场以"曾国藩的知人之智与挺忍之明"为题的专题讲座，没想到学员反馈效果不错。后来因原定的授课老师有事不能继续授课，我便继续代理完成了这个班的"组织行为学"余下课程。当时高等教育出版社的一位负责人正好是这个班的学员，结课后他建议我把课件内容整理成教材出版，于是我主编的《组织行为学》于2008年6月由高等教育出版社正式出版，并于2012年、2017年和2021年相继修订，推出了第二、第三和第四版。在此期间，高等教育出版社还引进了布鲁克斯（Ian Brooks）主编的《组织行为学（第四版）》，由我主译并主审，该书于2011年5月出版。此外，我也是高等教育出版社马克思主义理论研究和建设工程重点教材《组织行为学》编写组的成员并执笔该书第六章"领导"。与此同时，我独立编著的人力资源管理专业学科基础课教材《人力资源测评》于2009年3月由高等教育出版社出版，并于2017年再版。

在2006—2010年学习借鉴与自主创新相结合阶段，由于为心理学博士班讲授的以曾国藩为主线，对中国历史大事件中多重人物交互关系的"史中求是、正知善行"本土领导构念建构解析课程获得了高度认可，随后我不仅对秦穆公、管仲、商鞅、刘邦、项羽、鲁肃、诸葛亮、李世民、王安石、苏东坡、左宗棠等历史人物进行了专题研究，还对"李约瑟之谜"和"钱学森之问"的成因，《西游记》团队成员的选拔和熔炼，"50后"两院院士高等教育传记特征，巴西缘何能在2016年夏季奥运会的申办中获胜等管理学中的有趣现象或重大历史事件进行了研究，并借助《软件工程师》等期刊平台及《北京师范大学学报（社会科学版）》将研究成果公开发表。

作为领导学相关课程的核心概念和核心内容，领导力的研究和讲授没有重大社会事件作为背景或素材，那它就成了无源之水、无本之木。因为领导力作为以领导者效用发挥为主线的多元社会主体交互作用的过程性和结果性表征，是权变性和恒常性的有机统一。领导力的权变性是指在特定领导活动（历史大事件）中，领导者为了实现既定的领导目标，对领导环境基本特征及发展趋势所进行的预判以及在此基础上与不同构面追随者的多元交互和结果展现，适宜从扎根理论、事件系统理论和单案例研究视角来解析；而领导力的恒常性是领导者一贯的行为风格，多源于领导者个性及其浸润其中的文化氛围，适宜从心理历史分析和多案例对比研究视角来解析。

顺势而进，自2010年起，我对管理学的以研促教转入了重大社会事件驱动的自主创新阶段。这里要特别感谢北京师范大学这个平台，也感谢诸多前贤的提携和推荐，我很荣幸作为亲历者参与了一些重大事件，比如受邀为国家某特殊职业群体建构胜任特征模型；作为主要成员参与了世界卫生组织工作人员的选拔及十余家中央和国家机关司局级和处级干部的遴选；作为主要负责人参与了中央组织部《党政干部领导潜能评估方法研究及测评工具研发》《中管干部及领导班子考核制度和方法研究》等课题研究；自2010年起，还多次应邀为中央和国家机关司局级干部自主选学班讲授领导力相关专题；受北京师范大学委托，代表学校参与编写第四批全国干部学习培训教材《领导力与领导艺术》，并执笔第八章"领导创新力与推动改革的艺术"。在这一阶段，我还应《中国卫生人才》《管理学家》期刊的邀请开设管理专栏，将在课堂上多次使用的理论和案例写成文字公开发表。

回首过往，当年无知无畏，我以非管理学科班出身开启了管理学教学和研究的"青椒"生涯，经过多年自我施压、以研促教，迄今为止，先后为我院和我校的本科生、硕士、博士和各类专业硕士开设了20余门课程或专题。对待每门课或专题，我都力图结合授课对象培养目标和课程内容，围绕"史中求是、正知善行"的主线来设计和实施，课程颇受学生欢迎。

3. 澄清主线，优化知识结构体系

感谢北京师范大学党委和我所在学院领导的信任，我于2005年4月开始担任管理学院本科迎评办公室主任，2007 年 6 月至 2013 年 6 月任主管教学的副院长。作为迎接教育部对我院的本科教学质量评估的主要负责人，为准备迎评报告并做好相关准备工作，我对本院 4 个本科专业开设的百余门本科专业课程及各课程模块之间的关系进行了梳理，对在读和已毕业学生进行了有针对性的访谈和调研，发现我院的本科教学问题主要集中在三个方面：一是教师所授知识普遍陈旧过时；二是课程教学理论与实践脱节严重；三是不同课程之间边界模糊，不少专业课程与专业培养目标关联度不高，学非所用。

针对前两个问题，我在北京师范大学 2008 年教学改革立项项目——"读－听－看－练"全程互动专业实习模式探索暨管理学院专业实习基地建设项目的资助下，为力促最新的管理学相关学科知识能进课堂（主要针对第一个问题），专门增设了"管理学优质前沿文献选读"课程，具体内容为：在大学一年级学校平台课及院系主要的专业基础课开授完毕后，安排了 1 个学分的必修课，要求学生利用大一暑假自学管理学相关学科最新经典文献与名著（精要摘编）。文献与名著的内容涉及管理学、经济学、心理学、政治学、历史学、文化学、哲学、人类学与社会学各专业学科前沿。大学二年级开学后第一个月内进行闭卷考试，成绩通过者获得 1 个学分，没有通过者下一学年继续参加考试，直到通过为止。同时创立了"一读二听三看四练"的全程互动专业实习操作模式（主要针对第二个问题）。随着改革的推进，我院学生的就业率和就业质量稳步提升，我也因此连续 4 年（2008—2011 年）被评为北京师范大学优秀教学院长，并"跨界"获得了 2009 年北京师范大学学生就业先进个人奖。

针对第三个问题，学生期望改革的愿望尤其强烈，但由于高校管理体制局限等诸多原因，很多教师并不考虑自己所讲的内容是否符合学生成长成才所需，也很少考虑自己所讲的内容与其他教师所讲内容是否重复。期待他人有所改变，不如先改变自己。我当时已经为本科生开设了基础心理学、人力资源管理概论、招聘与选拔、绩效管理、薪酬福利、人力资源测评 6 门课程，并认真学习了人力资源管理专业其他课程的课程大纲及课件，发现大多课程各说各话，很少兼顾与其他关联课程之间的逻辑联系，比如绩效管理课程的授课内容很少在横向上强化与招聘与选拔、生产作业管理、薪酬福利等课程的应有联系。深入学习各种资源并进行通盘梳理后，我发现，与国内外先行高校同名专业的培养方案相比，我院的管理学相关专业还没有开设领导力相关专题课程，而我所在的人力资源管理专业所开设的各门专业课之间分割有余而聚合不足，学生获取的知识有珠无链。于是，我决定在新的培养大纲中增设领导力课程，并将人力资源管理各专业课程整合"升级"为组织管理课，在补齐短板的同时期待能串珠成链，力图为学生构建一个较为完整的知识结构图。"领导力与组织管理"的课程名称由此而来。

　　如何给学生呈现一个清晰完整的领导力与组织管理的知识结构图？经过十多年来的反思与论证，我不断改进、校验和修正。目前所采用的领导力与组织管理的知识结构体系见表0-2。

表0-2　领导力与组织管理知识结构体系图

层级	价值驱动	核心治理法则	核心因变量
世界	和平发展	偃革兴文、共治共成	生态自造
国家	自强独立	绩效无边、清正同一	财智并兴
组织	顺应变革	定义未来、领向导人	图强谋盛
群团	互动增益	构序两美、三维胜任	优化团队
个体	利导差异	凸显优势、激发潜能	生涯促进

　　如表0-2所示，"领导力与组织管理"课程的主线是"顺应变革—定义未来，领向导人—图强谋盛"。也就是说，该课程聚焦组织如何顺应变革（价值驱动），进而图强谋盛（核心因变量）。由于某个特定的组织既是更为宏观的世界及国家的低层级构件，也是更为微观的个体及群团的高层级组合，因而组织要顺应变革，就要正确认识组织外部环境之世界格局变化（向外看、观世变）和国家核心利益主张（向上看、定主见）及由此带来的对组织运营和发展所产生的威胁和挑战（定义未来），进而因势利导；刚柔相济地影响组织成员及相关利益者的行为，使之与组织未来发展保持动态一致。

二、本书内容体系

　　除了每年在北京师范大学为本科生完整讲授一两轮"领导力与组织管理"课程外，近年来我还多次应邀为中共中央组织部、中央统战部等中央机关，国家发展改革委、工信部等国家部委，《人民日报》、新华社等事业单位，中国农业银行、中国建设银行等金融机构，中核集团、中国石化等中央企业，清华大学、哈尔滨工业大学等部属高校，以及海螺集团、同煤集团等数百家企事业单位主办的高级管理人员培训班开设相关专题课程讲座数百场，受到一致好评。常有学生或学员来信或来电期待能将授课内容整理出版，于是便有了《领导者自我修炼与领导力提升》一书。

　　"史中求是"，既是矫思修身和正知善行的内涵和前提，也是各级各类领导者自我修炼与领导力提升的基本功夫。本书遵循第一章总纲厘定的"史中求是、正知善行"的应然逻辑，按照与领导力的三个构面内涵的隶属关系，将相关内容分别归整到第二章、第三章、第四章和第五章中。各章皆按照应然逻辑扇形展开、层层递进，每章分别编排3～4节内容。

第一章"领导理论呼唤中国智慧"。 本章对领导学研究的进展进行了简要回顾，并论述了领导学研究对中国智慧的呼唤。第一节"风雨百年，中西互鉴启新篇"，主要从领导活动复杂多元的角度回顾了领导理论的诞生及演进历程，当前领导学研究所遭遇的困境及未来进路，强调了以中华传统文化为核心的中华文明是人类自诞生以来唯一不曾消亡，且迄今为止存续时间最长的人类文明，在领导理论发展上拥有重要席位。但自领导学诞生近两百年以来，中国传统文化对领导理论的贡献，不仅与中华文明曾经的辉煌和中华民族悠久的历史极不相称，也与日渐崛起的中国经济和国际地位很不相符，因而需要"发掘中国历史智慧，建构本土领导理论"。第二节"顺应时变，图强谋盛迎未来"，对组织及其有效管理所面临的复杂性进行了归整，进而明确了领导职责和领导目标（图强谋盛领向导人，变革求进筑实未来），从领导者角色定位、领导过程与领导结果交互融合视角将领导力定义为领导者准确并清晰定义未来（领），有针对性地整合并内化相关资源，积极影响广义（组织外部）和狭义（组织内部）追随者的决策和行为（导），从而实现个人价值和组织效益最大化的综合素质表征（力），并将其划分为存在交互融合关系的未来预判与战略校准（前瞻性）、优势识别与路径优化（交互性）、目标同一与组织赋能（调和性）（角色高远行为本真，过程同创结果共成）及对应的心智转型和自我提升。第三节"公共中心，以效定绩辨优劣"，在第一、第二节的基础上，遵循以效定绩的绩效观或政绩观，对领导者的评价及对应的领导效能的评价，当从全局、整体及未来发展促进的角度，以组织绩效是否得到有效提升（组织之效，如组织强盛）为准绳，而不是以领导者个人人生目标是否得以实现（个人之绩，如晋升速度）来评价。因此，从领导者的目标导向是重公共还是重个人（领导视角），在领导活动中，领导者个人目标与组织目标是否能保持动态一致性（目标离合），以及领导目标实现过程中，领导者与组织内外部不同群体成员的互动策略（组织策略）三个角度，将领导者划分为有效领导，如管仲、曾国藩等；成功领导，如商鞅等；悲剧领导，如诸葛亮、王安石等；破坏领导，如项羽等，为后面几章价值评判提供参照标准并锚定了各章内容的行文主线。

第二章"战略校准引领组织变革"。 本章主要论述战略校准的内涵及其对组织变革的引领作用。第一节"全局思维，鲁子敬勾画三国"，以鲁肃为主线，对他在做强江东促鼎立，联刘抗曹战赤壁等重大历史事件中所起的战略性和主动性作用进行了深入解析。第二节"明辨时弊，管夷吾变法强齐"，以管仲为主线，对他如何明辨时弊，通过打好各种组合拳，助齐国成为春秋首霸进行了多构面的分析。第三节"诊疗荆症，反求诸己善若水"，以王安石为主线，对他在策划和推行熙宁变法过程中与直接上级宋神宗、司马光等同侪朋辈和曾布等变法新晋等 52 位关键人物的人际交互关系进行深入解构，从群体断层激活及负面效应涌现角度分析了熙宁变法失败的原因。第四节"凿枘相契，志同道合启新程"，借助《史记》中有关商鞅的史料，对如何求职、如何做强平台来发展自己进行了旁白式论证。

第三章"优势促进夯实队伍建设"。本章从正反两个方面诠释了优势促进与队伍建设之间的交互关系及如何通过优势促进来夯实队伍建设。第一节"开放坦诚，秦穆公智聚英杰"，以秦穆公为主线，对他如何见贤则敬而智引由余、如何以诚感动百里奚和蹇叔加盟，如何知错即改而使孟明等人誓死相随等助力秦国由弱变强的关键事件进行了深入解析。第二节"队伍建设，三维胜任构序美"，基于《西游记》的文本分析提炼出团队建设与管理的三维胜任和二维协同模型，为团队建设与管理，尤其是关键岗位人才选拔和调配提供了理论性和操作性兼具的路线图。第三节"防治葛病，借力团队达人立"，基于《三国志》《诸葛亮文集》及后人对诸葛亮的相关研究整理而成，论述了诸葛亮在团队建设与管理上的不足与蜀国崩溃之间的关系。

第四章"目标同一增进组织赋能"。本章第一节"万众一心，华为自强助国兴"，基于华为发展史中的关键事件和体制机制的创新，将目标同一和组织赋能分别定义为组织对外部利益相关者与内部员工在组织愿景上认知求同和行动一致的建构和强化，以及组织为了实现既定组织目标而对组织成员潜能进行开发并切实将其转化为组织核心竞争力的治理体系，并认为目标同一和组织赋能及彼此的交互融合所涌现的组织能力和组织韧性助力华为借势腾飞，以一司之力成功顶住世界强国的全面打压并继续引领行业走向新高度。第二节"论持久战，毛泽东奇文妙推"，采用规范的文本分析法对毛泽东的名篇《论持久战》中蕴藏的目标同一如何增进组织赋能的本土构念进行了深入解析。第三节"晓理动情，巴西申奥克强敌"，以 2009 年 10 月 2 日巴西里约热内卢在国际奥委会的投票中击败美国芝加哥、日本东京和西班牙马德里，成功获得 2016 年第 31届奥运会的主办权为背景，对四国的宣传片、登台演讲人话语等进行了对比分析，从全新视角晓之以理、动之以情地解构了巴西获胜的原因。第四节"心智匹配，刘邦聚智胜项羽"，遵循规范的对比案例研究范式，展现了重大历史事件中多重人物交互关系中本土领导构念建构的研究方法和研究模式，是对第一章第一节后半部分的示范样例的呼应。

第五章"正知善行提升格局智慧"。本章论证并强化了正知善行对格局智慧的提升作用。第一节"倚天自知，曾国藩功德言立"，是全书篇幅最长的章节，达 23 400 多字，如此侧重安排的主要原因是曾国藩是平民崛起的榜样，是为官从政的楷模，是教子修身的宗师，是处事交友的典范……曾国藩之所以知事识人而立功、功成不居而立德、虚怀谦卑而立言，主要得益于他独到的矫思和修身功夫。他的这种自养自励、以澄清天下为己任的宏大人生志向和立己达人的修身行为，尤其值得当今各级各类领导干部借鉴和学习。第二节"敬畏历史，李世民克己修行"，基于唐太宗李世民的多部传记、《帝范》和《贞观政要》等多部史料及后人专题研究整理而来，对李世民的克己修行和敬畏历史进行了重点论述。第三节"人格独立，苏东坡千古一人"，主要根据林语堂的《苏东坡传》和《苏东坡文集》及后人相关研究整理而来，对苏东坡的独立人格和宏大格局及其成因进行了较为全面的分析。

本书的出版，得到了北京师范大学出版社编辑陈仕云的支持、鼓励和指导，我指导的研究生韦宇欣、薛晓蕾及张燕玲女士对全书进行了校对并协助完成了配套的 PPT 制作，在此致以特别的谢意。同时感谢提供课题经费资助的各相关单位及负责人，感谢你们的资助和宽容，使我有从容的时间和充足的经费来修订本书。笔者也期待能得到读者关于本书的进一步反馈（联系邮箱：liyongrui@bnu.edu.cn），以便下一次的修订再版在品质和品位上能更上一层楼。

李永瑞

2024 年 10 月 16 日于北京

目　　录

第一章　领导理论呼唤中国智慧

本章围绕领导者与组织兴衰成败之间的关系，第一节回顾了领导学研究历经百年风雨，如今正进入中西互鉴的新时代的发展历程；第二节从职责履行、角色定位和领导过程融为一体的视角定义了领导力，并从不同维度分析了领导力进阶的核心议题；第三节遵循以效定绩的绩效观，将本书重点论及的 11 位历史人物划分为有效领导、成功领导、悲剧领导和破坏领导四种类型，为本书后续各章的论述明确了价值评判的核心和主线。

第一节　风雨百年，中西互鉴启新篇

组织是为了共同目标而聚集在一起的人员共同体，其存续和发展始终面临外部环境变化和组织成员迭代的挑战与压力。为有效降低组织成员的懈怠并使其主动应对环境变化等内外部的威胁，组织必须始终处于激活状态并将组织成员有效联合起来。领导活动因此产生。

领导活动作为以领导者为轴心，以组织绩效提升为出发点和归宿的多元主体交互的社会现象，自人类社会诞生以来就一直存在。但领导学作为研究领导活动及其效能的专门学科，从托马斯·卡莱尔（Thomas Carlyle）于 1840 年出版《论历史上的英雄、英雄崇拜和英雄业绩》这一具有里程碑意义的专著算起，迄今不到 200 年。

一、领导活动复杂多元，理论层出各有局限

社会上一旦有技术的需要，这种需要就会比十所大学更能推动科学前进。

领导危机的相继出现、科学心理学等关联学科的不断进步共同推动了领导科学的形成和发展，百余年来，领导理论研究相继经历了领导特质理论、领导行为理论、领导权变理论和新型领导理论四个发展时期。

(一)"伟人定始终"的领导特质理论时期

领导特质理论诞生于资本主义向全球快速扩张的时代(20世纪30年代)。如何开拓工业化大生产所需的原材料供应地并将其培育成相对垄断的产品销售市场，成为这一时期领导者所面临的最紧迫的问题。领导特质理论将被领导者、领导环境和领导目标视为恒定变量。当时，尽管威廉·冯特(Wilhelm Wundt)已在德国莱比锡大学建立了世界上第一个心理学实验室，部分或全程干预变量之间因果关系的实验方法已经诞生，但思辨式归纳和演绎依然是该领域学术研究的主流。领导特质理论认为，领导者的个人特质决定了组织的绩效产出。

(二)"风格定成败"的领导行为理论时期

经过一百多年的扩张，到19世纪末20世纪初，西方主要资本主义国家几乎将整个世界瓜分完毕。葡萄牙、荷兰、西班牙、英国、法国的殖民地遍布全球，世界已无"新大陆"。各工业国家要寻求资源和市场上的突破，除了谈判，战争往往成为解决贪欲无限和资源有限之间矛盾的次优选择。第一次世界大战由此爆发。但是，战争往往两败俱伤，于是人类开始将注意力转移到在资源有限的前提下如何提高组织的绩效。激发和保护被领导者的潜能并使之效用最大化，日渐成为人们的共识。在这样的背景下，强调领导者应当根据被领导者群体特征来积极"引导"被领导者，进而促进领导目标实现的领导行为理论应运而生。在此期间，科学实验方法已经普及，梅奥(Mayo)等人在西屋电气公司的霍桑工厂进行的实验研究(霍桑实验)对产业界影响深远。

领导行为理论与领导特质理论都对被领导者、领导环境和领导目标进行了恒定处理，但领导特质理论忽视被领导者的心理需求，而领导行为理论重视被领导者的心理需求，并据此调适领导者的领导风格。不论是勒温(Lewin)的领导风格理论、俄亥俄州立大学和密歇根大学的研究，还是管理方格理论，都对被领导者心理需求的群体差异给予了考量，从不同视角探究适宜的领导风格，认为领导者按此风格履行领导职责，行使领导权力，组织绩效就能达到预期效果。

(三)"因变会更好"的领导权变理论时期

第二次世界大战结束后,美苏两大阵营都以扩军备战为龙头,以提升企业核心竞争力和积极促进科学技术发展为两翼明争暗斗。有效促进科学技术的发展和提升企业核心竞争力,成为重要而紧急的时代需求。与此同时,这一时期研究者们对企业和科研院所的组织环境、被领导者、领导目标的认知都与领导特质理论和领导行为理论时期有了本质的区别。劳动力人口主导需求从低层次的生理需求到高层次的自我实现都有相当规模的群体存在,与之相对应的心理学研究日渐分化并逐步深入,认知心理学、环境心理学、人本主义心理学、情绪心理学、个性心理学、管理心理学、组织行为学等学科纷纷诞生并迅速发展。在这样的背景下,领导权变理论走上前台。该理论强调决定组织绩效产出的领导环境、领导目标、被领导者的群体特征等要素的动态变化特征,因此领导者需要适时调整其领导风格、领导行为并善用其领导权力。

领导权变理论强调领导方式与领导情境之间的匹配和协同,关注领导者和被领导者及领导环境之间的相互影响。其中,对理论发展和实践活动影响较大的权变理论主要有以下几种:(1)美国华盛顿大学教授弗雷德·费德勒(Fred Fiedler)于1962年提出的有效领导的权变模型(Fiedler contingency model)。该理论认为个体的领导风格是稳定不变的,因此要提高领导有效性只有两条途径:一是替换领导者以适应情境;二是改变情境以适应领导者。(2)加拿大多伦多大学的伊万斯(M. G. Evans)于1968年提出了路径—目标理论(path-goal theory),罗伯特·豪斯(Robert House)在1971年进行了改进。该理论关注领导者如何通过激励下属来提升领导有效性。(3)乔治·格里奥(George Graeo)提出的领导—成员交换理论。该理论认为领导者对待圈内(in-group)和圈外(out-group)两种关系的下属并不一致,进而影响了不同群组人员的绩效产出和满意度。(4)由保罗·赫塞(Paul Hersey)和肯尼斯·布兰查德(Kenneth Blanchard)改进的领导生命周期理论,也被称为情境领导理论(situational leadership theory)。该理论认为,领导者应该根据下属的成熟度水平来选择正确的领导方式,以确保领导的有效性(李永瑞等,2021)。

(四)"用心向光明"的新型领导理论时期

领导特质理论、领导行为理论和领导权变理论都对领导者和被领导者的主观能动性的激发和保护重视不足。第二次世界大战后,日本企业的快速崛起严重威胁到美国的霸主地位，一向自认为"行行皆我大"的美国，不得不降低姿态去学习和研究日本企业的崛起。文化对于组织绩效提升的重要性自此进入学术视野。与此同时，互联网、同步视频的诞生及迅速普及，彻底改变了人们的沟通方式，加上伴随互联网成长起来的"Z世代"日渐成为劳动力主体，个体工作的积极性、主动性和创造性成为影响组织绩效产出的决定性因素。领导理论由此进入"用心向光明"的新型领导理论时期。总体上看，魅力型领导、变革型领导、愿景型领导和本真型领导都属于新型领导特质理论，仆从型领导、包容型领导、家长式领导、兄长式领导则都属于新型领导行为理论。与传统领导理论相比，新型领导理论更加强调对被领导者主观能动性的激发和保护，并试图在个体目标与组织目标之间取得有效平衡。这是对复杂多变的领导环境，以及被领导者心理需求个性化和差异化的积极回应，尊重并引导多元价值。

综上，新型领导理论的诞生及其演进历程伴随着经济社会的发展不断深化，构成领导活动的领导者、被领导者、领导环境和领导目标等要素的内涵及其彼此之间的多重交互关系日渐繁复，总体上呈现出从静态到动态、从局部到整体、从单一变量定始终到多元交互皆过程的发展趋势。

"用心向光明"的新型领导理论强调对个体差异的尊重和引导，但个体差异会受遗传、环境、社群价值观等诸多因素的交互影响，所以新型领导理论的普适性就很难保证，领导理论研究历经百年来遭遇的迷茫困境并没有本质性的改变。2014年，领导学大师沃伦·本尼斯（Warren Bennis）去世，《经济学家》（The Economist）杂志对他从事领导理论研究60余年的成就进行了"盖棺定论"式的总结：

> 本尼斯坚信在组织结构日益扁平化、组织成员信息交流和沟通日渐便捷、层级关系渐行渐远的时代，领导风格需要彻底的变革——领导者不再是传统意义上只会发号施令、驱使人们去干这干那的指挥官，而应该是组织成员的心灵导师和成长教练。因为自上而下的领导风格不仅不利于组织成员上下同心协力，更为关键的是，这种风格并不能有效发挥知识这一当今组织最为重要的资源的作用——作为组织的领导者，如果他们不能保证组织成员创造性地应用知识，那么他就不配担任这个职位了。①

---

① Schumpeter，"Leading light,"*The Economist*，2014-08-09.

显而易见，在本尼斯看来，当前领导学的理论研究滞后于领导实践的现实需求，亟须进一步提升或转变。在本尼斯去世的前一年，牛津大学出版社出版了由拉姆齐（Rumsey，2013）担任主编、汇聚全球顶尖领导力专家智慧的《牛津领导力手册》（*The Oxford Handbook of Leadership*），在该书的前言和结束语中，拉姆齐回顾了领导学研究的百年进展，展望了未来进路。

> 领导学研究的历史很长，但进展有限。迄今为止，困扰领导学研究取得突破性进展的一些关键问题，如关键概念的界定依然含混不清、理论供给和现实存在契合不足、研究方法顾此失彼等，在本质上并没有什么改变。展望未来，领导学的理论研究要取得突破，需要摒弃过去已有的历史积淀，在路径和方法上另辟蹊径，因为既有的领导理论不论是经典的特质理论、行为理论和权变理论，还是变革型、魅力型、交易型、家长式等新型领导理论，都不能全面、深入地刻画和描述领导活动所面临的新问题和新趋势，因而缺乏应有的解释力和预测力。领导学研究需要从新的视角去寻找新的洞见——人们对于领导的复杂性认识越深刻，就越有望构建出更契合现实需求的领导力模型。

二、发掘中国历史智慧，建构本土领导理论

领导学研究开启已近两百年，如今亟待复盘，筑实未来。主要原因有两个方面：一是当前的领导实践与既有领导理论的逻辑假设渐行渐远。既有领导理论多诞生于财务资本和物质资本决定领导效能的科学管理时代，对应的领导力研究范式重科学、轻人文；而在当前的创智时代，组织成员的心理感受、价值取向和创造性等人文变量对组织绩效的提升具有决定性作用，因而研究范式应重视人文的价值贡献。二是既有领导学理论大都是由深受西方文化和价值观影响的人群构建的。这样的管理理论在解释文化和价值观有别于欧美发达国家的中国等新兴市场国家的迅速崛起时，因其理论建构的基础存在文化背景的差异，解释力就大打折扣，于是近三十年来，为了探究新兴市场国家企业组织成功的原因，同时也为了更好地理解西方管理理论的潜在逻辑假设，进而丰富和完善全球管理知识体系，对诸如中国经济社会活动中尤其明显的"关系"等"本土管理概念"（indigenous management concepts）进行深入解析的呼声日渐强烈（Holtbrügge，2013）。

由此可见，重视人文变量的价值贡献，强化本土领导力研究，以丰富和完

善全球领导力知识体系，是领导力研究未来发展的必然趋势。对于这一研究取向和研究范式的转换，许倬云先生的观点值得借鉴：

> 在管理与领导力这个领域，我们通常是从现存的公司案例中推导出可以学习的经验和一般原则。然而，法人公司的历史尚不足 200 年，而我们有两千多年的数据躺在那里无人问津。我们为什么不使用那个更庞大、更复杂，而且有着更明显的革命与变革轨迹的数据库呢？那会帮助我们更好地理解领导力与组织的种种现象（刘澜，2011）。

正因为基于现代公司案例建构的领导理论太过流于表面，所以要拉长视角，从历史数据中建构本土领导理论，并通过两者的相互验证来不断丰富和完善领导理论。

本土领导力研究及本土管理研究是本土研究的重要组成部分。关于本土研究，徐淑英和张志学（2011）将其定义为"使用本地的语言、本地的研究对象和附有本地意义的构念对本地现象进行的科学研究。这些研究旨在检验或构建能够解释、预测本地社会文化背景下的特殊现象或相关现象的理论"。李平（2010）将其定义为"凡涉及某个独特的本土现象或该现象中的某个独特元素，并且以本土视角探讨其本土性意义及其可能具有的普适性意义的研究"。而就中国本土管理研究而言，高婧等（2010）将其界定为"解决在中国这个特定文化情境中所产生的管理实践问题"。

比较徐淑英和张志学以及李平的定义，不难发现，不论是徐淑英和张志学的定义中对"语言""研究对象""意义的构念""现象"的强调，还是李平的定义中对"现象或元素""视角""意义"的强调，都特别强调了这些关键概念或变量的"本土""本地"或"独特"属性，这样的属性具体指什么？何种因素对其形成和发展具有持久的恒定影响？这便是高婧强调的"中国这个特定文化情境"。所以中国的本土研究，尤其是以不同社会群体之间互动关系为核心议题的中国本土管理及本土领导力研究，必须与中华优秀传统文化的创造性转化及创新性发展有机结合起来。但目前既有的本土管理及本土领导力研究水平，多停留在"中西管理思想的机械对比、简单移植"上，"知"与"行"未能合一，存在生搬硬套、强行植入的嫌疑，对现实情境的呼应和管理实践的回应还远远不够，亟待借助中华优秀传统文化的创造性转化和创新性发展来取得突破（苏敬勤等，2018）。

（一）弘扬中华优秀传统文化，凸显历史当代价值

文化是指一个国家或民族的历史、地理、风土人情、传统习俗、生活方

式、文学艺术、行为规范、思维方式、价值观念等，是人们长期创造形成的社会历史的积淀物，具有延展性、历史性、动态性等特点，而生活在其中的人们不可避免地受到其所属文化的影响。中华优秀传统文化是在中华民族长期发展过程中形成的，有着积极的历史作用，至今仍具有重要价值的思想文化。因而中华优秀传统文化是以"人"为主体的文化，人文传统深厚，长期占据主导地位的是人学而不是神学。既讲自然界变化（"天文"），又讲人的思想文化的提升（"人文"），二者相辅相成，使中华人文精神在中国历史上不断传承发展（张岂之，2019）。

以中华优秀传统文化为核心的中华文明，是人类自诞生以来唯一不曾消亡，且迄今为止存续时间最长的人类文明。按照许倬云先生的观点，中华文明应当在领导理论中拥有重要席位，但领导学研究诞生近两百年来，中华优秀传统文化对领导理论的贡献，不仅与中华文明曾经的辉煌和中华民族悠久的历史极不相称，而且与日渐崛起的中国经济和国际地位很不相符。

这是什么原因造成的呢？原因主要有两个：

一是我国错过了首波领导理论诞生的高峰期。领导学研究发轫之际，中国正值鸦片战争时期，随后断断续续遭受外敌入侵百余年，中华民族两千多年来习以为常的"按照传统的朝贡体制建构以自我为中心的天下体系"（欧阳哲生，2018）遭到了来自"西方列强，尤其是英国扩张的殖民体系"的严峻挑战。中华民族的文化自信屡受打击，西方文化在中华大地上渐受追捧，虽然此间不少仁人志士一直呼吁并试图重建中华民族的文化自信，但当中国人的文化自信真正建立起来后，领导理论诞生的高峰期已过。因此"如何处理人与自然、人与人、国与国、心与物之间关系"的中华优秀传统文化基因在领导理论中还没有得到应有的展现。

二是既有研究对历史的当代价值发掘不足。历史作为传统文化的主要承载形式，当有"国民之明镜，爱国心之源泉"（梁启超语）之效。梅贻琦（1941）在《大学一解》一文中指出，教育之最大目的，古今中外，亘古未变，简而言之，就是"修己安人"。所谓"修己"，乃格物、致知、诚意、正心、修身，属大学之"明明德"；而"安人"则是齐家、治国、平天下，属大学之"新民"。他认为，学子要"明明德"继而能达"新民"之期，以能"祛孤陋，增闻见，而辅仁进德"的古人为友来"督励"自己。用今天的话来说，以史为镜是领导者提升领导力必不可少的有效方法。

可惜的是，梅贻琦同时指出，虽"有志者自犹可于古人中求之。然求之又苦不易"。其中最为根本的原因是史学读本多不重视发掘历史与现实人生的因果关系，缺乏鲜活的生命力和灵魂。"专考史学之人，又往往用纯粹物观之态度以事研究，驯至古人之言行举措，其所累积之典章制度，成为一堆毫无生气之古物，与古生物学家所研究之化石骨殖无殊，此种研究之态度，非无其甚大之价值，然设过于偏注，则史学之与人生将不复有所联系。"因此，历史本应有的"如对古人""以人鉴人"的督厉作用就被湮没了。

那么，如何才能有效发掘中国历史智慧，凸显历史与现实人生及组织管理有效性等相关变量之间的因果关系呢？既然是历史智慧，相关研究就应当充分回应现实问题，采用适宜的研究方法，选择正确的研究主线，对历史数据进行归纳、总结和提炼。

众所周知，当今人类正面临生态危机、国际关系中的战争危机、南北关系中的发展不平衡与贫困危机、不同文化圈之间的文明冲突危机、西方万能工具理性与狭隘价值理性之间的矛盾造成的价值观念危机五大危机。要破解当前人类共同面临的这些危机，自当从中华优秀传统文化中天人合一的宇宙观、仁者爱人的主体观、阴阳交合的发展观、兼容并包的文化观、义利统一以及和为贵的价值观中去寻找答案。正因如此，早在 1988 年，75 位诺贝尔奖得主在巴黎集会，发表了一个共同宣言：如果人类到 21 世纪要求得生存，就必须回到两千多年前中国孔夫子的思想方法上去。1997 年 10 月，在俄罗斯举办的"中国·中华文明与世界——历史·现在·未来"学术研讨会上，全世界与会学者一致呼吁"中国文明和文化对全球文明和文化当做出自己应有的贡献"。

不仅如此，当前我国所面临的诸多问题，也需要在管理领域有自己独到的创见。"对于中国这样一个历史悠久、人口众多、农民占大多数、经济不够发达的国家，在走向现代化的过程中，不可能照搬西方国家的经验，只有从理论与实践的结合中寻求自己的发展道路"（成思危，2001）。党的二十大报告指出，当前，世界之变、时代之变、历史之变正以前所未有的方式展开。人类社会面临前所未有的挑战。习近平总书记《在党史学习教育动员大会上的讲话》（2021）指出：

> 当前，我国发展面临着前所未有的风险挑战，既有国内的也有国际的，既有政治、经济、文化、社会等领域的也有来自自然界的，既有传统的也有非传统的，"黑天鹅""灰犀牛"还会不期而至。要更好应对前进道路上各种可以预见和难以预见的风险挑战，我们必须从历史中获得启迪，从历史经验中提炼出克敌制胜的法宝。

彼得·德鲁克(Peter Drucker)指出："管理是以文化为基础来转移的，并受社会价值、传统、习俗所支配，因而管理越是能够运用当地的社会传统价值与信念，越是能获得更大的成就。"因此，中国本土管理研究深深扎根于中华优秀传统文化与管理智慧之中，自是本体应然(谢佩洪，2016)。但如何将中国人"日用而不知"的基本思维模式，转化为中国本土管理理论，目前还有很长的路要走(黄如金，2007)。路虽远行则将至，2013 年 11 月，习近平总书记在考察孔府和孔子研究院时指出："一个国家、一个民族的强盛，总是以文化兴盛为支撑的，中华民族伟大复兴需要以中华文化发展繁荣为条件。对历史文化特别是先人传承下来的道德规范，要坚持古为今用、推陈出新，有鉴别地加以对待，有扬弃地予以继承。"因此，我们要"科学对待文化传统。不忘历史才能开辟未来，善于继承才能善于创新"[①]。

因此，中华优秀传统文化及其生命力只能通过成长并长期浸润在各级各类社会行为主体的社会生活实践中不断建构并彰显出来。具体而言，通过追溯历史的遗迹和追踪时代的坐标，探寻和搜罗具有启发意义的事件，进而总结出文化转化中具有必然性的规律和可能性方式，是建构中国本土管理理论，有效促进中华优秀传统文化创造性转化与创新性发展的实然选择(晏振宇和孙熙国，2015)。

因此，弘扬中华优秀传统文化，发掘历史的当代价值，凸显历史与现实人生及组织管理有效性等相关变量之间的因果关系，不仅事关中华优秀传统文化的创造性转化和创新性发展以及领导学研究本真地位的应然回归，也是破解人类面临的诸多问题及当前我国亟待攻坚克难的各种问题的时代呼唤。

(二)扎根中国历史数据，聚焦精英人物评价

历史是一个民族、一个国家形成、发展及其盛衰兴亡的真实记录，是前人的"百科全书"，即前人各种知识、经验和智慧的总汇。中国历史是中国人民、中华民族坚持不懈的创业史和发展史。其中既有升平之世社会发展进步的丰富经验，也有衰乱之世的深刻教训以及由乱到治的经验智慧；既有当事者对时势的分析陈述，也有后人对前人得失的评论和总结。在中国的史籍书林之中，蕴含着十分丰富的治国理政的历史经验，其中包含着许多涉及国家、社会、民族及个人的成与败、兴与衰、安与危、正与邪、荣与辱、义与利、廉与贪等方面

[①] 《习近平在纪念孔子诞辰 2565 周年国际学术研讨会讲话》，中国政府网，2014-09-24。

的经验与教训。我们学习历史，要结合我们正在干的事业和正在做的事情，善于借鉴历史上治理国家和社会的各种有益经验。

基于历史数据建构本土领导理论，有三方面的独特优势（Simonton，2003）：一是历史数据来自过去的真实世界，并不会产生难以推广的实验室效应（Webb，1981），研究的外部效度能得到有效保证。二是历史数据记载了不同文化背景、不同历史时期人类行为的海量信息，为创建跨文化和超越历史的领导学领域的公共知识提供了可能，因此基于历史数据建构的理论更具有普适性（Martindale，1973）。三是历史数据的现实仿真性满足了研究所需的基本伦理要求。例如，对人类暴力的研究，任何试图通过实验方法来研究这一问题的做法都会招致强烈的道德谴责而使研究被迫中止；而通过收集历史资料，研究者可以对过去真实发生的暴力事件进行回溯和分析，从而使研究过程和研究结果更好地契合现实需求。

历史数据是一个庞大的数据库，鉴于领导学所要研究的是领导者与追随者和领导环境等要素之间的多重交互关系及其对组织绩效的影响，因此，要凸显历史与当代领导现象和现实人生等相关变量的因果关系，对历史人物的研究和评价是一个关键的突破口。这是因为历史、现实、未来是相通的，历史是过去的现实，现实是未来的历史，历史离不开人；而历史镜像中的人，自然离不开对其功过善恶的价值评判，其恶可以诫世，其善可以示后；富贵而功德不著者，未必声名于后；贫贱而道德全者，未必不煊赫于无穷。因此，历史的核心和主体是历史人物，所以历史的当代价值的展现，必然要通过对历史人物的研究和评价来完成。

鉴于中国历史上的社会总体是一个精英主导型的社会，精英人物对历史的推动（或阻碍）作用更为突出，"一言可以兴邦，一言可以丧邦"（徐国利和李天星，2012）。因此，建构本土领导理论中对历史人物的研究与评价，必然以历史上的精英人物为主要研究对象。

领导力作为多元社会主体交互作用的过程性与结果性表征，其作用机制的解构，不仅要从领导者、追随者和领导环境等领导活动构成要素及彼此间交互关系的生理学和动力学角度解析，更要从各要素的心理及其所处的特定文化角度去解析。因此，中国本土领导理论的建构和完善，离不开中华优秀传统文化的创造性转化与创新性发展这一精神内涵和逻辑主线，而中华优秀传统文化作为一种内化于心、外化于行的客观存在，在中国历史大事件中关键人物的认知和行为特征上展现得更为充分和全面。他们对组织的兴衰成败，甚至对整个中国社会的发展进程都产生了关键性的影响，深入解析他们作为组织领导者或创造历史大事件的不同社会角色所展现的领导有效性及其影响机制，具有多重理论和实践价值。但目前这样的研究数量极为有限，既有的研究也多停留在思辨状态。

因此，本书以先秦时期的群雄争霸（秦穆公、管仲、商鞅等），秦末汉初的楚汉相争（刘邦、项羽等），汉末的三国鼎立（诸葛亮、鲁肃等），唐初的贞观之治（李世民），北宋中期的熙宁变法（王安石、苏东坡等），晚清的同治中兴（曾国藩等）等中国历史大事件及其关键人物为研究对象，遵循规范案例研究范式，综合采用史论方法，从不同角度、不同侧面解构他们领导有效性的涌现及影响机制，力图为中国本土领导理论的建构和完善，为中华优秀传统文化的创造性转化与创新性发展提供新的洞见。

（三）遵循规范案例研究，建构本土领导理论

要发掘并凸显历史人物研究与评价的当代价值，展现其鲜活的生命力，就要基于现实问题导向，采用规范的案例研究方法，对中国历史大事件中的关键人物进行对比研究与评价，继而回应现实问题并提炼出相应的本土领导法则。

案例研究是一种运用历史数据、档案材料、访谈、观察等方法收集数据，并运用可靠技术对一个事件进行分析从而得到普遍性结论的研究方法。当研究的问题是"如何……""为什么……"等现实生活背景下的当代现象，且调查者不能控制事件的发生或进程时，案例研究就具有明显的优势。所以，案例研究更贴近管理问题情境，更能直接说明因果关系。依照规范的案例研究方法和程序，具体操作可分为问题驱动与理论回溯、案例选择与数据分析、理论回应与管理启示三个部分。

首先是问题驱动与理论回溯。驱动案例研究的问题，要么是现有理论研究中存在观点冲突的"矛盾"问题，要么是现有理论忽略了某些重点变量的"空白"问题。例如，组织领导者的个体人力资本积累和社会资本积累与组织绩效之间存在什么样的关系？对于这个问题，现有研究中，有的认为两者之间存在正相关关系，有的认为两者之间存在负相关关系，有的则认为两者之间并没有明确的相关关系，这就是一个典型的"矛盾"问题。那么，"矛盾"背后是否存在更为重要的变量中介或调节这些变量之间的关系呢？这又是一个很有价值的理论"空白"问题。

其次是案例选择与数据分析。案例选择的原因，或是它具有非同寻常的启

发性，或是它属于极端范例，提供了难得的研究机会。鉴于案例研究的深度和对案例背景了解的程度不是由案例的个数决定的，而是由案例研究的方法所决定，同时考虑到所能研究的案例数目通常有限，我们就有理由去选择那些极端情境和极端类型的案例进行对比研究。在这些案例中，我们感兴趣的过程可以被"清晰透明地观察到"，以便启发全新理论的创建，或促进原有理论的改进，而其中一个非常重要的理论抽样方法就是"两极模式"：即抽取极端的案例，如绩效非常高与非常低的情况，以便更容易发现数据中对立的模式，这种抽样方法更能够清楚地识别所研究对象的核心构念、关系和逻辑模式（李平和曹仰锋，2012）。

比如，同是创业者的刘邦和项羽，刘邦是平民出身且武艺平平，而项羽是贵族出身且勇猛无敌。项羽的人力资本积累和社会资本积累水平都远远高于刘邦，那为何二人的结局却与预期截然不同，项羽高开低走，而刘邦低开高走？刘邦和项羽的人力资本积累和社会资本积累水平与他们人生结局（组织绩效）的对立就是典型的"两极模式"。

在案例的数据分析上，由于案例研究采用"分析性概括"，而非"统计性概括"的方法，案例研究的有效性更多地依赖于理论指导下的资料分析。所以不论是一开始就没有明确命题或假设的探索性案例研究，还是一开始就有明确命题或假设的验证性案例研究，在进行数据分析时，都要根据所要研究的问题确定一些类别或维度，使用结构化和多样化的视角来实施案例内和案例间的数据分析。以对比案例研究为例，前者是把对比案例中的正反案例按照既定的理论框架看成独立的整体来进行全面分析，后者是在前者的基础上对正反两个案例进行对比、抽象和归纳，进而得出更精辟的描述和更有力的解释。

在刘邦和项羽的对比案例研究中，基于《史记》等史料和相关研究文献，我们最后决定从刘邦和项羽的人力资本、社会资本、心理资本、起义动机、起义目标、追随目标、人性认知、本真情绪、一致行为、成员进退、团队演进、结局对比等维度来进行对比分析。

最后是理论回应与管理启示。由案例研究构建理论，就是通过案例数据、形成的理论及现有文献三者之间的反复循环而进行的。虽然由案例构建的理论常常看似"很主观"，但成功的案例理论往往表现出令人惊讶的"客观性"，其与数据的相互观照使得研究者能保持"坦诚"。这些数据对理论的约束，与数学在正式的分析模型中的作用有异曲同工之妙。

案例研究涌现的理论，只有超越案例的特殊性才会变得更有价值和意义，因此案例研究有助于读者以一个崭新的视角来了解世界并充分回应现实问题（陈春花和刘祯，2010）。在绝大多数研究中，将研究结论和现有理论联系起来很重要，而在由案例构建理论的研究中，这一点尤其重要。因为所得结论常常是基于数量有限的案例而得出的，此举有助于提高由案例研究构建理论的内部效度、普适性和理论水平（张丽华和刘松博，2006）。

理论的回应是为管理启示服务的，管理启示就是对案例研究启动时的现实问题的回应，这种回应可能是某种模型的提出，也可能是某种概念的创新，或两者兼而有之。在刘邦和项羽的案例对比研究中，我们在已有文献的基础上，提出了领导者心智模式的概念。心智模式是经先天遗传和后天成长经历熔铸而成，是对行为主体反射式的情绪表现和一贯性的行为风格起决定作用的行为主体内隐的认知图式。同时，从领导者心智模式与高层管理团队（top management team，TMT）成员进退互动角度，将领导者的心智模式分为聚智增慧（如刘邦，人力资本和社会资本水平较低，但心理资本水平较高，对应的 TMT 团队成员走势是低开高走）与唯我独尊（如项羽，人力资本和社会资本水平较高，但心理资本水平较低，对应的 TMT 团队成员走势是高开低走）两种极端类型。

综上所述，以历史人物的对比为主线，采用规范案例研究方法来构建本土领导理论的流程及每个部分的主要研究内容，见表 1-1。

表 1-1　基于历史人物对比的规范案例研究建构本土领导理论的流程

步骤	问题驱动与理论回溯			案例选择与数据分析			理论回应与管理启示	
	问题提出	文献回顾	工具准备	案例选择	数据分析	命题建构	文献回应	对策建议
主要研究内容	结合现实需求，提炼研究问题	对拟研究问题的相关主题进行文献回顾，发现理论空白	澄清参照职群岗位核心职责，提炼对应的关键胜任特征	兼顾典型性、代表性和可比性原则，理论抽样确定研究样本	基于历史人物文集、诏书或奏章，官方正史，多版本的历史人物传记，后人对历史人物的权威研究等三角互证资料，进行质性编码、量化评分	初步提出解决所研究问题的理论模型	将提出的理论模型与相关文献进行对比，修正并完善理论模型	对如何提升研究职群领导力提供相关对策与建议

本土领导理论的研究并不是在现有领导理论研究之外另起炉灶，而是通过本土领导理论研究来提升领导理论的普适性，以丰富和完善全球领导力知识体

系为出发点和逻辑归宿。所以，本土领导理论研究的成果要明确哪些是现有的全球领导力知识体系中已有的部分，哪些是增量部分。本土领导理论研究需要结合西方经典领导理论及研究方法，以及对现有中外文献的批判性继承，并汲取中国文化的精华，而中西融合是本土领导理论研究最终的方向（武亚军，2010）。

本土领导理论研究要切实丰富和完善全球领导力知识体系，与之对应的研究路径有两条：一是从中国本土现象出发，采用比较研究方式；二是从现有理论出发，找到本土领导现象及思维与现有理论发生抵触的情况，然后再试图提出新的理论以修正或补充现有理论（李鑫，2015）。

如果领导领域要从组织的跨民族研究的既有成果中受益，尤其是来自中国这样的巨大新兴市场体的研究成果，需要采取更有创意的方法来对国家背景及其对组织的影响因素进行调查。为此，徐淑英等学者（2011）特别强调，中国领导学者需要从单向地引进西方理论和方法或验证和修正西方理论，转向进行自主创新，提出基于中国情境的领导理论，并通过与西方学术界的对话和交流，将本土管理理论"出口"给全球管理学界，从而为全球领导力知识体系的完善和社会的发展做出中国人的贡献。

第二节 顺应时变，图强谋盛迎未来

历史上的第一位领导是谁已无从考据，但自神话传说时代始，层出不穷的"伟大领导"就已构建了人类精神世界的底色和背景。奥德修斯以木马屠城计里应外合，赢得特洛伊之战；亚瑟王力拔石中剑，率圆桌骑士一统大不列颠；黄帝诛蚩尤，败炎帝，画野分疆，统领神州大地；大禹率民治水，鼓励农耕，划定九州，建立中国历史上第一个世袭制王朝——夏朝……这些英雄人物或凭个人智慧带领其族群躲过灾难，或靠个人英武之力率领同胞们赶走了入侵者，或凭借个人超强的意志力克服了常人难以想象的困难，他们意志坚定、思维超前、善于凝聚众智众力，因而在历史上留下了浓墨重彩的一笔。

然而，纵观人类历史，作为领导活动的主导者，领导者不论对于他们的族群，还是外部族群，乃至整个世界来说，可能是福音，也可能是灾难。所以作为领导者，他们一生的功过是非，往往难以评说。例如，秦王嬴政横扫六国，一统天下，只因不明"攻守之势异也"，导致秦二世而亡；汉武帝刘彻北伐拓疆土，打通河西走廊，开辟丝绸之路，暮年犹能颁布"轮台罪己诏"，终于成就中兴；拿破仑雄霸欧洲，一手缔造法兰西第一帝国，终因用人不当，兵败滑铁卢后最终未得善终；等等。

那么，领导学因何而生？如何定义领导与领导力？领导者应当怎样进行自我管理和自我领导？这些问题亟待正本清源，厘清逻辑主线。

一、图强谋盛领向导人，变革求进筑实未来

领导学是专门研究领导现象及其发展规律的学科知识体系。伴随着经济全球化的演进和行业竞争的加剧，经济发展和社会变化加快，制度、技术和产品的生命周期越来越短，在这个时代背景下，组织为了获取持续性竞争优势，也在不断推进领导学研究。

(一)"无缝竞争"的乌卡时代

所谓乌卡时代(VUCA)，是由 volatility(易变性)、uncertainty(不确定性)、complexity(复杂性)、ambiguity(模糊性)四个单词的首字母组合而成的，是一个具有现代概念的词，是指我们正处于一个充满易变性、不确定性、复杂性、模糊性的世界。竞争无国界也无边界，发展更是硬道理，为有效应对乌卡时代的"无缝竞争"，当前我国亟待增强的就是深入实施科教兴国战略、人才强国战略、创新驱动发展战略，开辟发展新领域新赛道，不断塑造发展新动能新优势，切实提升我国的综合国力。

(二)"创新求进"的创智时代

纵观人类发展历史，创新始终是一个国家、一个民族发展的重要力量，也始终是推动人类社会进步的重要力量。不创新不行，创新慢了也不行。实施创新驱动发展战略，是应对发展环境变化，把握发展自主权，提高核心竞争力的必然选择；是加快转变经济发展方式、破解经济发展深层次矛盾和问题的必然选择；是更好引领我国经济发展新常态、保持我国经济持续健康发展的必然选择。

(三)"合众为一"的共同时代

人类只有一个地球，各国共处一个世界，因而世界各国在追求本国利益时应兼顾和合理关切他国利益。在谋求本国发展中促进各国共同发展，这也是人类命运共同体的内涵要义。顺应人类命运共同体的时代要求，衡量各级组织管

理有效性的一个关键就是"合众为一"。党的二十大报告针对"当前，世界之变、时代之变、历史之变正以前所未有的方式展开……人类社会面临前所未有的挑战。世界又一次站在历史的十字路口，何去何从取决于各国人民的抉择"的时代背景，倡议"促进世界和平与发展，推动构建人类命运共同体"。

在中国特色社会主义新时代的大背景下，各级各类组织所面临的无缝竞争都更加激烈，更需要创新求进，更需要合众为一，发挥群众和集体的智慧。同时，这对各级各类组织领导者的领导力也提出了新的挑战并赋予了新的内涵。

二、角色高远行为本真，过程同创结果共成

领导力是一个日益引起广泛关注和深入研究的重要主题，也是一个复杂多元和充满歧义的主题。领导力在实践中容易辨别和理解，但目前并没有一个被普遍接受的领导力定义，为此本尼斯等（2016）把领导力比喻为爱情和美，认为领导力既说不清楚，也很难定义，但大家都能知道和感受到它的存在。

领导既是名词，又是动词。作为名词的领导，意为"领导者"；作为动词的领导，意为"领导过程"。作为名词的领导，强调领导者个人特质对组织绩效提升的决定性作用，试图用领导者的特质差异来解释领导效能之不同；而作为动词的领导，强调领导者与被领导者、领导目标和领导环境之间多元互动关系对组织管理有效性的影响机制和过程，试图从领导者行为倾向和权变策略的差异来解释领导效能之间的差异。显而易见，这两种观点都对影响组织管理有效性即组织绩效提升的某些重要变量进行了恒定处理，在学理上都有其局限性和片面性。因此，同时考虑领导的名词性和动词性，强调"领"（定义未来）和"导"（领向导人）及彼此之间的交互作用，以及领导活动作为整体与环境的交互作用，更加契合领导的本质和内涵。基于这样的分析，我们将领导定义为：领导就是行为主体规划个人或组织的发展方向，有针对性地整合和内化资源，积极影响相关人员的决策和行为，从而实现领导价值及组织效益最大化的行为和过程。

上述定义认为领导是一种行为和过程，将"领导者"泛化为"行为主体"，旨在强调领导活动及与之对应的领导力的普适性，即人人都是领导，人人都需要领导力；将领导目标定义为"实现领导价值及组织效益最大化"，强调组织效益最大化是领导价值的内涵，具体而言，就是从组织的图强谋盛角度来评估和检验领导的价值所在。

由此看来，领导就是以领导者效应的发挥为轴心、以组织管理有效性的提

升为出发点和逻辑归宿的多元主体互动过程。鉴于组织是由若干数量不等的群体组成的人员共同体，因而组织管理有效性可从组织发展规划与发展目标（未来预判和战略校准）、发展路径和发展模式（优势培育和路径优化）、组织成员个体生涯目标与组织发展目标的同步性（目标同一和组织赋能）三个方面来观测。鉴于组织管理有效性的展现在时间上具有动态的延迟性，在空间上具有多元的交互性，在跨层上具有整体的交融性，因而组织管理有效性及对应的组织绩效评估，可定位在个体之绩与组织之效、局部之绩与全局之效、历史之绩与未来之效三个向度，从重绩轻效到以效定绩连续体的某个基点。

　　组织管理有效性的提升是组织图强谋盛目标的过程性和累积性表征，从组织管理有效性提升的角度定义领导力，总体上推崇以效定绩观，这也是领导力的应然性本真要义。这是因为判断领导者领导力和领导者成功的最终标准都是组织是否成功，而组织的成功又源于组织管理和组织绩效管理的成功（负杰，2021）。

　　基于上述分析，我们将领导力定义为：领导者准确并清晰定义未来（领），有针对性地整合并内化相关资源，积极影响广义（组织外部）和狭义（组织内部）追随者的决策和行为（导），从而实现个人价值和组织效益最大化的综合素质表征（力）。

　　根据这一定义，领导力由存在交互作用关系的三个构面组成：一是领导力的前瞻性，即能准确并清晰定义未来，具象化为未来预判和战略校准；二是领导力的交互性，即能纵观全局并动态整合资源，具象化为优势培育和路径优化；三是领导力的调和性，即能引导并激励员工行为，具象化为目标同一和组织赋能。

（一）领导力的前瞻性：未来预判和战略校准

　　领导力的前瞻性是指领导者在领导活动中对组织发展规划和发展目标预见的准确性。毛泽东说："坐在指挥台上，如果什么也看不见，就不能叫领导。坐在指挥台上，只看见地平线上已经出现的大量的普遍的东西，那是平平常常的，也不能算领导。只有当还没有出现大量的明显的东西的时候，当桅杆顶刚刚露出的时候，就能看出这是要发展成为大量的普遍的东西，并能掌握住它，这才叫领导。所谓预见，不是指某种东西已经大量地普遍地在世界上出现了，在眼前出现了，这时才预见；而常常是要求看得更远，就是说在地平线上刚冒出来一点的时候，刚露出一点头的时候，还是小量的不普遍的时候，就能看见，就能看到它的将来的普遍意义。"[①]

---

　　① 《毛泽东选集》第一卷，394～395页，北京，人民出版社，1991。

领导力的前瞻性具象化为未来预判和战略校准。对于个体来说，战略是指个人职业生涯发展规划；对于组织来说，战略是指组织发展战略。战略规划和战略校准，需要遵循 SMART 原则，即 S(specific，具体的)；M(measurable，可度量的)；A(attainable，可实现的)；R(relevant，相关的)；T(time-bound，有时限的)。比如，1987 年，中国改革开放的总设计师邓小平从实际出发，对中国现代化建设的目标和步骤进行了深入的思考，提出了"三步走"的发展战略：第一步，从 1981 年到 1990 年实现国民生产总值比 1980 年翻一番，解决人民的温饱问题；第二步，从 1991 年到 20 世纪末，使国民生产总值再增长一倍，人民生活达到小康水平；第三步，到 21 世纪中叶，人均国民生产总值达到中等发达国家水平，人民生活比较富裕，基本实现现代化。邓小平提出的"三步走"的发展战略不仅符合 SMART 原则，而且如今看来都已经实现或正在实现。

未来预判和战略校准，需具备战略家准确并清晰定义未来的敏锐性和洞察力。

(二)领导力的交互性：优势培育和路径优化

领导力的交互性是指领导者在领导活动中对组织发展路径和发展模式的探索和选择的准确性。1935 年 10 月，毛泽东率领中央红军经过长征到达陕北后，面临的形势十分严峻。当时，中华民族正处于生死存亡的危急关头，日本帝国主义加快了侵华的步伐，其导演的所谓"华北五省自治运动"正在紧锣密鼓地进行。国民党政府继续推行"攘外必先安内"的方针，调动几十万大军进犯陕甘苏区。为了巩固和扩大陕北根据地，毛泽东力排众议，提出东征的战略主张。

东征历时 75 天，共歼灭国民党军队约 7 个团，筹款 30 余万元，在山西 20 多个县开展了群众工作，宣传了中国共产党的抗日主张。通过东征，中国共产党和红军打开了一个新局面。东征的成就，不仅是政治上和军事上的，还有文化上的。毛泽东《沁园春·雪》①的诞生就是文化上的标志性成果。

沁园春·雪

北国风光，千里冰封，万里雪飘。望长城内外，惟余莽莽；大河上下，顿失滔滔。山舞银蛇，原驰蜡象，欲与天公试比高。须晴日，看红装素裹，分外妖娆。

---

① 吴正裕：《毛泽东诗词全编鉴赏（增订本）》，144 页，北京，人民文学出版社，2017。

江山如此多娇，引无数英雄竞折腰。惜秦皇汉武，略输文采；唐宗宋祖，稍逊风骚。一代天骄，成吉思汗，只识弯弓射大雕。俱往矣，数风流人物，还看今朝。

毛泽东亲自批注《沁园春·雪》："反封建主义，批判两千年封建主义的一个反动侧面。"一方面表达出中国共产党人的自信和气魄，另一方面饱含了人民意识。秦皇汉武、唐宗宋祖、成吉思汗等，不过是历史的烟云。历史证明，中国共产党能够带领中国人民取得新民主主义革命的伟大胜利，根本原因就在于中国共产党人能"唤起工农千百万"，就在于党从诞生的第一天起就始终坚持人民至上，坚持一切为了人民，一切依靠人民。

毛主席通过此词告知全国军民，困难是暂时的，中国共产党人正在开创的功业将超过中国历史上任何一个盛世。这首词不仅有效传递了革命的愿景，还激发了全体工农红军的成就感和使命感，可谓展现领导力交互性的典范之作。

领导活动的交互性具象化为优势培育和路径优化。从系统论的观点来看，个体和组织的成长历程，也就是个体和组织与环境之间不断发生交互作用的过程。优势培育和路径优化尤其强调在这种交互过程中资源整合的主动性和针对性。资源由人力资源、财务资源、物质资源等组成，总体上可归为自有资源和可控资源两大类。

对任何组织来说，自有资源都是有限的，如一个国家的矿藏、技术储备等，因而个体及组织持续竞争优势的获取，都必须谨慎使用自有资源，最大限度地整合可控资源，并将其内化为自有资源，但资源整合和内化有风险。财智论认为："财"就是保障个人或组织生存和发展的所有物质或经济基础的总和，包括自有资源和可控资源两大部分；"智"就是在风险最小或风险可控的前提下，个人或组织所拥有的促使外部资源或非可控资源转化为可控资源，甚至自有资源（资源整合的全球性思维），并使其效用最大化（自主创新能力的系统性提升），从而有效增强个体或组织的核心竞争力，提升其价值存量的举措。根据财智论的观点，领导力的优势培育应具备资源整合的全球性思维，而路径优化是包括但不限于管理创新和技术创造的融合提升。

财智论将不同的国家或组织归为四种类型：一是智兴财不兴，即自有资源匮乏，但资源整合及资源转化的创新能力强，如以色列和日本等；二是财智并兴，自有资源很丰富，资源整合及资源转化的创新能力也很强，如美国和澳大利亚等；三是财智均不兴，自有资源很匮乏且资源整合和资源转化的创新能力都很差，如阿富汗和孟加拉国等；四是财兴智不兴，自有资源很丰富，但资源转化的创新能力较差，如刚果和尼日尔等。

优势培育和路径优化，需具备纵横家纵观全局并动态整合资源的敏捷性和行动力。如苏秦游说六国，以赵为主，以缔结合纵相亲的联盟为目的。针对不同对象因势利导，顺应其心意，指陈其利害，或激或励，或羞或诱，成竹在胸，使六国合纵缔约，使秦人闭函谷关达十五年。

(三)领导力的调和性：目标同一和组织赋能

领导力的调和性是指领导者在领导活动中对组织成员个人生涯目标与组织发展目标同步性的建构与促成。领导者是用人成事的，既然要用人成事，就要知己所短，识人并用其所长。龚鹏程(2005)在《向古人借智慧》中指出，细品历史，有很多东西值得玩味，值得借鉴。[①] 以中国历代皇帝来说，最受史家批评的，不是殷纣夏桀，而是明思宗崇祯皇帝。殷纣王自以为聪明强干，文才武略远胜臣下，所以只信任自己，没有臣子敢进忠言。有殷鉴在前，明思宗却仍"察察为明"，考核苛细。据不完全统计，他在位 17 年间换了 50 位内阁大学士，总认为没有一个能符合他的要求。他在临死时，还在遗书中写道："朕非亡国之君，诸臣实亡国之臣。"后世史家评论这段话时表示：光凭这话，就可以证明，思宗真是一位亡国之君。

为什么呢？用老子的话来说："善用人者，为之下。"真正懂得用人的人，其行为谦下，不是去指使别人，而是赋予他人权力，让人才发挥所能，使人才尽量贡献其能力，同时也成就了自己的事业。因此，用人之道不是以个人的才智去驱使众人，而是通过领导者来聚合才子贤士，发挥他们的专长。

领导力的调和性具象化为目标同一和组织赋能。对于个体来说，目标同一既包括自我管理，也包括作为个体如何适应社会环境并积极引导与个人人生目标实现相关的社会成员的行为。对于组织领导者来说，目标同一既包括组织内部成员行为在目标同一性上的积极引领，以最大程度降低组织的内部交易成本，提高组织内部运营效率，也包括组织外部成员的行为在目标同一性上的积极整合，重在促进组织整合相关资源，最大限度提升核心竞争力。

目标同一和组织赋能，需具备心学家引导并激励他人行为的敏感性和怀柔力。《诗经·齐风·甫田》中说："无田甫田，维莠骄骄。无思远人，劳心忉忉。无田甫田，维莠桀桀。无思远人，劳心怛怛。"《吕氏春秋·审分》也有云："今

---

① 龚鹏程：《向古人借智慧：如何阅读中国文化经典》，42～45 页，天津，百花文艺出版社，2005。

以众地者，公作则迟，有所匿其力也；分地则速，无所匿其力也。"（董金社，2021）这些经典语句都表明了应强化投入、产出与回报之间的线性关系，使人们的工作积极性、主动性和创造性得到充分发挥。

三、格物致知强根固本，兴业报国格局提升

> 古之欲明明德于天下者先治其国，欲治其国者先齐其家，欲齐其家者先修其身，欲修其身者先正其心，欲正其心者先诚其意，欲诚其意者先致其知，致知在格物。物格而后知至，知至而后意诚，意诚而后心正，心正而后身修，身修而后家齐，家齐而后国治，国治而后天下平。
>
> 自天子以至于庶人，壹是皆以修身为本。其本乱而末治者，否矣。其所厚者薄，而其所薄者厚，未之有也。此谓知本，此谓知之至也。
>
> ——节选自《礼记·大学》[①]

领导力是领导者影响他人达到特定目标的能力和过程。若想照亮别人，自己先要发光，领导力的展现在于赢得他人的认同，激励他们为达到目标而努力，而要影响他人，领导者必须是诚实的、可信的。因此，领导者领导效能的发挥、个人的自我管理和自我领导，决定了他人对领导者的看法，而这些看法反过来又决定了领导效能的发挥（张志学等，2021）。

领导者的自我管理强调领导者对自我状态和自我行为的调控，以便完成自己或者他人设定的目标或布置的任务；领导者的自我领导则强调领导者通过自我影响和激励，完成能够体现自身价值的有意义的任务，从中获得成就感，进而促进个人不断进步和成长。显而易见，随着组织高度集权的金字塔模式逐渐扁平化、平台化、网络化、虚拟化，员工与组织的关系逐步从雇员与雇主的关系转变为个体与平台的关系，在员工逐步走向自我管理模式的大背景下，良好的自我管理和自我领导不仅对领导者个人职业生涯的发展有促进作用，而且对组织管理的有效提升有重要作用。

张志学等人（2021）结合自我管理和自我领导能力的高低与传统领导力（领导他人能力）的高低，根据领导者的行为表现和带领组织走向成功的概率的不同，将领导者划分为以下四种类型，见表1-2。

[①]　王文锦：《大学中庸译注》，2～3页，北京，中华书局，2008。

表 1-2　基于自我管理和自我领导与领导他人的领导者类型

领导力		自我管理和自我领导能力	
		高	低
领导他人能力	高	内圣外王	外强中干
	低	内方外圆	不胜其任

可见，领导者要切实履行好助力组织强盛、引领他人更好发展的责任，必须提升个人的自我管理和自我领导水平。遵照《礼记·大学》中的观点，格物致知是领导者胜任的基准资质，诚意正心和修身齐家是提升领导者胜任资质的基本进阶过程，治国平天下是领导者应有的人生格局和责任担当，用今天的语境来说，就是格物致知夯实基础，兴业报国提升格局。具体做法表现在以下几个方面。

(一)战略决策从局部片面向全局动态和未来促进转变

随着所处层级的不断提高，领导者所面临的问题也更加复杂，需要在相互竞争的价值观体系和重要性排序中做出选择的问题也就越多。优秀的领导者能认识并直面这些问题，他们的前瞻性和敏锐性决定了他们能做出正确的战略决策。例如，朝鲜战争时期，美军登陆仁川后，对于我国出兵朝鲜的提议，很多重要领导人都持反对意见，认为新中国刚刚成立，民生凋敝，需要休养生息，且我国的军事力量与美军悬殊，建议不出兵朝鲜。毛泽东认为"打得一拳开，免得百拳来"，为了巩固中苏友好关系，为了新中国的稳定，毅然决定抗美援朝。历史证明，毛主席当初的决策是英明的。又如，我国的"两弹一星"工程进入最为紧要的时期，恰逢三年困难时期，当时很多同志纷纷要求下马"两弹一星"工程，但毛泽东、周恩来等党和国家领导人力排众议，决定这项工作按照原定计划推进。毛泽东还专门做出指示："在科学研究中，对尖端武器的研究试制工作，仍应抓紧进行，不能放松或下马。"[1]领导者作为组织和下属未来发展的领路人和负责人，所做出的战略决策不一定被追随者喜欢，但最后一定是使人叹服的。

(二)工作重心从个体卓越向团队增益和组织强盛转变

德鲁克说，领导地位并不意味着头衔、特权、级别或金钱，而是责任，这

---

[1]　奚启新：《钱学森传》，346 页，北京，人民出版社，2011。

个责任就是对组织和下属未来负责的责任。领导者所拥有的领导地位，是为其履行对组织和下属未来负责的职责而赋予的组织设计和制度性保障。因而，领导者工作重心的确立和其价值评判的依据都应是其追随者的数量及质量，以及所引领的组织是否强盛，而不是领导者个人的过往经历是否辉煌。

领导者之于他所领导的组织，好似足球教练之于足球队。评价一个足球教练好不好，并不是看他上场踢了多长时间的球，射门多少次，助攻多少次，而是看他所领导的组织（球队）和下属（球员）能否赛出水平、赛出风格（团队增益），以及整个赛季战绩的升降趋势。

（三）追随引领从制度规范向制度引领和文化凝聚转变

没有追随者，就没有领导者（基思·格林特，2018）。就组织发展而言，随着组织规模的不断扩大、组织层级的不断拉长，组织管理的复杂性和所面临的任务也不断加大。在此过程中，组织发展大多会经历从"人治"到"法治"，再到"文治"的演进过程，而人治困人樊篱，法治使人游离，文治使人身心相随，所以领导者对追随者的引领要从制度规范向制度引领和文化凝聚转变。领导者需要根据组织成员状况、组织所在行业特征、组织发展战略等因素及组织发展阶段来建章立制，以期对组织成员及利益相关者的行为进行积极引领，使其与组织发展目标最大限度地契合。此外，作为组织的领导者，必须清晰地知道什么样的文化是组织现在以及未来又好又快发展所需要的。因为文化对组织绩效的影响是深远且滞后的。

第三节　公共中心，以效定绩辨优劣

本节所及历史人物，包括秦穆公、管仲、刘邦、鲁肃、李世民、苏东坡、曾国藩、商鞅、诸葛亮、王安石和项羽，其所知所为都是一面镜子，从不同视角展现了领导力的某些构面，因而基于"信而有征，实事求是"的人物研究与评价理念（高希中，2018），尽管对每个人来说都是挂一漏万，但将诸多人物不同构面的领导力"整合"起来，有望能接近领导力的"全貌"。

本书基于个人之绩与组织之效、局部之绩和全局之效、历史之绩与未来之效共成一体的理论视角，从以效定绩的角度定义了对领导者的价值评判，进而从领导者的目标导向是重公共还是重个人（领导视角），在领导活动中个人目标与组织公共目标是否能保持动态一致（目标离合），以及在目标实现过程中领导者与组织成员及利益相关者的互动策略(组织策略)三个角度，结合我们已经完成或初步完成的研究，将本书涉及的主要历史人物划分为功成名遂的有效领导、业成身毁的成功领导、功败垂成的悲剧领导和功成骨枯的破坏领导四种类型。

一、有效领导：公共至上，目标同一，群策群力、聚智增慧

在领导视角上，有效领导的个人目标服务并服从于公共目标(公共至上)；在目标实现过程中，有效领导的个人目标与公共目标在方向上和步调上总体保持动态的一致性(目标同一)；在组织策略上，有效领导善于利导各利益相关者的价值诉求，对未来敏锐，对机会敏捷，对他人敏感，善于"合众人之私以成一人之公"(群策群力、聚智增慧)。这样的领导者多功成名遂。

功成名遂的领导者不仅个人目标得以实现，而且其一生功业对后世社会治理和社会发展都有积极影响。本书后续各章详细论述的秦穆公、管仲、刘邦、鲁肃、李世民、苏东坡、曾国藩，总体上都属于这种类型的领导者。

(一)秦穆公：居危思进、见贤则敬

秦穆公，嬴姓，赵氏，名任好，是秦国的第九任国君，是"春秋五霸"之一。贾谊在《过秦论》中评价他说"自穆公以来，至于秦王二十余君，常为诸侯雄"。秦穆公在位期间，广纳贤士，大胆任用外邦人才，开创秦国任用客卿制度之先河。在他的感召下，"五羖大夫"百里奚、相马专家伯乐及九方皋纷纷投其门下。他在用人方面始终秉持"得其精而忘其粗，在其内而忘其外"的观念，因而取得了巨大的成功。史载他执政期间，"益国十二，开地千里"。《孔子家语·贤君》中这样评价他："其国虽小，其志大；处虽僻，而其政中。其举也果，其谋也和，法无私而令不愉。首拔五羖，爵之大夫，与语三日而授之以政。此取之，虽王可，其霸少矣。"

(二)管仲：明辨时弊、变法强齐

管仲，姬姓，管氏，名夷吾，字仲。管仲在齐国的一系列改革皆切实遵循"仓廪实而知礼节，衣食足而知荣辱"的需求层次递进法则，因而能辅佐齐桓公成为春秋首霸，实现了个人之绩与组织之效的双赢。司马迁在《史记·管晏列传》中评价道："管仲既用，任政于齐，齐桓公以霸，九合诸侯，一匡天下，管仲之谋也。"孔子在《论语·宪问篇第十四》中说："管仲相桓公，霸诸侯，一匡

天下，民到于今受其赐。微管仲，吾其被发左衽矣。岂若匹夫匹妇之为谅也，自经于沟渎而莫之知也。"

(三)刘邦：聚智增慧、同创共成

刘邦，字季，西汉开国皇帝，史称汉高祖。汉高祖刘邦之所以能战胜项羽，关键在于他同创共成的绩效管理体系及用人所长的管理理念。关于其同创共成的绩效管理体系，可以从刘邦的《高帝求贤诏》中得到印证："盖闻王者莫高于周文，伯者莫高于齐桓，皆待贤人而成名。今天下贤者智能，岂特古之人乎？患在人主不交故也，士奚由进？今吾以天之灵、贤士大夫定有天下，以为一家。欲其长久，世世奉宗庙亡绝也。"①关于其用人所长的管理理念，《史记·高祖本纪》中记载的刘邦在洛阳南宫大宴群臣时与高起、王陵的对话可为旁证。

> 高祖曰："列侯诸将无敢隐朕，皆言其情。吾所以有天下者何？项氏之所以失天下者何？"高起、王陵对曰："陛下慢而侮人，项羽仁而爱人。然陛下使人攻城略地，所降下者因以予之，与天下同利也。项羽妒贤嫉能，有功者害之，贤者疑之，战胜而不予人功，得地而不予人利，此所以失天下也。"高祖曰："公知其一，未知其二。夫运筹策帷帐之中，决胜于千里之外，吾不如子房。镇国家，抚百姓，给馈饷，不绝粮道，吾不如萧何。连百万之军，战必胜，攻必取，吾不如韩信。此三者，皆人杰也，吾能用之，此吾所以取天下也。项羽有一范增而不能用，此其所以为我擒也。"②

《毛泽东评点古今人物》中有两处论及刘邦：一是说刘邦豁达大度，从谏如流，之所以能够打败项羽，是因为刘邦不同于贵族出身的项羽，他比较熟悉社会生活，了解人民心理；二是说刘邦因决策正确且用人得当而得天下。

(四)鲁肃：全局思维、勾画三国

鲁肃，字子敬，今安徽定远人。鲁肃不仅是"三国鼎立"理论的积极推行者，而且可以说是促成三国鼎立的关键之战——赤壁之战的幕后总导演。孙权从个人立场出发，对鲁肃的评价是"两长"(即"大略帝王之业"和"劝孤急呼公

---

① (清)吴楚材、吴调侯编选，徐薇主编：《古文观止鉴赏辞典》，271页，武汉，崇文书局，2021。

② (汉)司马迁：《史记》，80页，北京，中华书局，2006。

瑾，付任以众，逆而击之")和"一短"（即"劝吾借玄德地"）。事实上，在后人眼里，鲁肃的智慧不在诸葛亮、荀彧之下。湖南岳阳鲁肃墓前石柱上镌刻的对联称赞他"扶帝烛曹奸，所见在荀彧上；侍吴亲汉胄，此心与武侯同"。鲁肃墓碑上的碑文对其一生做出了颇为精当的评价："年少粗疏未可轻，榻边视画最分明。直将诸葛同心事，空被张昭识姓名。大业竟从身后定，丰碑自向墓前横。指困风义人争说，细故何能概一身。"

（五）李世民：敬畏历史、克己修行

李世民是唐朝第二位皇帝，史称唐太宗，在中国历史上堪称帝王楷模。《新唐书·本纪第二》赞他"除隋之乱，比迹汤、武；致治之美，庶几成、康。自古功德兼隆，由汉以来未之有也"①。柏杨在《中国人史纲》中评价他"自从盘古开天辟地，李世民大帝是中国帝王中最初一个被中国人真心称颂崇拜的人物，固由于他的勋业，也由于他本身的美德。他治理国家的一言一行，成为以后所有帝王的规范"②。陈舜臣在《大唐帝国：隋乱唐盛三百年》中提到贞观之治对日本的影响时说"海内升平，路不拾遗，外户不闭，商旅野宿。——史书如此称证。这个时代的社会，几乎被描写成乌托邦。后世的为政者，都将这个时代奉为良好政治的典范。日本清和天皇时代就仿效于此，亦定元号为贞观"③。

李世民本人对其一生功绩及成因分析可谓敬畏历史、克己修行的经典范本。根据《资治通鉴》记载，李世民曾对群臣说道："自古帝王多疾胜己者，朕见人之善，若己有之；人之行能，不能兼备，朕常弃其所短，取其所长；人主往往进贤则欲置诸怀，退不肖则欲推诸壑，朕见贤者则敬之，不肖者则怜之，贤不肖各得其所；人主多恶正直，阴诛显戮，无代无之，朕践阼以来，正直之士，比肩于朝，未尝黜责一人；自古皆贵中华，贱夷、狄，朕独爱之如一，故其种落皆依朕如父母。此五者，朕所以成今日之功也。"④王夫之在《读通鉴论》中评价他"读太宗论治之言，我不敢知曰尧、舜之止此也，以视成汤、武王，其相去无几矣。乃其斁彝伦，亏至德，杂用贤奸，从欲规利，终无以自克，而

---

① （宋）欧阳修、宋祁：《新唐书》，31页，北京：中华书局，1975。

② 柏杨：《中国人史纲（上、下）》，374页，太原：山西出版集团/山西人民出版社，2008。

③ ［日］陈舜臣：《大唐帝国：隋乱唐盛三百年》，廖为智译，102页，北京，新星出版社，2007。

④ （宋）司马光编撰，沈志华、张宏儒主编：《资治通鉴》（第十二册），8252页，中华书局，2012。

成乎大疵。读史者鉴之，可以知治，可以知德，可以知学矣"①。李世民宽厚爱民、从谏如流、敬畏历史、克己修行，很值得后世为政者效仿。

(六)苏东坡：人格独立、千古一人

苏轼，字子瞻，又字和仲，号铁冠道人、东坡居士，世称苏东坡。林语堂(2008)在《苏东坡传》中称他为"一个无可救药的乐天派、一个伟大的人道主义者、一个百姓的朋友、一个大文豪、大书法家、创新的画家、造酒试验家、一个工程师……一个月夜徘徊者、一个诗人、一个小丑"。孝宗皇帝赐封东坡太师诏中评价他"放浪岭海，而如在朝廷；斟酌古今，而若斡造化。不可夺者岿然之节，莫之致者自然之名。经纶不究于生前，议论常公于身后"。

苏东坡亲历了以王安石为首的新党变法派和以司马光为首的旧党保守派朋党相争的全过程。他曾为保守派，但他又坚持实践是检验真理的唯一标准，因而对变法派的一些积极变革措施十分拥护。为此，他既屡遭变法派打击，又遭保守派排斥，但"纵使万般寻路无，不堕野地随人居"(苏东坡自勉对联)，他始终心存良知，坚信真理，可谓格局宏大、人格独立的千古风流第一人。

(七)曾国藩：倚天自知、功德言立

曾国藩，字伯涵，号涤生，又名曾子城、曾文正。被誉为"中国留学生之父"的容闳(2015)在《西学东渐记》中评价曾国藩为"中国历史上最著名人物，同辈莫不奉为泰山北斗。……总文正一生之政绩，实无一污点。其正直廉洁忠诚诸德，皆足为后人模范。故其身虽逝，而名足千古。其才大而谦，气宏而凝，可称完全之真君子，而为清代第一流人物，亦旧教育中之特产人物"。

曾国藩独到的个人修养赢得了很高的评价。曾国藩在其家书中多次提到其识人之道，如"用人极难，听言亦殊不易，全赖见多识广，熟思审处，方寸中有一定之权衡"②。他也提到了其隐忍之智，如"余庚戌、辛亥间为京师权贵所唾骂，癸丑、甲寅为长沙所唾骂，乙卯、丙辰为江西所唾骂，以及岳州之败、靖江之败、湖口之败，盖打脱牙之时多矣，无一次不和血吞之"③。他的知人之智和隐忍之明，成就了他"立功、立德、立言"的三不朽。

---

① (明)王夫之：《读通鉴论》(二)，760 页，岳麓书社，2011。
② 唐浩明：《唐浩明评点梁启超辑曾国藩嘉言钞》，819 页，长沙，岳麓书社，2007。
③ 同②，112 页。

二、成功领导：以公达私，时契时离，待人如器、聚合为一

在领导视角上，成功领导将个人目标凌驾于公共目标之上（以公达私）；在目标实现过程中，成功领导的个人目标与公共目标在方向上和步调上时而契合、时而背离；在组织策略上，成功领导认为江山易改，本性难移，因而在治理策略上往往以自己认定的标准或法规来严明赏罚，坚信并践行待人如器方能聚合一体的群体治理理念。这样的领导者最终多业成身毁。

业成身毁的成功领导一般个性鲜明、能力超群，为了实现个人目标（有时也是大众的公共目标），遇事不弃、坚韧不拔，但因其领导风格等方面的个人缺陷，要么人生目标没有完全实现，要么实现后却不得安宁。战国时期著名的政治家、改革家商鞅从总体上看就属于这种类型。

首先，在领导视角上，商鞅是一个不达目标誓不罢休的人。商鞅本被自己的直接领导——魏国国相公叔痤看好，并被公叔痤推荐给了魏惠王。但魏惠王将公叔痤的推荐视为病中诳语，于是商鞅便离开了魏国，来到秦国寻找实现个人目标的平台。经过四轮的摸索和渐次澄清，商鞅得到了秦孝公的赏识，影响中国历史进程的"孝鞅组合"就此形成，所以洪迈在《容斋随笔》中说商鞅是秦国"始与之谋国以开霸业者"。从商鞅求职的动机及在秦国主政后所推行的系列变法及其效果来看，他的领导视角是利己在先、达公在后，也就是以公达私。

其次，在目标离合上，商鞅的个人目标与其直接上级秦孝公的目标在方向和步调上始终是同步的，但与甘龙、杜挚等大臣的主见一直不契合，与秦国老百姓和各种门阀势力则从刚开始的不契合到较为契合，再到逐步背离直至最后水火不容。所以商鞅的个人目标与公共目标之间的关系是部分契合（与秦孝公）、部分不契合（与甘龙、杜挚等）和时而契合又时而背离（与秦国老百姓）的。

最后，在组织策略上，"我乃真理，谁敢不听"，商鞅为了保证变法的顺利推行，实施了极为严酷的威权控制策略，视人若物，待人如器。新法实施第一年，数千名百姓跑到国都来抗议。正在此时，太子触犯了新法。商鞅认为新法之所以遭到如此多人的抗议，正是因为太子等权贵违法却未依法处罚。但太子是储君，不可对其使用刑罚，于是商鞅就以劓刑处罚了太子的老师公子虔，又以墨刑处罚了太子的另一位老师公孙贾。至此，商鞅依靠强权，使新法得以执行。十年后，尝到了新法甜头的秦国老百姓非常高兴，当初到国都抗议新法的一些老百姓又跑到国都来为新法唱赞歌。但商鞅对这个个人目标与公共目标融

合的宝贵时机视而不见，不仅没有积极"劝化众生"肯定新法并形成依新法行事的思想，还将这些人定义为"乱化之民"，把他们全部迁到边疆去。非但如此，此后商鞅骗擒魏将公子昂，不听赵良的规劝等一系列行为，进一步导致其个人实际行为表现与大众的公共诉求渐行渐远。所以，他出任秦相十年，很多皇亲国戚都憎恨他。待秦孝公去世，商鞅就落了个身首异处的下场。《史记·秦本纪第五》记载："及孝公卒，太子立，宗室多怨鞅，鞅亡，因以为反，而卒车裂以徇秦国。"

三、悲剧领导：心系苍生，急成众离，自见不明、庸聚贤离

在领导视角上，悲剧领导将公共目标的实现视为个人的人生梦想（心系苍生）；在目标离合上，悲剧领导多重修身而轻矫思，信奉个人认知就是大众常识，因而在目标实现过程中，他们往往急于求成，知急进而不知缓成，大众的认知和行为与其期望的差距不断拉大甚至逐渐背离（急成众离）；在组织策略上，悲剧领导往往分不清良莠贤愚，因而在他们周围，庸者渐聚、贤者渐离，最终结局多为和者必寡、盛名之下其实难副（自见不明、庸聚贤离）。这样的领导者多功败垂成。

功败垂成的悲剧领导，不仅没能实现个人目标，还会使大众的公共利益和组织的未来发展大受影响。笔者认为，诸葛亮和王安石大体都属于这种类型。

（一）诸葛亮：自见不明、独智误国

诸葛亮，字孔明，号卧龙。人们对诸葛亮的评价可以说褒贬不一，有人认为他是智慧的化身，而将他奉为神明，当然也有人质疑他。从领导学研究视角，笔者认为诸葛亮最大的问题是对自己的能力没有清醒的认识，其人生最大的悲剧就是角色错位；同时，他重个人之绩、轻组织之效的绩效观在很大程度上决定了蜀国的灭亡。对此，陈寿（2006）在《三国志》中这样评价："然亮才，于治戎为长，奇谋为短，理民之干，优于将略。"他认为，诸葛亮善于管理军队，治军严整，但不善于运用奇谋妙计。他治理百姓的才干，优于当统帅的谋略。诸葛亮以一人之智掩一州之才，以个人之力抗天下之士，焉能不败？

（二）王安石：自谓天命、睥睨英杰

王安石，字介甫，号半山。史家对王安石的评价，迄今为止依然毁誉不一。梁启超认为，王安石变法尽管以失败告终，但精神可嘉，"以不世出之杰，

而蒙天下之诟，易世而未之渝者，在泰西则有克林威尔，而在吾国则荆公"。黄仁宇认为，王安石的多项改革涉及将当时的中国进行大规模的商业化以及数字管理，不见容于当时的官宦文化，亦缺乏相关技术能力，因此无法取得成功。

笔者认为，王安石变法失败的一个重要原因，就是他自谓天命、睥睨英杰，朋友变成中立之人，继而变成了敌人。王安石在组织变革目标的设定及对应的队伍建设上很有见地，他在《上仁宗皇帝言事书》中说道："所谓察之者，非专用耳目之聪明，而私听于一人之口也。欲审知其德，问以行；欲审知其才，问以言。得其言行，则试之以事。所谓察之者，试之以事是也。"可惜的是，王安石知而不行，结果凄然出局，令人惋惜。

四、破坏领导：天下为己，日渐背离，迷信己力、众叛亲离

破坏领导秉持一切皆是个人目标实现的过程和工具的"天下为己"的领导视角，因而在目标实现过程中，其既定的个人目标必然与大众公共目标日渐背离；在组织策略上，破坏领导的认知停留在线性思维层面，迷信一己之力，往往根据个人喜怒来赏罚黜陟，结果必然是众叛亲离。破坏领导个人目标的实现，往往以组织成员及社会大众公共目标的巨大牺牲为代价，正所谓"一将功成万骨枯"。项羽就是功成骨枯的破坏领导的典型代表。

在领导视角上，项羽与刘邦可以说体现了个人现实与大众未来两个极端。据《史记·高祖本纪》记载，当萧何、曹参等人推举刘邦为义军首领时，刘邦说"天下方扰，诸侯并起，今置将不善，一败涂地。吾非敢自爱，恐能薄，不能完父兄子弟。此大事，愿更相推择可者"。而项羽的领导视角只有个人现实没有大众未来，在与之对应的组织策略和目标离合上，项羽只相信自己，且认为自己的武力能解决一切问题，从来没有想过向他人、向古人借智借力。《史记·项羽本纪》提到，项羽"自矜功伐，奋其私智而不师古，谓霸王之业，欲以力征经营天下，五年卒亡其国，身死东城，尚不觉寤而不自责，过矣。乃引'天亡我，非用兵之罪也'，岂不谬哉！"随着时间的推移，项羽的核心团队成员渐渐离他而去，最后项羽兵败，在乌江自刎，这绝不仅仅是军事失利所致。

上述分析从领导者个人之绩和组织之效之间交互关系的角度，结合中国古代历史人物的生平事迹，采用案例归纳—理论建构—案例检验的方法，定义了四种领导类型。这四种领导类型的对比见表1-3。

表 1-3　四种领导类型对比一览表

领导类型	功过评价	领导视角		目标离合		组织策略		典型代表
		重公	重私	渐合	渐离	靠群智	靠己力	
有效领导	功成名遂	公共至上		目标同一		群策群力、聚智增慧		刘邦、曾国藩
成功领导	业成身毁	以公达私		时契时离		待人如器、聚合为一		商鞅
悲剧领导	功败垂成	心系苍生		急成众离		自见不明、庸聚贤离		诸葛亮、王安石
破坏领导	功成骨枯	天下为己		日渐背离		迷信己力、众叛亲离		项羽

表 1-3 中的四种领导类型，从以效定绩的"组织效益最大化"的领导目标是否实现的角度评判，悲剧领导和破坏领导属于无效领导者，而有效领导和成功领导属于有效领导者。

第二章　战略校准引领组织变革

　　1937 年 9 月 29 日，毛泽东主要做了两件事：一是致电周恩来、朱德、彭德怀和任弼时，对未来时局进行预判。他指出，华北大局非常危险，河北、山东不久将失陷，中国阵地将变为扼守黄河、运河两线。这一形势将影响到上海战线发生某些变化，南京将被大轰炸，国民党如不妥协必将迁都。二是通过文字明确了国共合作成立后的迫切任务，包括统一战线的发展、日本帝国主义的打倒和全中国统一的民主共和国的建立，并对全民抗战的战略进行了校准，即"抗日需要一个充实的统一战线，这就要把全国人民都动员起来加入到统一战线中去。抗日需要一个坚固的统一战线，这就需要一个共同纲领。共同纲领是这个统一战线的行动方针，同时也就是这个统一战线的一种约束"①。

　　组织变革是指组织根据内外环境变化及时对组织中的要素（如组织的管理理念、工作方式、组织结构、人员配备、组织文化及技术等）进行调整、改进和革新的过程。也就是说，组织变革是基于"内外环境变化"对未来的预判做出对应组织策略的校准。1937 年 9 月 29 日毛泽东所做的两件事，从后来的历史事实来看，他当时对未来时局的预判是精准的，对中国共产党及全民抗战的战略校准从方针到实施方案都是及时且有效的，充分展现了毛泽东洞察未来的敏感性及领导力的前瞻性。

　　本章以鲁肃、管仲、王安石和商鞅为人物主线，对未来预判及对应的组织战略促成中的智慧（第一节），战略目标达成过程中多重社会主体之间交互演进关系治理等方面的正面经验（第二节）和反面教训（第三节）进行了深入剖析，进

---

　　① 中共中央文献研究室：《毛泽东年谱（一八九三——一九四九）修订本上卷》，26～27页，北京，中央文献出版社，2013。

而以商鞅(第四节)为例，简要论述了职业发展路径选择、职业生涯促进与组织变革等构念内涵及彼此之间的交互关系，以为各级各类领导者提供参考借鉴。

第一节 全局思维，鲁子敬勾画三国

后人论及三国人物，诸葛亮、刘备、曹操、孙权当属第一方阵，紧随其后的是关羽、张飞、赵云、周瑜和司马懿，而鲁肃一直被视作诸葛亮、周瑜或关羽的配角而遭矮化(吴跃平，2011)。在罗贯中的笔下，鲁肃充其量只是一个三流的配角，忠厚、平庸，还有几分迂腐，与孔明的神机妙算、刘备的仁义忠厚、曹操的狡诈多疑、关羽的英武骄傲、张飞的粗犷暴躁、周瑜的儒雅多才形成了鲜明的对比。

比如，《三国演义》(罗贯中，2005)第四十六回"用奇谋孔明借箭 献密计黄盖受刑"中写到"草船借箭"这一经典情节时，有这样一段对话：

孔明嘱曰："望子敬在公瑾面前勿言亮先知此事。恐公瑾心怀妒忌，又要寻事害亮。"鲁肃应诺而去，回见周瑜，把上项事只得实说了。

瑜大惊曰："此人决不可留！吾决意斩之！"

继而就有了周瑜要诸葛亮立下军令状，三天内造出十万支箭的"温柔一刀"。鲁肃傻乎乎地受周瑜之命前往窥探虚实，孔明故意责怪鲁肃："吾曾告子敬，休对公瑾说，他必要害我。不想子敬不肯为我隐讳，今日果然又弄出事来。三日内如何造得十万箭？子敬只得救我！"一阵戏谑后，诸葛亮邀请鲁肃前往对岸的曹营借箭。书中关于一路上鲁肃的憨态可掬、惊慌失色以及对孔明的拜服的描写，都被用来反衬孔明的成竹在胸和料事如神。

又如《三国演义》第六十六回"关云长单刀赴会 伏皇后为国捐生"中，鲁肃甚至被刻画成胆小如鼠、任关云长左右的无能之辈。

船渐近岸，见云长青巾绿袍，坐于船上，傍边周仓捧着大刀，八九个关西大汉各跨腰刀一口。鲁肃惊疑，接入亭内，叙礼毕，入席饮酒，举杯相劝，不敢仰视。云长谈笑自若……云长右手提刀，左手挽住鲁肃手，佯推醉曰："公今请吾赴宴，莫提起荆州之事。吾今已醉，恐伤故旧之情，他日令人请公到荆州赴会，另作商议。"鲁肃魂不附体，被云长扯至江边。吕蒙、甘宁各引本部军欲出，见云长手提大刀，亲握鲁肃，恐肃被伤，遂不敢动。云长到船边，却才放手，早立于船首，与鲁肃作别。肃如痴似呆，看关公船已乘风而去。

而历史的真相全然不是这样（庄迪君，1999；袁南生，2021），"草船借箭"纯属虚构，"单刀赴会"本是双方平起平坐的总指挥见面会，经过罗贯中艺术性加工后，舆论的重心大大地向关羽一方倾斜了。如果细读西晋史学家陈寿的《三国志》相关章节及有关鲁肃的研究专题文献就会发现，鲁肃在洞悉时势、全局思维上很有见地，值得领导者学习和借鉴。

一、榻上献策，做强江东促鼎立

后人谈及"三国鼎立"，多以建安十二年（207）诸葛亮的《隆中对》为据，想当然地认为诸葛亮就是这一重大历史事件的总设计师。其实不然，诸葛亮的《隆中对》仅就当时群雄中的两个重量级人物的实力与成功原因进行了分析——曹操因天时人谋而独霸一方，"曹操比于袁绍，则名微而众寡。然操遂能克绍，以弱为强者，非惟天时，抑亦人谋也"；孙权因为深得地利之宜而具有相当的实力，"孙权据有江东，已历三世，国险而民附，贤能为之用，此可以为援而不可图也"，因此诸葛亮建言，刘备应尽"人和"之利，与东吴搞好关系，建立好自己的根据地，积极等待光复汉室的机会"外结好孙权，内修政理；天下有变，则命一上将将荆州之军以向宛、洛……诚如是，则霸业可成，汉室可兴矣"。至于抗曹，《隆中对》认为不具备可行性，"今操已拥百万之众，挟天子而令诸侯，此诚不可与争锋"。

仔细品味，《隆中对》中诸葛亮为蜀汉集团建构的"霸业可成，汉室可兴"的组织目标如要成功实现，必须同时具备两个前提：一是曹操对一统中国毫无兴趣，自愿偏安北方；二是东吴孙权缺乏血性且到了"卧榻之侧可容他人酣睡"的地步。很显然，这两个前提都不具备。由此可推断，诸葛亮当时可能看到了天下将一分为三的苗头，但他并没有回答具体怎样才能形成这样的利我局面的问题。所以，想当然地认为诸葛亮是三国鼎立的总设计师，从严谨的史学角度来说是站不住脚的。

那么，三国鼎立的总设计师究竟是谁呢？这个荣誉当属鲁肃。根据《三国志·吴书·鲁肃传》记载，建安五年（200年）：

> 权即见肃，与语甚悦之。众宾罢退，肃亦辞出，乃独引肃还，合榻对饮。因密议曰："今汉室倾危，四方云扰，孤承父兄遗业，思有桓文之功。君既惠顾，何以佐之？"肃对曰："昔高帝区区欲尊事义帝而不

获者，以项羽为害也。今之曹操，犹昔项羽，将军何由得为桓文乎？肃窃料之，汉室不可复兴，曹操不可卒除。为将军计，惟有鼎足江东，以观天下之衅。规模如此，亦自无嫌。何者？北方诚多务也。因其多务，剿除黄祖，进伐刘表，竟长江所极，据而有之，然后建号帝王以图天下，此高帝之业也。"[1]

这就是历史上著名的"吴中对"，是鲁肃在与孙权榻上对饮时提出的，所以也叫"榻上策"，其中心思想就是，孙权只有做强江东，与曹操、刘备形成鼎足三分之势，以观天下之变，才是上策。

显而易见，"吴中对"和"隆中对"是吴、蜀两国在面对北方曹魏的外部压力时分别作出的如何求生存、谋发展的战略选择和优化路径，但"吴中对"中鲁肃认为"汉室不可复兴"，而"隆中对"中诸葛亮认为"诚如是，则霸业可成，汉室可兴"。后来的历史发展证明，鲁肃"汉室不可复兴"的未来预判是完全正确的。"吴中对"不仅比"隆中对"早提出了七年，而且其理论的正确性和实践的可操作性都明显强于后者。

鲁肃与诸葛亮，各为其主，洞悉时势，知于未萌，都认为当今天下必然大乱，曹操力量太强大而不可铲除，谋求天下三分无疑是先求生存后谋发展的最佳战略决策。但能将战略具体落实到行动上，即真正能全局性地对具体问题进行缜密的分析并提出切实可行的行动方案，有效促进孙刘联盟共拒曹操的，不是诸葛亮，而是鲁肃。

荆州自古以来就是兵家必争之地，而当时的领主刘表不仅心胸狭小，且他的两个儿子刘琦、刘琮兄弟不和，这就给了外人可乘之机。刘表去世后，鲁肃认为夺取荆州并联合刘备的时机到了，随即马上行动，足见鲁肃过人的政治敏锐性和全局思维。《三国志·吴书·鲁肃传》中记载：

> 刘表死。肃进说曰："夫荆楚与国邻接，水流顺北，外带江汉，内阻山陵，有金城之固，沃野万里，士民殷富，若据而有之，此帝王之资也。今表新亡，二子素不辑睦，军中诸将，各有彼此。加刘备天下枭雄，与操有隙，寄寓于表，表恶其能而不能用也。若备与彼协心，上下齐同，则宜抚安，与结盟好；如有离违，宜别图之，以济大事。肃请得奉命吊表二子，并慰劳其军中用事者，及说备使抚表众，同心

---

[1] （晋）陈寿：《三国志》，（宋）裴松之注，751 页，北京，中华书局，2006。

一意，共治曹操，备必喜而从命。如其克谐，天下可定也。今不速往，恐为操所先。"①

果不出鲁肃所料，曹操已抢在了他的前头，待他赶到夏口时，刘表的儿子刘琮已经投降了曹操。当时，刘备正往南逃窜，准备前往广西投靠旧时好友苍梧太守吴巨。鲁肃当机立断，决定主动出击，向刘备陈述利害，劝他不要南下投靠吴巨那样的无能之辈，应该委派心腹之人与他一起前往东吴，与孙权缔结军事联盟，共拒曹操。鲁肃的一番晓之以理、动之以情的利弊分析，打动了刘备，于是刘备接受了鲁肃的建议，停止了大搬家式的南逃，并委任诸葛亮全权负责此事，随鲁肃前往东吴寻求结盟。

由此看来，对于三国鼎立及孙刘联盟的形成，鲁肃不仅是理论上的最先提出者，而且是策划者、建言者，更是践行者和推进者，堪称三国鼎立的总设计师。而诸葛亮在三足鼎立的理论提出及孙刘联盟的促成上，充其量只是一个重要的配角，这也是严谨的史学家之公论。

二、力排众议，联刘抗曹战赤壁

在三国鼎立局面的形成过程中，赤壁之战当属起决定性作用的历史事件。如上所述，在这场大战前后，积极穿梭于孙、刘之间，分析形势，指陈利弊，同时有效协调两家关系，最后促成战争胜利的是鲁肃，而不是诸葛亮。更重要的是，鲁肃作为抗曹联军总指挥周瑜的副手，处处从大局出发，以高超的外交手腕，成功地协调了孙权和刘备以及周瑜和诸葛亮之间的微妙关系，维护了团结，从而确保了赤壁之战的胜利。可以说，没有鲁肃的宽容忍让、深明大义，便没有赤壁之战的胜利，所以，说鲁肃是赤壁之战的幕后总导演，恰如其分。

由于历史原因，孙权和刘备都无法凭一己之力面对强敌，因而双方必须缔结暂时的政治和军事联盟。但维系这种联盟的纽带相当脆弱，双方一开始就充满了猜忌和怀疑。

在裴松之为《三国志·先主传》所作的注中，引《江表传》，详尽地记录了刘备对孙刘联盟及联军总指挥周瑜的不信任，以及周瑜对刘备的鄙夷不屑。

刘备听从鲁肃的建议，派诸葛亮前往东吴面见孙权期间，听说曹操要举兵南下，心生畏惧，急盼东吴的救兵早日到来。当刘备确认东吴盟军已到附近，派人前往慰劳时，主将周瑜认为非刘备前往不足以表诚心。刘备无奈，只得亲

---

① （晋）陈寿：《三国志》，（宋）裴松之注，752页，北京，中华书局，2006。

自前往。刘备见周瑜只带来三万人，认为援兵太少，但周瑜却很自信，"此自足用，豫州但观瑜破之"。然而刘备还是信不过周瑜，他对周瑜能否战胜曹军依然没有信心，最后决定还是要留一手，"备虽深愧异瑜，而心未许之能必破北军也，故差池在后，将两千人与羽、飞俱，未肯系瑜，盖为进退之计也"。

彼此之间缺乏基本信任的联盟，其合作是暂时的，分裂是必然的。如果没有鲁肃的全局思维，没有他以退为进、求同存异的倾力斡旋，孙刘两家要么不能联合抗曹，要么在赤壁之战后立即反目成仇，那三国鼎立之势就不可能真正形成。

赤壁之战后，此前随刘琮投降了曹操的荆州士兵因为思念故土多转投刘备，此前周瑜分给刘备的地盘日显狭小，于是刘备就亲自前往东吴向孙权借荆州数郡作为立足之地。周瑜极力反对，他认为刘备乃枭雄，且有关羽、张飞等猛将辅佐，必不会甘心久居人下，应大筑宫室将其软禁，用美女珍玩消磨其意志，再挟制他，伺机吞并，"今若资助土地，好比龙得云雨，势不可测"。吕范等谋士也主张扣留和软禁刘备。但鲁肃却力排众议，以其超人的全局性战略思维，主张以退为进，力劝孙权将荆州借给刘备，"惟肃劝权借之，共拒曹公"。让刘备有立足之地并不断壮大，增加了一个盟友的同时减少了一个敌人，乃是东吴在与曹操为敌的大背景下的最佳方略。因为鲁肃认为，虽然曹操在赤壁之战中战败，但他的实力依旧第一，自己的合作伙伴如果没有一定的实力，单靠东吴的力量还是不足以与曹操抗衡。正是鲁肃此举，使曹操乱了方寸，"曹公闻权以土地业备，方作书，落笔于地"。

后来，刘备取了益州，按照当初的口头协议，刘备应该将荆州归还孙权。但是刘备不肯，于是孙权就派吕蒙强攻，刘备派了关羽与吕蒙争夺三郡，孙刘两家的全面战争一触即发。此时，鲁肃挺身而出，主动约见关羽，一番慷慨陈词，反复强调双方团结的重要性，让关羽无言以对。《三国志·吴书·鲁肃传》有载：

> 肃欲与羽会语，诸将疑恐有变，议不可往。肃曰："今日之事，宜相开譬。刘备负国，是非未决，羽亦何敢重欲干命！"乃趋就羽。羽曰："乌林之役，左将军身在行间，寝不脱介，戮力破魏，岂得徒劳，无一块壤，而足下来欲收地邪？"肃曰："不然。始与豫州观于长阪，豫州之众不当一校，计穷虑极，志势摧弱，图欲远窜，望不及此。主上矜愍豫州之身，无有处所，不爱土地士人之力，使有所庇荫以济其患，而豫州私独饰情，愆德隳好。今已藉手于西州矣，又欲翦并荆州之土，斯盖凡夫所不忍行，而况整领人物之主乎！肃闻贪而弃义，必为祸阶。吾子属当重任，曾不能明道处分，以义辅时，而负恃弱众以图力争，

师曲为老，将何获济?"羽无以答。①

加上双方在军事上各有胜算，曹操在北方又力压蜀国边境，所以荆州问题以双方相互承让而得到了圆满解决，"备遂割湘水为界，于是罢军"，使岌岌可危的孙刘联盟得以延续。

然而，鲁肃求同存异与团结至上的宗旨，不仅被罗贯中丑化为迂腐和无能，甚至孙权对他的智慧之举也很不理解，"后虽劝吾借玄德地，是其一短"。鲁肃去世后，孙刘联盟的灵魂人物没有了，紧接着吕蒙白衣渡江，智取关羽。刘备为了寻仇而大举兴兵，被陆逊一把大火将蜀军精锐烧尽。蜀国与东吴相继陷入被曹魏势力随意宰割的境地。

三、鲁肃智慧，思度弘远决策明

在裴松之看来，鲁肃为人"方严，寡于玩饰，内外节俭，不务俗好"；治军"整顿，禁令必行"；自我修养"虽在军陈，手不释卷"；沟通能力"又善谈论，能属文辞"；谋略"思度弘远，有过人之明"，各方面都可圈可点。"周瑜之后，肃为之冠"，这样的人，不仅像周瑜这样的"好人"喜欢，袁术这样的"坏人"也很喜欢。

鲁肃家境富裕，父亲早亡，与祖母和母亲生活在一起，从小就乐善好施、温和谦逊。《三国志·吴书·鲁肃传》记载，他"生而失父，与祖母居。家富于财，性好施与。尔时天下已乱，肃不治家事，大散财货，摽卖田地，以赈穷弊结士为务，甚得乡邑欢心"②。一日，周瑜来访，想从他家借点粮食充军粮，鲁肃爽快地答应了周瑜的请求。"肃家有两囷米，各三千斛，肃乃指一囷与周瑜"，如此豪迈的举动让周瑜大为感动，遂决定与鲁肃结为生死兄弟。后周瑜自知时日不多，专门给孙权写信，推荐鲁肃来接替自己。

鲁肃的居住地，当时属于已称霸一方的袁术的地盘。鲁肃的大名传到袁术耳朵里，袁术决定让他担任地方长官。按照一般人的想法，在兵荒马乱的年代，有袁术这样的强势人物欣赏和提携，自是交了好运，理当应承。但鲁肃管中窥豹，对袁术的未来有自己独到的预判。他认为袁术不可靠，是一个没有前途的人，于是决定前往居巢投靠周瑜。后经周瑜引荐，鲁肃加盟了孙权集团。后来的历史证明，鲁肃拒绝袁术的亲近和任命，是完全正确的。

---

① （晋）陈寿：《三国志》，（宋）裴松之注，754 页，北京，中华书局，2006。

② 同①，751 页。

罗杰斯(Rogers)曾说过：给我们造成麻烦的不是那些我们不知道的事情，而是我们自以为知道的事情其实根本不是那样。与人沟通，目的就是要让沟通对象明白沟通者的真实意图，并按照沟通者所期望的在行动上尽数展现，所以沟通一定要看具体的对象和场合，要对人性有客观的认识和了解，进而通过圆润变通及有针对性的个性化表达方式，对沟通对象的行为实施有效影响。在这方面，鲁肃所表现出来的政治智慧和沟通艺术堪称经典，在当今仍有非常重要的借鉴意义。

曹操挟天子以令诸侯，扬言要来东吴收回孙权的地盘和权力。东吴群臣均认为曹操锐不可当，纷纷建议孙权接纳曹操，"而肃独不言"。鲁肃没有人云亦云，而是避群臣锋芒，伺机建言。机会终于来了，孙权要上厕所，鲁肃跟了上去，完全站在孙权的角度向其直陈利害：

> "向察众人之议，专欲误将军，不足与图大事。今肃可迎操耳，如将军，不可也。何以言之？今肃迎操，操当以肃还付乡党，品其名位，犹不失下曹从事，乘犊车，从吏卒，交游士林，累官故不失州郡也。将军迎操，欲安所归？愿早定大计，莫用众人之议也。"①

任何人都会把真心为自己着想的人视为知己，孙权当然也不例外，听完鲁肃的话，他叹息道："此诸人持议，甚失孤望；今卿廓开大计，正与孤同，此天以卿赐我也。"接下来，鲁肃建议孙权马上召回周瑜并委以联军总指挥之职。正因为有了鲁肃移情换位、洞悉人性的圆润沟通，孙权才最终下定了与曹操为敌的决心，并大胆启用了年轻将领周瑜，一举将曹操赶回北方。可以说，如果没有鲁肃精识人性的换位思考，孙权能否力排众议，最终下定决心与曹操为敌，还很难说。

赤壁之战以孙刘联盟的胜利而告终，三国鼎立之势初现，鲁肃自是立了头功。孙权亲自下马迎接，以彰显他对鲁肃的重视和赞赏，并问鲁肃他这样做是不是给足了鲁肃面子，"肃趋近曰：'未也。'"鲁肃的回答让在场的人大为吃惊，但他随后的解释又让在场的所有人坐了一次"过山车"，只见他就座后，缓缓举起马鞭说："愿至尊威德加乎四海，总括九州，克成帝业，更以安车软轮征肃，始当显耳。"这种刚得了亚军就思量如何向冠军冲刺的职业经理人，哪个老板不喜欢？鲁肃精识人性、幽默风趣的政治智慧，由此再见一斑。

纵观鲁肃的一生，他既没有像诸葛亮那样事必躬亲，也没有像诸葛亮那样

---

① （晋）陈寿：《三国志》，（宋）裴松之注，752 页，北京，中华书局，2006。

通过《出师表》将自己的大智大谋、鞠躬尽瘁"秀"于天下。表面上看，他是一个没有什么大志向的人，其实他隐藏于平凡中的大志向，非常人所能看清。鲁肃的大志，就是希望东吴有朝一日能平定天下。

然而，鲁肃有些生不逢时。他所处的年代，曹魏势力强大，曹操更是一位才华横溢的领导人。面对这么强大的对手，鲁肃应该怎么做呢？鲁肃的策略是"先求不可胜，以待敌之可胜"。鲁肃看到，虽然东吴在赤壁之战中打败了曹操，但是吴国单独与曹操抗衡，还是很难抵挡曹操左路从合肥攻建业、右路从襄阳攻荆州的左右夹攻，即使能勉强应对，也没有余力来发展经济和壮大军事实力。于是，鲁肃力排众议，建议孙权将荆州借给刘备，借助刘备的力量驻守荆州，以形成三国鼎立局面。

据史料记载，鲁肃带兵17年，没有真正打过一场仗，那么这些年他都做了什么呢？据庄迪君（1999）考证，鲁肃和诸葛亮的作风不同，他选择由孙权右边守建业，刘备左边守荆州，自己积极练兵。鲁肃的兵不是用来攻打蜀国的，而是要用来贯彻他平天下的大志的。不幸的是，孙权和吕蒙的眼光和胸襟都不如鲁肃。吕蒙用他练的兵轻松斩杀了一代名将关羽，孙权派陆逊用他练的兵大败刘备。表面上东吴打了两场胜仗，却导致孙刘联盟彻底瓦解，实际上是输了整个天下。庄迪君认为，鲁肃的思想、心胸、眼光以及以天下为己任的志向，堪与李世民、刘邦等人相提并论。

王夫之在《读通鉴论》中指出，孙权要想问鼎中原，鲁肃是他必须依靠的头号人物。可悲的是，鲁肃好比一个能看到十步开外的超级棋手，而他的上级、同事及后继者们却只能看到两三步开外，鲁肃的主张也因得不到同僚的理解而显得曲高和寡。

鲁肃在世的时候，关羽脾气再大也得收敛起来装出配合姿态，孙权火气再旺也不至于走极端，加上诸葛亮的摇旗呐喊，孙刘联盟还可以勉强为继。而在他病故后，孙权的焦躁无人能帮助缓解，关羽的骄怒也没有人用心镇慰，吕蒙接任东吴都督之后，本已岌岌可危的孙刘联盟就宣告彻底瓦解了。

鲁肃一生不仅光明磊落，而且目标明确，尽管遭受了很多误解，但也尽显英雄本色。他胸怀天下、洞悉时势，不仅是三国鼎立理论的提出者和总设计师、亲历者、推进者和实践者，还是赤壁之战的总导演，其思想高度与组织化推进能力，都远在诸葛亮之上；他胸怀全局、求同存异，时时强调孙刘联盟的重要性并用心尽力维护，气度和心胸都远非周瑜和刘备能及，即便孙权也难望其项背；他知人善辨、精识人性、变通圆润，在识人、识势等方面有深刻洞见，并有高超的政治智慧。

鲁肃这样一个具有大智慧的人，由于受到罗贯中《三国演义》严重歪曲历史事实的影响，成了一个长期被历史遗忘的幕后英雄。

第二节 明辨时弊，管夷吾变法强齐

> 故杖圣者帝，杖贤者王，杖仁者霸，杖义者强，杖谗者灭，杖贼者亡。故怀刚者久而缺，持柔者久而长，躁疾者为厥速，迟重者为常存，尚勇者为悔近，温厚者行宽舒，怀急促者必有所亏，柔懦者制刚强，小慧者不可以御大，小辨者不可以说众，商贾巧为贩卖之利，而屈为贞良，邪臣好为诈伪，自媚饰非，而不能为公方，藏其端巧，逃其事功。①

——节选自陆贾《新语·辅政第三》

提起管仲，大家都很熟悉。他出身寒微，青年时期有很多不太光彩的经历。据《史记·管晏列传》记载，功成名就后的他曾有如下回忆和感悟：

> 吾始困时，尝与鲍叔贾，分财利多自与，鲍叔不以我为贪，知我贫也。吾尝为鲍叔谋事而更穷困，鲍叔不以我为愚，知时有利不利也。吾尝三仕三见逐于君，鲍叔不以我为不肖，知我不遭时也。吾尝三战三走，鲍叔不以我为怯，知我有老母也。公子纠败，召忽死之，吾幽囚受辱，鲍叔不以我为无耻，知我不羞小节而耻功名不显于天下也。生我者父母，知我者鲍子也。②

由此可见，管仲贪财、能薄、怯战、不忠，这样的人，在常人看来简直一无是处。但鲍叔牙并不这么看，他认为管仲是贫穷而不是贪财，是时运不济而不是能薄，是牵挂老母而不是怯战，是不拘小节而不是不忠。在鲍叔牙看来，这样的人，不仅不应该嫌弃，还应该重用。正因如此，当齐桓公继位后欲封鲍叔牙为宰相时，鲍叔牙马上向他举荐了管仲。

---

① （汉）陆贾：《新语·辅政第三》，见王利器：《新编诸子集成·新语校注》，59～61页，北京，中华书局，1986。

② （汉）司马迁：《史记》，392页，北京，中华书局，2006。

后人对管仲是非功过的评价，可谓"仁者见仁，智者见智"。孔子认为管仲的功业泽被天下，具有"仁"的效果；同时他也批评管仲在德行上僭越礼仪。孟子身处霸道功利之说极为盛行的时代，为推行"王道"主张，不惜与孔子相左，竭力贬低管仲的功业和德行。继孔孟千年之后的程颐和朱熹，从寻求一种能为所有人遵守的普遍天理着眼，对管仲不死公子纠之难，从伦常之义上进行了新的解释。王夫之则以国家民族之义为管仲辩护，高度称赞了他的大仁和功绩。

在今天看来，管仲其实是一个职业经理人的角色。根据既有史料记载和后人评述，他在为前任老板公子纠（齐桓公之兄）打工时，不仅全身心投入，而且绝无任何叛逆行为，堪称德才兼具、足智多谋。公子纠在与公子小白（齐桓公）争夺齐国君位失败后重返鲁国，因不能忍受自己成为齐、鲁两国的政治交易品而选择了自杀。随后，向公子纠推荐管仲的召忽也撞柱而亡。管仲发出哀叹"我管仲堂堂五尺男儿汉，生不能为社稷效劳，死不能为国家尽忠，悲乎哀哉！齐国对我无情，我管仲不能冤死于小白之手。客居鲁国多年，鲁国对我有恩，还是死于鲁国将军的刀下吧！"随后扑向鲁国将军梁子的剑刃。但管仲求死不得，众甲士一齐上前将管仲扭住，打入槛车之中。应该说，管仲不仅在意识上而且在行为上恪守了当时的儒家道德标准，对公子纠算得上是尽忠了。但孔孟以后不少学者，一直对管仲当时寻死不成而又苟且偷生四十余载纠缠不休，白费了很多人的脑力。

再看看管仲辅佐齐桓公一生之功业，从百年后孔子对他的评价"管仲相桓公，霸诸侯，一匡天下，民到于今受其赐。微管仲，吾其被发左衽矣。岂若匹夫匹妇之为谅也，自经于沟渎而莫之知也"来看，管仲作为一个职业经理人，不仅成就了齐桓公成为春秋首霸的辉煌功绩，还给当时已日薄西山、风雨飘摇的东周王朝的延续带来了一丝春意，成功造就了利国、利民、利人、利己的诸侯国政治新秩序。管仲一生之功绩，在有效平衡个人之绩与组织之效、局部利益与整体利益、现实稳定与未来强盛之间的关系上堪称楷模。

所以，在今天看来，管仲既没有该不该活下来、该不该效力于齐桓公的方向性问题，也没有做得好不好的程度性问题。管仲所做的工作，堪称成功组织变革的经典案例，这场变革使得齐国由贫乱变富治，由弱变强，即使在今天依然具有相当重要的理论和实践指导意义。那么，究竟是哪些因素成就了这场伟大的组织变革？本节结合王学东所著《管仲》一书，基于管仲变法强齐的典型案例，采用单案例归纳法对组织变革的相关影响因素进行剖析。

一、慧眼识才，鲍叔牙大公荐管仲

决策者周围要有真正关心组织前途命运并身体力行的人。这样的人，把组织的强大和发展视为第一要义，会主动把更为重要的岗位承让或推荐给有能、有识、有谋、有智之人，借强者之力强大组织，同时成就自己的人生梦想。鲍叔牙就是这样的人。

管仲评价鲍叔牙"生我者父母，知我者鲍子也"，这句话既是管仲的心声，也是事实。齐国大夫隰朋受命前往鲁国引渡公子纠、召忽和管仲回国时，鲍叔牙亲领精兵五千、战车三百辆将他护送到齐鲁边境并在那里等候。隰朋见阵势如此隆重，百思不得其解。在他看来，引渡几个罪犯，何必如此兴师动众？临别时鲍叔牙置酒为隰朋饯行，鲍叔牙的一番话让他疑虑顿消："管夷吾乃天下奇才，一旦被鲁国所用，委以大政，你我恐怕从此将永无安枕之日了。趁着夷吾时运不济，鲁侯尚未识其才能之际，将其救回，那才是齐国之福啊！所以，大夫此次出使鲁国，公子纠与召忽是死是活，听天由命。但须想方设法，带一个活的管夷吾回来。"由此可以看出，鲍叔牙是从国家安危角度看待隰朋大夫此次特殊的高级人才寻猎之旅的。

对于管仲之才于国家安危和可持续性发展的重要性，鲁国的施伯与鲍叔牙可谓英雄所见略同。因公子纠等人自鲁回齐争夺君位失败，鲁庄公认为公子纠等人已经成了鲁、齐两国外交上的障碍，于是来找施伯商量对策。

施伯当即答道："此三人不可一概而论。公子纠生性懦弱，遇事优柔寡断，难成大事；召忽乃一介武夫，忠勇刚烈有余，运筹谋划不足，也非安邦定国之才。此二人或杀或囚或送回齐国，皆可释齐侯之怒。独有管仲，对其处置不可草率行事。""管仲满腹经纶，杀之可惜啊！"

鲁庄公大惑不解："管仲既有那么大的能耐，又怎么会落得个有国难投、有家难奔的境地？"

施伯解释道，管仲如此是因为生不逢时，并预言他一旦时来运转，天下再难有人可与之匹敌。鲁庄公更加不解，就问施伯："爱卿把管仲夸成天人一般，他的才能比之爱卿如何？"

施伯坦诚道："不瞒大王，管仲可比天边皓月，施伯不过萤火之光。大王礼贤下士，若能委鲁国大政于管仲，不出三年，鲁国必将大治，成就霸王之业。望大王三思。"

经施伯这么一说，鲁庄公对管仲也有些心动了。没过多久，齐国大夫隰朋赶到，一番礼节应酬后，有惊无险地把管仲装进了回齐国的"槛车"，成功将管仲引渡回国。

　　管仲以囚犯的身份被引渡回齐国，一方面，鲍叔牙忙着说服管仲抛小节、就大义，出山辅佐齐桓公。"仲兄不是常说，自古以来想成就大事的人，不计较小的耻辱；想建立功勋的人，不拘泥于小节吗？你身负匡治天下的才能，怎能埋没于草泽之中？大王虽然年轻，但胸怀大度，目光高远，若能得到你的辅佐，必可干出一番惊天动地的事业，称霸中原又何足道哉！到那时，齐国国富民安兵强，诸侯望归。仲兄更是功盖天下，扬名四海，胜过那些尽愚忠、守愚节的平庸之人又何止千倍万倍！"

　　另一方面，鲍叔牙刚柔相济、避其锋芒、有进有退地逐渐消除齐桓公必杀管仲的折箭之誓，步步为营，循循善诱，力促齐桓公正面认识并逐步接纳管仲。"做臣子就必须各为其主。管仲射箭之时，是忠于公子纠，以尽做臣子的职责，无可厚非。管仲箭射大王确实死有余辜，但大王为了齐国社稷而以德报怨，重用管夷吾，夷吾必将为主公箭射天下，岂射一人而已！"

　　鲍叔牙不思劳顿地跑上跑下，左陈右说，并且将已是自己的宰相之位心甘情愿地让给了"宽惠爱民""治国不失权柄""忠信以交好诸侯""制定礼仪以示范于四方""披甲击鼓，立于军门，使士卒百姓勇气倍增"均在自己之上的管仲，并发誓"似夷吾这般佼佼者，大王若仍是犹豫不决，失之交臂，微臣这般平庸之才也无颜居此高位，只有退隐了"。就这样，因为鲍叔牙的心胸和组织责任感，管仲死而复生，再度走上了历史舞台。

　　当然，如果只有鲍叔牙力荐而没有齐桓公的接纳，那么影响中国历史进程的"白仲组合"也不会形成，可见组织决策人不一定要很聪明，但必须有足够宽大的胸怀，能明辨是非，坦诚待人、知错就改。胸怀宽大者能直面自己的缺点和过失；明辨是非者既能秉持兼听则明的原则，又有自己独立的价值判断；坦诚待人、知错就改者既能不断强化与下属之间的合作与信任关系，又能促使下属不遗余力地效忠。齐桓公就是这样的人。

　　按照唐太宗李世民"管隰为臣，中人可以成霸业"的观点，齐桓公的才识和智商不过是中等水平，但他心胸开阔，为人坦诚，明辨是非，知错就改，这在历代君王中是难能可贵的。

　　管仲在齐国拜相的消息很快传到了鲁国，鲁庄公大呼上当受骗，扬言要兴兵伐齐，以雪此前兵败之耻。齐桓公听后勃然大怒，决定派大军讨伐鲁国。管仲知道齐国若此时出兵必然大败，于是力谏齐桓公。但齐桓公并未接受管仲的劝谏，认为别人都欺负到自己头上了，若还忍气吞声，他这齐国国君也做得太窝囊了，随后便亲率大军出征。

本次战役就是历史上著名的"一鼓作气，再而衰，三而竭"的"长勺之战"，齐国以大败告终。不服输的齐桓公又与宋国联盟，随后与鲁庄公在曲阜郊外的郎邑展开了激战，结果齐宋联军仍以大败告终。

大多数人，特别是那些身居高位的人，往往都有一个共同的缺点，那就是明明知道自己错了，却还要颇费周折地去证明自己是对的，至少不愿意当着下属的面承认自己错了。这样的领导者与下属之间也就不能坦诚相见，彼此之间的心理距离就会被不断拉大，最终导致整个团队貌合神离，甚至破裂。然而齐桓公并不是这样的人，连续两次用兵失败后，他后悔没有听从管仲的劝告，并承认这都是自己的过失，足见其心胸之开阔。

此后管仲逐步得到齐桓公的信任，齐国的霸业徐徐推进，而这一切引起了齐桓公身边竖刁和易牙等人的不满。他们为挑拨齐桓公与管仲之间的关系，四处散布谣言，说管仲独断专行，架空国君，使齐国臣民只知管仲，而不知国君；还说管仲心胸狭窄、气量小，对鲍叔牙不知恩图报；甚至说管仲是鲁国派到齐国的奸细，称齐国两次伐鲁失败也是因为管仲将齐国的军情偷送到了鲁国。

这些流言蜚语很快传到了齐桓公的耳朵里，他亲自找管仲澄清事实，并于第二天召集文臣武将，当众宣布加封管仲，尊奉管仲为"仲父"，并下令道："今后不论什么国家大事，均先告诉仲父，再禀告寡人。凡大事，任凭仲父裁决。"

因为齐桓公知人的智慧和容人的胸襟，管仲在齐国的地位坚如磐石。上有齐桓公的信任，下有鲍叔牙的维护，左右有隰朋、宾须无、仲孙湫、宁越等倾力相助，一个生死与共、荣辱相依的高效能团队就形成了，齐国的霸业之路自此进入快车道。

二、优化路径，利导人性循序渐进

成功的组织变革始于远大理想和现实国情之间最佳通达路径的确立。变革的实质就是在尊重和利导大众需求的基础上，实现认知的整合和行为的引领。在这方面，管仲深谙其道，但决策者往往好大喜功，齐桓公如此，如今诸多领导者亦是如此。

对于齐桓公而言，称霸诸侯是他的人生理想，但现实情况却是"齐国上下还是乱糟糟的一团"，齐国大治何以为始，变革最优路径又是什么？管仲认为，富民乃组织变革之关键所在，富民下承收服人心，上承夯实上层建筑，任何远大目标的实现都要以坚实的物质和人才为基础。要使民富，就要兴修水利，垦殖荒地，使百姓能抵御水旱灾害，安心耕种。还要鼓励百姓饲养牲畜，种植桑麻。百姓富足，那些礼仪和法规就可实施了。正所谓"仓廪实而知礼节，衣食足而知荣辱"。

但齐桓公年轻气盛，好大喜功。他认为重兵，内可以制止骚乱，外可以与诸强抗衡，上可以得到周室朝廷的看重，正因如此才有了不听管仲力谏导致两次伐鲁失败的惨痛教训。好在他知错能改，所以管仲的变法才得以顺利推行。《史记·管晏列传》中如此记载：

> 管仲既任政相齐，以区区之齐在海滨，通货积财，富国强兵，与俗同好恶。故其称曰："仓廪实而知礼节，衣食足而知荣辱，上服度则六亲固。四维不张，国乃灭亡。下令如流水之原，令顺民心。"故论卑而易行。俗之所欲，因而予之；俗之所否，因而去之。[①]

尊重并利导民众需求是有效治理的出发点和逻辑归宿，这在管仲的著作和他成功推行的各项改革中就已有定论。

三、强化执行，刚柔相济聚智汇力

要使组织变革顺利推行，除了决策人的认同和支持外，那些对决策人的言行有重大影响的关键人物的支持和认可也是极为重要的。要获得这些人的理解和支持，管仲以退为进的做法很值得借鉴。

管仲本是一名囚犯，因鲍叔牙倾力推荐，加上齐桓公求才心切且有相当的雅量，才得以改变命运。齐桓公一开始就要拜管仲为相，但他坚决反对，他认为时机尚不成熟："臣对齐国未立寸功，拜为宰相，众臣一定多有反对，到时大王如何应对？只用一句'管仲说得很好啊'来应付，又何以服众？"管仲建议齐桓公先征求一下其他大臣，特别是齐桓公特别倚重的那些大臣的意见。

高傒是一位老臣，才思敏捷，足智多谋，又为齐桓公抢先从莒国回到齐国并夺得国君之位立下了大功，与鲍叔牙一样是齐桓公的股肱之臣。鲍叔牙之才侧重于征讨杀伐，高傒之才则侧重于出谋划策，且高傒颇得齐桓公的信赖，所

---

① （汉）司马迁：《史记》，392页，北京，中华书局，2006。

以他一直觊觎宰相之位。他一听齐桓公要拜管仲为相，心里很不痛快，立即来见齐桓公。

高傒对齐桓公说："臣以为，管仲确是人才，拜为宰相，未尝不可。不过，既然有众多大臣反对，依臣愚见，此事不必急在一时，可过些时日再定不迟。"

但当齐桓公告诉他对于拜管仲为相反对得最早、最厉害的就是管仲本人时，高傒不得不心悦诚服地发出了感叹："没想到管仲如此超凡脱俗，微臣自愧不如！"

就这样，管仲以退为进，不仅获得了直接主管齐桓公对自己推行变革坚定不移的理解和支持，也赢得了关键同僚，如高傒等人的理解和支持，为日后各项改革的顺利推行积累了深厚的人脉资源。

四、平衡关系，绩效无边全员动力

组织变革的推行，实际上就是一个多界面关系的平衡过程，而要平衡好这些关系，需要极高的政治智慧，在这些方面，管仲的做法堪称经典。

政治智慧的基本原则之一就是多交朋友，少树敌，甚至把敌人变成朋友，把朋友变成至交。要做到这一点，需要高超的关系平衡能力。《史记·管晏列传》是这样评价管仲的行政能力的：

> 其为政也，善因祸而为福，转败而为功。贵轻重，慎权衡。桓公实怒少姬，南袭蔡，管仲因而伐楚，责包茅不入贡于周室。桓公实北征山戎，而管仲因而令燕修召公之政。于柯之会，桓公欲背曹沫之约，管仲因而信之，诸侯由是归齐。故曰："知与之为取，政之宝也。"[1]

齐桓公曾向管仲坦言自己是一个好猎的酒色之徒。但管仲认为这些均无大碍，只要国君围猎时不践踏百姓的庄稼、饮酒不成瘾、好色而不凭借权势欺人即可。可见，管仲力求在坚持原则与尊重人性之间找到平衡。

后来，因为蔡姬被蔡侯另嫁他人，齐桓公怒而决定举兵伐蔡。因蔡国与强大的楚国交好，向蔡国出兵实际上就是向楚国宣战，不论胜败，双方都会大伤元气。由于楚国多年来不仅冒天下之大不韪擅自称王，而且已经多年不向周王朝进贡祭祀用的包茅，管仲与齐桓公决定借机亲率八国诸侯征讨楚国。

齐桓公当然是为了自己的爱妃蔡姬，但为此兴师动众，让天下诸侯知道实

---

① （汉）司马迁：《史记》，392 页，北京，中华书局，2006。

情后必定有失面子。于是聪明的管仲便以楚国多年不向周王朝进贡包茅和侵扰郑、宋两国为由兴兵讨伐楚国。楚国虽强，但有了负罪之名，自觉理亏，于是复向周王朝纳贡，用行动向诸侯国昭示楚国依然归属周王室节制，其僭号自解，也可使周王室增辉；楚国又与郑、宋结为盟国，其争战杀伐的祸患已解，各国从此可以安心治理国家。齐国作为这次征伐的发起者和统率者，不仅毫发无损反而显耀于各诸侯国。这些于齐国于天下皆有利之事，充分展现了管仲的智慧和谋略。

就这样，管仲不战而屈人之兵，齐楚双方缔结盟约，楚国自愿交出蔡姬。但何时交接，怎样交接，管仲可谓考量得细致入微，给足了各方面子，有效平衡了各方的关系和利益诉求。"盟约之前如将蔡姬送还，不知内情者，还道楚君惧怕了大王，才乖乖将蔡姬送上，以美女来讨好大王，换得罢兵结盟；对大王来说，惊动八国诸侯兴师向楚国问罪，得到蔡姬后便与楚国讲和，世人还道是大王雷声大而雨点小，重私情而轻王事，参与伐楚的诸侯必然有被愚弄之感。那时大王有口莫辩啊！"经历此事，齐桓公连连夸赞管仲想得周到。

此外，齐桓公应燕国请求北征山戎，管仲借势令燕修召公之政；于柯之会，桓公欲违背曹沫之约，管仲临场的智慧之举使桓公信守承诺的美名得以维系……管仲凭借先予后取的政治智慧，最终助齐国成就了霸主地位。

五、基础建设，情报队伍交相辉映

情报网络和人力体系的建设与维护，是组织变革成功的两项重大基础设施。前者保证决策的正确性和前瞻性，后者保证方案执行的可行性和准确性。管仲之所以成功，是因为他在这两个方面都下足了功夫。

《孙子兵法》有云："知己知彼，百战不殆。"如何才能知彼呢？只有派人深入彼方，将日常情报收集和应急性情报收集有机地结合在一起。管仲在这些方面堪称大师。

当年，管仲随公子纠在鲁国一待就是数年，突然有一天，一个农夫打扮的人来见管仲。管仲大喜，与之秉烛夜谈。次日，那人匆匆离去。管仲派侍从去请召忽，自己则穿戴齐整，端坐客室中。

片刻工夫，召忽来了。他刚一进门看到管仲，便诧异地问道："大夫满面春风，莫非有什么喜事？"

管仲郑重地说："将军请坐。今日齐国当有使臣来访，特请将军相陪，一同应对。"

召忽惊奇地问道："大夫怎知齐国有人来？"

管仲微微一笑，道："我与将军、公子离开齐国，虽是避难，却也是为了保存实力，将来重整齐国社稷。如若当时就那么匆匆忙忙一走了之，耳聋目瞎，岂不要客死他乡？不瞒将军说，离开齐国之前，我早已隐伏下耳目，待国内一有风吹草动，他们便会火速前来告知。所以，齐国的一举一动，皆在吾掌握之中。"

试想，一个随着主子逃亡的人，不仅想到了主子可能从没想过的问题，而且数年间一直坚持着，可见管仲的情报网络意识超乎寻常。

此外，在具体人选的任用上，管仲更是知人善任。比如，齐桓公准备九合诸侯共讨南方强楚前，他亲自选定出使各国的使者；宁戚因有成功说服宋国与齐国修好的经历而被派往宋国；王子城父因曾帮助郑厉公复位等有利因素而被派往郑国；等等。可以说，管仲精细和周密的情报网络，保证了其决策的正确性和前瞻性。

毛泽东说过，政治路线确定以后，干部就是决定性因素。任何组织的成功，都是正确的战略加上与之匹配的组织能力体系建设的成功。而组织能力体系建设的核心就是人力体系的建设，把合适的人放在合适的岗位上又是人力体系建设成功的逻辑前提，在这方面，管仲的做法可圈可点。

管仲任宰相不久，齐桓公要他举荐人才。管仲对朝中文武百官的才能品行早已做足了功课，高傒、隰朋、宁越、王子城父、宾须无、东郭牙，以及齐国上卿国子、高子等皆受封各归其位，执掌朝中各要务。

可以说，正是周密的情报网络传输回来的消息，保障了管仲决策的正确性和前瞻性，而这些具有前瞻性的战略决策得以精准实施，又得益于他用心打造的人力体系。所以，对于管仲的成功，或者说齐桓公的成功，强有力的情报体系与人力体系功不可没。

综上所述，组织要成功变革，一是要有像鲍叔牙那样的以组织利益最大化为己任的慧眼识才、主动让贤之人作为组织变革的催化剂和齐桓公那样的英明的决策人；二是须遵循以满足并积极引导大众需求为基础的利导人性的变革路径；三是要有关键人物对变革的理解和支持，从而使变革能在聚智汇力中得到强化执行；四是变革的推行者需要具备有效平衡各方利益诉求的政治智慧；五是要切实加强情报网络和人力体系两大基础设施建设。限于个案研究的局限性，所得结论对目前诸多组织战略校准及对应的组织变革并不一定具有普适意义，但应有一定的借鉴意义。

第三节　诊疗荆症，反求诸己善若水

当前国家和社会治理中遇到的很多事情都可以在历史上找到影子，历史上发生过的很多事情也都可供今天借鉴。中国的今天是从中国的昨天和前天发展而来的。要治理好今天的中国，需要对我国历史和传统文化有深入了解，也需要对我国古代治国理政的探索和智慧进行积极总结（习近平，2014）。

当前我国正处于实现中华民族伟大复兴的战略全局和世界百年未有之大变局交汇的关键期，发展中所遇到的思想观念障碍、利益固化樊篱、体制运行惯性等方面的阻碍掣肘是多变和复杂的，各项改革任务十分艰难且充满风险（韩振峰，2013），亟待学术上从全局和动态的视角，借鉴史学研究中孤证不立、多重证据等循证方法（杰弗瑞·菲佛和罗伯特·萨顿，2008），对潜藏其中的多层级、多变量之间的交互作用进行深入解构进而提供理论资鉴。

一、心忧国事，上仁宗皇帝言事书

嘉祐三年（1058），37 岁的王安石由常州知州任升江东提点刑狱，他自常州一路朝都城开封田野调查而来，看到朝廷所用官员大多既不了解上级思想，又不能因时因地制宜推行国家相关法令，"在位之人才不足，而无以称朝廷任使之意，而朝廷所以任使天下之士者，或非其理，而士不得尽其才"。于是向宋仁宗上万言书，建言法先王之政，厉行改革。

可惜的是，王安石向宋仁宗递交的这份"敢及国家之大体者"，专为破解时局窘境"内则不能无以社稷为忧，外则不能无惧于夷狄，天下之财力日以困穷，而风俗日以衰坏，四方有志之士，諰諰然常恐天下之久不安"而设计的改革建言书，呈上后便石沉大海，并没有得到宋仁宗的正面回应。

二、君思臣愿，高开低走狂澜未挽

九年后的治平四年（1067），久慕王安石之名的宋神宗即位。他有志改变积贫积弱的局面，遂起用王安石为江宁知府，旋即诏为翰林学士兼侍讲。熙宁元年（1068）四月四日，王安石越次入对宋神宗，再次提及他在《上仁宗皇帝言事书》中倡议的全面变法，指出治国之道，首先要效法先代，革新现有法度，并勉励神宗效法尧、舜，简明法制。王安石认为，国家贫苦的症结，不在于开支过多，而在于生产过少；农民贫苦和不能从事生产，一方面是由于官僚富豪兼并了大量土地，另一方面是由于政府把繁重的徭役加在农民身上。因此，最好的富国之路是依靠天下所有的劳动力去开发自然资源，即积极开源，而不是消极节流。王安石随后呈上《本朝百年无事札子》，阐释宋朝建立以来百余年间太平无事的情况与原因，指出当时危机四伏的社会问题，期望宋神宗在政治上有所建树，认为"大有为之时，正在今日"。宋神宗接受了王安石的主张，并请他尽心辅佐。

熙宁二年(1069)二月，王安石被任命为参知政事，他提出当务之急在于改变风俗、确立法度，并提议变法。宋神宗表示赞同，并设立制置三司条例司，统筹财政，指导变法实施。同年四月，遣人察诸路农田、水利、赋役；七月，立淮浙江湖六路均输法；九月，立青苗法；十一月，颁农田水利条约。熙宁三年(1070)，颁布募役法、保甲法。熙宁四年(1071)，颁布方田均税法，改革科举制度；熙宁五年(1072)三月，颁行市易法。熙宁六年(1073)七月，颁行免役法。

王安石变法的目的在于富国强兵，以扭转国家积贫积弱的局势。但由于各种原因，新法颁行不久便遭到各方的反对：御史中丞吕海控诉王安石变法十大过失，韩琦上疏规劝宋神宗停止青苗法，曾公亮和陈升之等附和新法扰民甚至害民。王安石多方辩驳，还是不能消除宋神宗的疑虑。随后，王安石称病请辞归隐。韩绛等规劝，宋神宗挽留，王安石遂陈述朝廷内外诸官互相依附勾结，进言宋神宗要不畏流俗，心怀天下。

熙宁四年(1071)，开封百姓为逃避保甲，出现自断手腕的现象，知府韩维将之报告给朝廷。王安石认为施行新政，士大夫尚且争议纷纷，百姓更容易受到蛊惑。宋神宗则认为应倾听百姓呼声。熙宁七年(1074)春，天大旱，久不雨，朝廷内外守旧势力以"天变"为借口，又一次掀起对变法的围攻。免役钱激起群情汹汹、民心不稳，宋神宗忧形于色，寝食不安。监安上门郑侠绘制《流民图》，以告急文件进谏。宋神宗反复观图，竟夕不眠，认为"天变"不是小事，是因人事不修所致。司马光又上书《应诏言朝廷阙失状》，宋神宗对变法的支持因此发生了根本性的动摇。同年四月，宋神宗的祖母曹太后和母亲高太后向其哭诉"王安石乱天下"。宋神宗只得罢免了王安石的宰相职务，变法也遭受重挫。

熙宁八年(1075)，王安石再次拜相，但满朝上下除了观望，就是反对，加上变法派内部分裂、宋神宗动摇，变法很难继续推行下去。熙宁九年(1076)，王安石长子王雱病故，王安石辞相归隐江宁，法令亦陆续被废止。

可以说，没有宋神宗，就没有王安石策划并推行的熙宁变法。《宋史·神宗本纪》对宋神宗即位后的评价，近80％的篇幅与王安石及其主导的熙宁变法直接相关。例如，"未几，王安石入相。……帝终不觉悟，方断然废逐元老，摈斥谏士，行之不疑。卒致祖宗之良法美意，变坏几尽。自是邪佞日进，人心日离，祸乱日起。惜哉！"[①]

清光绪帝有诗评价道："神宗本是英明主，安石原非侧媚臣。可惜有才偏执拗，终教新法病斯民。"对于宋神宗与王安石在熙宁变法中高开低走的合作与结局，《宋史·列传》在卷八十六中对王安石"有才偏执拗"进行了详细注解。

> 安石未贵时，名震京师……世多称其贤……安石性强忮，遇事无可否，自信所见，执意不回。至议变法，而在廷交执不可，安石傅经义，出己意，辩论辄数百言，众不能诎。甚者谓"天变不足畏，祖宗不足法，人言不足恤。"罢黜中外老成人几尽，多用门下儇慧少年。久之，以旱引去，洎复相，岁馀罢，终神宗世不复召，凡八年。[②]

熙宁变法启动肇始是君思臣愿的，但随着变法的推进却事与愿违，王安石的声名也从高光时刻的众望所归走向至暗时刻的众叛亲离，历时八个年头的熙宁变法终以王安石的第二次罢相而彻底宣告失败。

三、毁誉不一，后人评价见仁见智

王安石变法是宋朝，也是中国历史上的大事。自元祐初年高太后、司马光等人废除新法，迄今900多年来，学界对王安石变法的评价，毁誉、褒贬莫衷一是。熊公哲（1936）认为，大抵自来论介甫，其毁之者，凡一谋一法，只须其谋其法之出于介甫，则不问事实，而一切有非而无是。其誉之者，则又只须其谋其法出于介甫，亦不问事实，而一切有是而无非。

褒扬者认为，宋神宗和王安石相遇，"悉心谋议，创制立法，而将以伸其大有为之志于天下，岂但君臣之分义则然，固亦天命人心所不容己也"[③]。清朝蔡上翔有感于"世人积毁荆公，几同于晋骂，不啻千万人矣"，于是，"阅正史及百家杂说，不下数千卷，则因年以考事，考其事而辨其诬"，成《王荆公年

---

① （元）脱脱等：《宋史》，209～210页，北京，中华书局，1999。

② 同①，8467页。

③ （明）章衮：《王荆公年谱考略》卷首一，转引自张祥浩、魏福明：《王安石评传》，414页，南京，南京大学出版社，2006。

谱考略》一书，全面肯定王安石的人品、抱负及功业。漆侠(1979)认为，王安石变法的失败，无疑是历史上一个进步力量的失败。邓广铭(1979)认为，王安石有战国法家吴起在楚国作令尹时"言不取苟合，行不取苟容，义不顾毁誉，必欲霸主强国，不辞祸凶"之作风。

谶者如明朝杨慎，他认为，秦亡由商鞅，宋亡由安石，"安石之奸邪，合莽、操、懿、温为一人者也，此言最公最明矣"①。王夫之认为，凡君子不为、小人必为的，王安石皆为之。他还认为王安石之政完全是比苛政更坏的败亡之政，北宋的灭亡，王安石有不可推卸的责任。

> 夫君子有其必不可为者，以去就要君也，起大狱以报睚眦之怨也，辱老成而奖游士也，喜诐谀而委腹心也，置逻卒以察诽谤也，毁先圣之遗书而崇佛、老也，怨及同产兄弟而授人之排之也，子死魄丧而舍宅为寺以丐福于浮屠也：若此者，皆君子所固穷濒死而必不为者也。乃安石则皆为之矣。②

> "国民之交敝也，自苛政始。苛政兴，足以病国虐民，而尚未足以亡；政虽苛，犹然政也。上不任其君纵欲以殄物，下不恣其吏私法以戕人，民怨渐平，而亦相习以苟安矣。惟是苛政之兴，众论不许，而主张之者，理不胜而求赢于势，急引与己同者以为援，群小乃起而应之，竭其虑矫之才、巧黠之慧，以为之效。于是泛滥波腾，以导谀宣淫蛊其君以毒天下，而善类壹空，莫之能挽。民乃益怨，衅乃倏生，败亡沓至而不可御。"③

除了上述褒贬不一的分析和评价外，还有一些一分为二的观点。不少持"天下之公言"者认为，将熙宁变法的失败甚至北宋的灭亡归咎于王安石及其主导的熙宁变法，有失公允，应当把对王安石的个人评价与熙宁变法的成败及其对后世的影响区别开来。如张祥浩和魏福明(2011)在《王安石评传》中综合了陆九渊和朱熹等人的观点，认为王安石新法只是为政府敛财，对于发展社会生产力、改善人民生活并没有多少作用，应基本否定，而王安石的道德节义却必须

---

①　(明)杨慎：《丹铅总录》卷九《人事类》，务本堂藏版，转引自张祥浩、魏福明：《王安石评传》，418 页，南京，南京大学出版社，2006。

②　(明)王夫之：《船山全书》，第 11 册《宋论》，卷六，杨坚总修订，156 页，长沙，岳麓书社，2011。

③　同②，170～171 页。

肯定。还有一些学者从更为宏阔的大历史观角度，将熙宁变法视为一场成功或有积极意义的社会运动。如雷博（2021）认为，从大历史观的角度看，王安石变法深刻地改变了中国今后的历史进程，并形塑了中华文明的理性气质。

近年来，随着全面把握中华民族伟大复兴战略全局和世界百年未有之大变局对理论研究需求的爆炸性增长，学界对王安石及其与熙宁变法失败之间关系的解构迅速升温（刘成国，2018；李旭，2019），已提出成议30余条（李华瑞，2021）。归结起来，主要观点如下。

（一）变法路线错误，治标不治本

持该观点的学者普遍认为，北宋积贫积弱的现状是由奢靡之风盛行、赏赐无度等管理体制问题而并非仅仅是入不敷出的财政问题所致，而王安石变法不对体制补偏救弊，却抱残守缺，选择了一条为国聚敛的错误之路（王志敏，2018）。为国"理财"是熙宁变法的核心和主线，但实际上，各项变法措施的实施与变法的初衷"去重敛、宽农民、国用可足、民财不匮"完全背离，从为国创富变成了掠民钱财。

既然推行的新法与民争利，必然恶化君民关系。据史载，免役法一出，百姓叫苦不迭，连担水、理发、茶贩之类的小买卖，不交免役钱都不许经营，税务向商贩索要市利钱，税额比本钱还多，乃至有的商人以死相争。保甲法推行时，为了逃避供养军队的高额赋税与被抽去当兵的双重威胁，民间连续发生多起自残事件。对此，变法派还试图箝民之口。熙宁五年（1072）正月，"置京城逻卒，察谤议时政者收罪之"①。在这样的氛围下，下情不能上达，万马齐喑，旨在利民的变法事实上成了害民之举，失败也就只是时间问题了。

（二）反派实力雄厚，胜负无悬念

与变法派人才捉襟见肘相比，保守派可谓人才济济，如司马光、韩维、文彦博、欧阳修、富弼、韩琦、范镇、苏轼等人，他们大多不仅政治成熟、经验老到，而且大多都有在地方和朝廷多个岗位为官的经历，根深叶茂、政绩斐然。两派相争，胜败其实没有什么悬念（仲伟民，1997；骆啸声，1987；赵益，2000）。这个方面的文献颇多，由于篇幅所限，这里不再赘述。

---

① （元）脱脱等：《宋史》，187页，北京，中华书局，1999。

(三)神宗政治幼稚，决策留祸根

这一观点包括相互矛盾的两个方面：一些人认为宋神宗太信任王安石而任由他排斥异己。当变法遭到反对派的攻击时，王安石向宋神宗上奏指斥反对派为"天下流俗"，认为"流俗权重，则天下之人归流俗；陛下权重，则天下之人归陛下"①，建言宋神宗用皇帝权威压制反对新法的訾议。宋神宗深以为然，不但对反对意见置若罔闻，而且将反对者一一逐出京城，包括对待韩琦、富弼等正直老成之士，"悉排斥不遗力"。司马光、苏轼等在政治上并不反对革新的一批社会精英则畏而远之，自请退避。宋神宗之误在于没有调整好两派之间的关系，没有激引朝臣的群体智慧，而是偏听王安石一家之言，"求治太急，听言太广，进人太锐"②，匆忙推出各项新法，欲解决百年积弊。这样操之过急的变革，怎能不失败呢？

另一些人认为宋神宗太姑息反对派而使变法难以推行。"熙宁变法离不开宋神宗的坚定支持，但宋神宗在关键时刻摇摆不定，压抑相权使得王安石力不从心，姑息保守派引起变法派出现内讧及分裂，滥用帝王权术是变法失败的主要原因。"(李晓虎和李利霞，2019)持这种观点的论者认为，宋神宗虽然重用王安石一派，但又对其不完全信任。如熙宁六年(1073)二月，王安石曾说："臣前所以求罢，皆以陛下因事有疑心，义不敢不求罢。"③又如熙宁八年(1075)二月王安石第二次拜相后，宋神宗基本上抛开了他，"事皆自做"。还有人认为宋神宗之所以对王安石不信任，是因为经过实践的检验，他对王安石那一套"法先王之意"的说教，以及"不加赋而国用饶"的所谓"理财"之道已逐渐失去了信心。

(四)变法执行不力，所用非其人

利民之法，若不得其人而行之，则为害民。对此，王安石是知道的，他说："惟免役也，保甲也，市易也，此三者有大利害焉。得其人而行之，则为大利，非其人而行之，则为大害。"不幸的是，王安石用非其人。在变法派中，除了王安石个人操守尚无非议，最重要的变法助手吕惠卿、章惇、曾布、蔡卞、吕嘉问、蔡京、李定、邓绾、薛向等人品行多有问题。姚治勋(2005)对此

---

① （元)脱脱等：《宋史》，8464页，北京，中华书局，1999。

② 同①，8461页。

③ 刘成国：《王安石年谱长编》(五)，1581页，北京，中华书局，2018。

进行了详细考证，他认为王安石擢拔支持变法的新官僚，大多是由他的个人好恶随意决定，并没有经过严格的、科学的铨选和考核。他们中许多人参与变法，考虑的是如何钻"新法"空子以营私。以吕惠卿为例，王安石向宋神宗推荐说："惠卿之贤，岂特今人，虽前世儒者未易比也。学先王之道而能用者，独惠卿而已。"王安石对吕惠卿极为信任，《宋史》说："事无大小必谋之，凡所建请章奏皆其笔。"凡青苗、免役、水利、保甲诸条例，都出自吕惠卿之手。但就是这么一个让王安石赏识并竭力推荐的变法骨干，在熙宁七年(1074)王安石罢相后，为巩固自己的政治地位，竟一方面千方百计地提拔和重用自己的亲族和亲信吕升卿、吕和卿等庸才，另一方面竭尽所能阻止王安石重回相位。

(五)荆公人格缺陷，意气自拆台

持这一观点的学者对此举证认为，王安石将对皇权有一定制约功能的台谏制度废除，将御史台的官员全部罢黜，正是这种以权压人的做法使变法遭到同朝大臣们异常激烈的公然反对。熙宁四年(1071)七月，御史中丞杨绘上疏说："老成之人，不可不惜。当今旧臣多引疾求去：范镇年六十有三、吕诲年五十有八、欧阳修年六十有五而致仕；富弼年六十有八而引疾；司马光、王陶皆五十而求散地，陛下可不思其故乎？"[①]范镇等人纷纷离去，当然不是被王安石的高压政策吓破了胆，而是不满于王安石不能正视新法实施中的弊端和错误，以及对能够反映情况、提出意见和批评的同僚肆意打击表示强烈不满的态度。而台谏制度的破坏掩盖了变法过程中出现的一系列问题，当这些问题发展到无法收拾的地步的时候，推行的法令就不得不被废止了(姚治勋，2005)。从这个角度看，王安石不想听杂音，意气用事，把专门澄清路径和运行纠偏的御史台全部罢免了，这样做的结果是反对的声音少了甚至没有了，但变法自然也就不能推行了。这是历史的教训，也是领导者要吸取的教训。

从如上回顾来看，既有研究多从历史学、政治学的视角将熙宁变法失败的原因归结为变法路线错误、反对派实力雄厚、神宗政治不成熟、变法执行不力和王安石人格缺陷五个方面，这些研究成果受限于视角的单一性，未能有效展现熙宁变法全局和动态的复杂属性，王安石及其变法成败原因的研究，亟待从多学科视角出发，从整体、全面、动态的视角切入(李华瑞，2021)。

---

① 　(元)脱脱等：《宋史》，8399～8400 页，北京，中华书局，1999。

四、风格独特，激活断层众叛亲离

组织变革或变法一直是政治学、领导学、管理学和社会学等学科研究的核心议题，既有研究对变法成败及其影响机制的解构视角各有不同，成果汗牛充栋，但化繁为简，变法是变法者根据特定的变革目标对不同社会群体之间的利益格局进行调整，并对潜藏其中的财富创造和分配机制进行重塑的过程，其本质是对相关社会群体认知和行为进行定向改造的过程。因而，变法能否成功，取决于在变法的窗口期内不同社会群体在认知上能否达成应有的群体共识，在集体行为上能否整合成期待的步调一致。据此，李永瑞等人（2023）基于《王安石年谱长编》，辅以《宋史》及后人相关专题研究，采用质性研究中的扎根理论方法，以王安石越次入对宋神宗到王安石第二次罢相为观察窗口期，对此期间与他存在密切交互关系的宋神宗、吕惠卿等 27 个变法新晋人物和司马光等 24 个同朝老臣，共计 52 个对变法进程及成败产生直接影响的关键人物的交互过程、交互结果及成因进行了编码分析，结果发现，熙宁变法之所以从志同道合逐步走向四分五裂，作为变法策划者和推行者的王安石的人际交往风格是最为重要的决定性变量，具体而言表现在以下方面。

（一）王安石主从不分、唯我独尊的执政风格导致宋神宗与他日渐疏离

1068 年，王安石越次入对宋神宗，"勉神宗当法尧、舜"，一个"勉"字，将臣主君从的言听计从关系跃然纸上。这个阶段宋神宗初登帝位，资历尚浅，治国理政诸事多向王安石求教或接受王安石的勉励、指导。

如果说王安石"勉神宗"对应臣主君从，那他"劝/白神宗"就对应君臣共议，"乞神宗"就对应君主臣从。我们发现，在观察窗口期，王安石共有 11 次"勉神宗"，全部发生在 1072 年之前；29 次"劝/白神宗"，其中 16 次（55％）发生在 1072—1073 年；58 次"乞神宗"，其中 36 次（62％）发生在 1072 年之后。由此可见，随着变法的推进，宋神宗与王安石之间关系日渐疏离的趋势非常明显。

为什么会发生这样的变化呢？除了宋神宗个人在政治上不断成长、成熟之外，最为重要的原因就是王安石没有摆正他在君臣关系中的位置并及时调整好自己，在心理上长时间将自己凌驾于宋神宗之上。比如，在人事任免上，王安石护佑亲信、排斥异己，常根据个人好恶来决定人才的黜陟，还不时对宋神宗下达的各种诏令进行选择性过滤，有意堵塞宋神宗视听，如"逢监安上门郑侠，侠致书痛陈市易免行、市例钱之弊。不报"。又如，王安石一直无视宋神宗的

皇帝权威,甚至多次公开批评神宗,"与神宗议之,谓其自即位以来,未尝勘得一狱正当",言辞犀利令人咋舌。王安石这样主从不分、唯我独尊的执政风格,不断挑战宋神宗的皇帝权威,因此,随着变法的推进,宋神宗对王安石的信任也从"言听计从"到"常有不从",再到"自权轻重",两人之间的关系日渐疏离。

(二)王安石顺我则尊、逆我则辱的领导风格导致了他与变法新晋官员日渐分裂

变法新晋官员是王安石为推行变法而向宋神宗推荐或由宋神宗建议提拔任用的 27 名官员。在观察窗口期,综合王安石与他们的交互过程及交互结果,大体上可将这些官员分为四类。

第一类是曾布等因"支持变法"而得到王安石"量才任用"的 14 人。他们在执法过程中注重倾听民意、尊重事实并秉直进言,但王安石意气用事、良莠不分,将他们或贬斥降职,或驱离中枢。

第二类是李定等因"投机攀附"王安石而被"庇护重用"的 6 人。他们因在执法时扰民害民而惊扰了神宗,王安石不仅不主持公道,反而在宋神宗面前为他们争功遮丑、以情废公。

第三类是吕惠卿等因"逢迎邀宠"王安石而被"委以机重"的 4 人。他们进入变法阵营的目的实为争权,而非谋事,但王安石对此毫无察觉,且不听司马光、苏轼等人的善意劝告,一意孤行,对吕惠卿等人依然委以重任。

第四类是侯叔献等因"才能平庸"而得到王安石"低位任用"的 3 人,他们虽然一直支持变法,但才平位低,对熙宁变法的影响甚微。

王安石是变法新晋官员的领导者,他与变法新晋官员之间的人际交往展现的是他的领导风格。因为"顺我则尊"的领导风格,王安石对吕惠卿等人的逢迎邀宠和李定等人的投机攀附,或喜而纳之,或纵容庇护,助长了他们的投机自利;因为"逆我则辱"的领导风格,王安石对曾布等人的秉直进言充耳不闻,打压限制了他们的实事求是精神。加上他识人不明、任人唯亲,变法新晋官员对他的追随从唯命是从到唯利是图,再到反目成仇,他们之间的关系日渐走向分裂。

(三)王安石自视真理、睥睨英杰的团队风格导致了他与同朝老臣日渐对立

同朝老臣是指在王安石推行变法前就已担任朝中要职的司马光等 24 人。

在观察窗口期，综合王安石与他们的交互过程及结果，大体可将同朝老臣分为两类。

一类是与王安石"志向初同"的司马光等12人。他们大都支持变法，但在变法的目标和推行的节奏等方面都有自己的价值判断，为此都曾向王安石建言，但王安石却一意孤行、"建言不从"。久而久之，这些人只得选择眼不见为净，纷纷自请贬黜或被迫罢免而离开了权力中枢。但他们离开权力中枢后，对变法的关注和反对并没有停止，与王安石龃龉不断。

另一类是坚守自己的底线和原则或对变法持有异议而遭到王安石强词批驳仍"独立不附"的韩琦等12人。他们都因"言法疏漏"而被迫离开了权力中枢。他们同样宁为真理死，不为苟且活，或公开、或私下"结党同仇"，与王安石斗争到底。

王安石与同朝老臣之间是合作关系，团队合作的一个重要前提就是能虚心倾听，但王安石却总是逆此而行。比如，司马光看到变法危害到了百姓的生计，便来与王安石讨论应对之策，但王安石对他"闻声生厌"，一见面就恶语相向。王安石的执拗个性和蛮横之举，不仅剥夺了同朝老臣参政建言的机会，还侮辱了他们的自尊。就这样，王安石将志向初同和独立不附的合作伙伴都变成了怒目相对的政敌，这些老臣离开权力中枢后便换了个方式联合起来不断抗争，甚至公开与王安石为敌。王安石可谓以一人之智，掩一国之才，以个人之力抗天下之士，这样的变法焉有不败之理？因而，随着变法的推进，王安石自视真理、睥睨英杰的团队风格，使得同朝老臣与他的关系从基本拥护到苦口劝谏，再到群起而攻之，日渐走向对立。

（四）王安石独特的人际交往风格决定了他从众望所归走向众叛亲离

值得注意的是，王安石与宋神宗日渐疏离、与变法新晋官员日渐分裂、与同朝老臣日渐对立的关系还受到同朝老臣和变法新晋官员与宋神宗之间交互关系的强化和影响。变法新晋官员多是王安石向宋神宗力荐的，但当他们出于各种原因，或主动或被迫绕过王安石向宋神宗言新法之非时，宋神宗对王安石及其领导的团队开始产生怀疑而渐渐与王安石疏离，这又反过来加剧了变法新晋官员对王安石的叛离。同朝老臣多为饱读诗书的大儒，当所见所闻让他们忍无可忍公开抨击新法时，宋神宗兼听则明后也开始渐渐与王安石疏离而更看重老臣，这又反过来加剧了同朝老臣与王安石的对立和对变法的公开反对。就这样，随着变法进程的推进，熙宁变法中的三重交互关系的负面效应日渐涌现并不断交互叠加，最终导致了熙宁变法的失败。所以，随着熙宁变法关键人物王安石与其直接上级宋神宗、变法新晋官员以及同朝老臣的人际交互离散度的逐渐增加，他也从众望所归走向了众叛亲离，熙宁变法团队成员也从志同道合走向了四分五裂，最终导致变法走向失败。

五、诊疗荆症，反求诸己求同存异

导致熙宁变法失败的决定性因素是王安石独特的人际交往风格，本书将其定义为"荆症"。同本书第三章第三节中论述的"葛病"一样，随着越来越多高学历者进入职场，尤其是步入管理层或领导岗位后，"荆症"大有泛滥之势，值得关注。

（一）开源节流两相宜，全局动态一盘棋

"荆症"的第一表征是线性思维、急于求成。王安石变法的目标是理财，即增加财政收入、摆脱财政危机。按照他的构想，"因天下之力以生天下之财"的财富创造与"取天下之财以供天下之费"的财富分配是源和流的关系，无源则无流，而熙宁变法是开源不足而聚敛有余的财富大挪移，"汲汲焉务弱举国之民，以强君主之一身，曾不思举国皆弱而君主果何术以自强者"。比如，青苗法意在解决百姓生活的困难，但实施中变相提高利率，结果导致了高利贷；免役法意在免去百姓差役之苦，但实施中任意提高免役钱数额和民户出钱的等第，结果导致了聚敛；市易法意在平抑物价，但实施的结果是政府垄断市场；保甲法意在加强治安和御敌力量，但由于组织和训练不当，百姓亦不胜其扰；等等（张祥浩，1995）。

梁启超说王安石所推行的新法"无一事焉非以利民，亦无一事焉非不利于士大夫；彼士大夫之利害与人民之利害固相冲突者也"。这话说的倒也是实情，但把"士大夫"与"民"完全对立起来，这就是明显的线性思维，更何况特定时期财富是个衡量，此多彼少，没有源头活水的财富创造机制所产生的增量，自然就只有自取散乱的聚敛歧途了，而熙宁变法事实上就是走入了这样的歧途。

除此之外，宋神宗太急于求成，这也是导致变法失败的主要原因。以法度牵引为准绳的组织变革，民情可导不可堵，组织变革的各项措施的确立与推行，均需与民众心理需求及其发展规律相契合，同时还要精于谋划。因为再好的构想也必须通过圆润变通的方式浸入民众的心灵，使其转化为民众自动自发的行为。王安石也认为，变法要取得成功，要尊重人性，以"中人"之

需为基线标准，充分顺应并引领大众需求及其发展规律，循序渐进，精于谋划。

可惜的是，宋神宗求成心切，王安石又急于显功。从熙宁二年(1069)七月到十一月，短短四个月内宋神宗连续颁布了淮浙江湖六路均输法、青苗法、农田水利条约三道大法。当时，整个社会还处在对新法的认同期，宋神宗又连续颁布了募役法、保甲法(1070)、方田均税法、改革科举制度(1071)、市易法(1072)和免役法(1073)，推行节奏太快，执法过密，民众接受能力有限，反对、抗争自然此起彼伏。为推行变法，朝廷虽在京东、京西等路设置了"重法"，但整个熙宁变法期间，有据可考的兵变、民变仍多达 35 次。

发展就是硬道理，但凡成功的改革或变法都是以财富创造产生的增量来优化财富存量的分配机制，以开源来促进并优化节流。然而，王安石策划并推行的熙宁变法，没有有效解决财富创造的根本性和基础性问题，就滥用行政权力强行对存量财富进行再分配，这样的无源之水是不可能长流的。同时，改革是一个复杂的多元社会主体交互的过程，而王安石想当然地一意孤行，"欲行其意而托于古……卒以败者，无通识，并不周知社会之故，而行不适之策也"。他把忠诚、清廉和率直的个性抵押给了民众，并希望民众视他为真理的化身而支持变法，这其实是一种天真的想法，结果导致与宋神宗疏离，与变法新晋官员分裂，与同朝老臣对立。没有大众支持的变法，哪有不败之理？

因此，"荆症"的疗方之一是：澄清因果、辩证思维，尊重人性、循序渐进。

(二)善恶贤佞慧眼识，能位相契蓬麻直

"荆症"的第二表征是善恶不分、贤离佞蔽。梁启超说，王安石变法虽难，但还是具备了成功的各种要件的。王安石之所以可以成功而没有成功，是因为朋党拖累了他。其实不然，熙宁变法时期的朋党，尤其是阻碍变法推行的贤离佞蔽，在很大程度上是因王安石善恶不分而兴起的，其中王安石独特的人际交往风格起到了巨大的催化作用。比如在变法处于胶着期，当"今天下之人恶介甫之甚者，其诋毁无所不至"之时，司马光自信"独知其不然，介甫固大贤，其失在于用心太过，自信太厚而已"，洋洋洒洒写了 4 000 余字，本着"忝备交游之末，不敢苟避遣怒，不为介甫一一陈之"的诚善之意来劝谏王安石，但王安石的回信却只有冷冰冰的 400 余字：

某启：昨日蒙教。窃以为与君实游处相好之日久，而议事每不合，所操之术多异故也。虽欲强聒，终必不蒙见察，故略上报，不复一一自辨。重念蒙君实视遇厚，于反覆不宜卤莽，故今具道所以，冀君实或见恕也。

盖儒者所争，尤在于名实，名实已明，而天下之理得矣。今君实所以见教者，以为侵官、生事、征利、拒谏，以致天下怨谤也。某则以谓受命于人主，议法度而修之于朝廷，以授之于有司，不为侵官。举先王之政，以兴利除害，不为生事。为天下理财，不为征利。辟邪说，难壬人，不为拒谏。至于怨谤之多，则固前知其如此也。[①]

王安石认为，他有神宗皇帝"受命于人主"的尚方宝剑在手，哪能说他是"侵官"呢，至于认为他"生事""征利""拒谏"，则是"怨谤"之人认知高度不够的体现。接着，王安石又把矛头指向了一个本来可以"团结一致向前看"的士大夫群体：

人习于苟且非一日，士大夫多以不恤国事、同俗自媚于众为善。上乃欲变此，而某不量敌之众寡，欲出力助上以抗之，则众何为而不汹汹？然盘庚之迁，胥怨者民也，非特朝廷士大夫而已。盘庚不为怨者故改其度，度义而后动，是而不见可悔故也。如君实责我以在位久，未能助上大有为，以膏泽斯民，则某知罪矣。如曰今日当一切不事事，守前所为而已，则非某之所敢知。[②]

这些话初听起来好像言之有理，但细细品来，实在有损团结。因此，对他所策划并推行的变法，原本支持的人也开始保持中立，中立的人逐渐转向反对。随着变法的推进，朋友都成了敌人，王安石也从众望所归逐渐走向了众叛亲离。

有意思的是，司马光在《与介甫书》中对"谄谀"的变法新晋官员和"忠信"的同朝老臣对待变法和王安石的态度及其变化趋势，已有了精准预判：

彼谄谀之人，欲依附介甫，因缘改法，以为进身之资。一旦罢局，譬如鱼之失水。此所以挽引介甫，使不得由直道行者也……彼忠信之士，于介甫当路之时，或龃龉可憎，及失势之后，必徐得其力。谄谀

---

① 刘成国：《王安石年谱长编》(三)，1021~1022 页，北京：中华书局，2018。

② 同①，1022 页。

之士，于介甫当路之时，诚有顺适之快；一旦失势，必有卖介甫以自售者矣。①

其实，在识人用人上，王安石有一套很不错的理论体系。在《上仁宗皇帝言事书》中，王安石就提到，要考察一个人的才能与岗位的胜任需求是否匹配，不仅要通过面对面交流，还要通过情境测试和工作模拟来综合考察，同时还要多渠道收集信息，进行全方位考察。"所谓察之者，非专用耳目之聪明，而私听于一人之口也。欲审知其德，问以行；欲审知其才，问以言。得其言行，则试之以事。所谓察之者，试之以事是也。"对当时人才能力不足的成因，王安石的分析也是很精准的："夫教之、养之、取之、任之，有一非其道，则足以败乱天下之人才，又况兼此四者而有之？则在位不才、苟简、贪鄙之人，至于不可胜数，而草野闾巷之间，亦少可任之才，固不足怪。"教、养、取、任四个环节只要有一个环节出了问题，都会影响到国家的治乱，更何况当时四个环节都出了问题，自然导致"在位不称职，称职不在位"的人才困窘局面了。

很可惜，王安石在识人用人上是思想的巨人，行动的矮子。他所讲的道理，无论是在史书中还是在他自己的文集中，都找不到能证实他有所践行的证据。比如有一次，宋神宗为给王安石也是给自己鼓劲，说："改革变法的事情非你莫属，今后朝廷的大政方针朕还要多多烦劳你操心。你的学问这么好，对于革新变法一定成竹在胸。未来主持规划变革就靠你了，你一定不要推辞!"王安石的回答则是："我当初之所以爽快地来京城做官，就是想协助陛下革新变法，有所作为。现在看来，天下的风俗法度败坏已久。归根结底是因为朝廷里君子太少，庸人太多。这些庸人一味因循守旧，浑浑噩噩，毫无见识，胡乱瞎混日子罢了。奸猾小人也趁机诋毁败坏君子。朝廷既有小人忌恨诋毁在前，又有庸人附和在后，君子就算有独立的创见也不会奏效。"（康震，2018）这样的知而不行必然化友为敌，因此钱穆（1996）说，反对王安石的，大多是当时的所谓君子，甚至连当时赞同范仲淹变法的诸君子，如韩琦、富弼、欧阳修等，亦反对王安石。

此外，梁启超说，王安石变法"不得不用小人者，以当时君子莫肯为之用"，但要用好小人，一定要像张居正、胡林翼、曾国藩那样具备不低于小人"机巧变诈"的掌控之术，但王安石却是"太无权术之纯粹君子"。对此，李焘在《续资治通鉴长编》中说，朝廷"既全以威福之柄授之，使之制作新法以利天下，是宜与众共之，舍短取长，以求尽善，而独任己意，恶人攻难。群臣有与之同

① 刘成国：《王安石年谱长编》（三），1019 页，北京：中华书局，2018。

者，则擢用不次；与之异者，则祸辱随之。人之情谁肯弃福而取祸，去荣而就辱，于是天下之士，躁于富贵者，翕然附之"。王安石善恶不分，贤离佞蔽，而他又缺乏驾驭阿谀小人的领导艺术和威慑力，结果就是要么无人当位，要么当位者能力不匹配。

根据研究统计，我们整理了熙宁变法观察窗口期关键人物异动及年度和累计增减人数表（见表 2-1）。为推行变法，1069 年王安石举荐提拔了吕惠卿等 9人，罢免贬黜吕诲等 5 人，年度和累计增员 4 人；1070 年减员 7 人、累计减员 3 人；虽然 1071 年有小幅反弹，但自 1072 年起，年度和累计人员都一直在减少。到变法后期的 1076 年，累计减员 15 人，对应的年度在朝关键人才从1069 年的 31 人减少到 1076 年的 12 人，"四分五裂、人散法败"的演进历程极为鲜明（李永瑞等，2023）。

表 2-1　熙宁变法观察窗口期关键人物异动及年度和累计增减人数表

年代（在朝人数）	举荐提拔（人数）	罢免贬黜		年度增减人数	累计增减人数
		同朝老臣（人数）	变法新晋官员（人数）		
1069(31)	吕惠卿、薛向、侯叔献、程颢、王子韶、李常、李承之、李定、曾布(9)	吕诲、刘述、范纯仁、富弼(4)	苏辙(1)	+4	+4
1070(24)	唐坰、张琥、邓绾、邓润甫(4)	司马光、陈升之、苏轼、韩维、赵抃、韩琦、刘攽(7)	李常、王子韶、程颢、孙觉(4)	−7	−3
1071(27)	程昉、章惇、许将、曾孝宽、蔡确、吕嘉问、沈括、张商英(8)	吕公弼、欧阳修、杨绘、陈襄(4)	刘挚(1)	+3	0
1072(22)	0	范育、吕公著、李评(3)	唐坰、张商英(2)	−5	−5
1073(22)	郑侠、范百禄、徐禧(3)	文彦博(1)	张琥、薛向(2)	0	−5
1074(18)	0	李师中(1)	曾布、郑侠、范百禄(3)	−4	−9

续表

年代(在朝人数)	举荐提拔(人数)	罢免贬黜		年度增减人数	累计增减人数
		同朝老臣(人数)	变法新晋官员(人数)		
1075(13)	0	韩绛(1)	吕嘉问、程昉、吕惠卿、沈括(4)	−5	−14
1076(12)	0	0	邓绾(1)	−1	−15
累计	24	21/24(87.5%)	18/27(66.7%)	−15	

因此，"荆症"的疗方之二是：善恶有别、慧眼识人，利导差异、人岗匹配。

(三)标新求同各所依，名实相契达人立

"荆症"的第三表征是矜才使气、心智失配。王安石集政治家、文学家、思想家、改革家于一身。文学家以标新为本，以求异立足，而政治家和改革家则以求同为始，以共同为终。按此标准，后人虽然对王安石策划并推行的熙宁变法褒贬不一，但对他作为文学家的成就都十分肯定，其中尤以朱熹"以文章节行高一世，而尤以道德经济为己任……卒之群奸嗣虐，流毒四海，至于崇宁、宣和之际，而祸乱极矣"和梁启超"当时宰执，史称多贤……其能知治体有改弦更张之志者，惟一范仲淹，论其智略，尚下荆公数等……遂非七子者之所能望也"的评价对后世影响最大。

或许因为王安石的文学成就太耀眼，所以他恃才傲物、吝于改过。王安石与曾巩私交不错。一次，宋神宗问曾巩："听说你和王安石很早就认识，你说说王安石是个什么样的人啊？"曾巩说："我这朋友吧，要论才情、论学问、论文学，跟汉代的扬雄比也不差。可是他这个人很吝啬。"宋神宗觉得奇怪，王安石从来不贪恋富贵，怎么会吝啬呢？曾巩回答道："我说的吝啬是指王安石这个人'勇于有为，吝于改过'。他勇于做事，可是在改正自己缺点的时候特别吝啬。他不喜欢听别人说自己不好。"听了曾巩这番议论，宋神宗也不由得点头表示赞同。

更糟糕的是，王安石不仅没有意识到作为文学家的求异与作为政治家和改革家的求同之间是对立的两极，还自恋地将政治改革当作文学创作来看待。他的《众人》一诗写道："众人纷纷何足竞，是非吾喜非吾病。颂声交作莽岂贤，四国流言旦犹圣。唯圣人能轻重人，不能铢两为千钧。乃知轻重不在彼，要知

美恶犹吾身。"①这是他自比周公、自命为圣贤的代表之作，表达了他不屑流言而又不顾实际情况的思想倾向。

作为文学家的王安石，其文学上的成就受到了世人的一致称赞，但作为政治家和改革家的王安石却毁誉参半，所以，熙宁变法的失败也是文学家王安石政治梦想的破灭。对此，汤因比（2001）认为，王安石不得不与思想十分保守的官僚共事。在不受传统精神的束缚这一点上他是孤独的，他的自由思想触怒了精神上墨守成规的同僚们，并使他们深感不安。无疑，他的激进措施无论怎样都会使保守主义者疏远，但王安石固有的勇于挑战的性格却加剧了保守者们的反对。他所树立的敌人中包括一些真正杰出的人，他应该求得这些人的支持。

综上可见，对领导者来说，如何选对关键岗位人员，搭配好班子，进而积极引领并不断强化班子成员不忘初心、准确定位，教导关键岗位人员克服性格上的不足，坚持民主集中制，争取"最大公约数"，切实关注期望与现实的背离等都具有现实意义。史中求是，常品常新，对王安石变法成败的分析，值得领导者借鉴。

因此，"荆症"的疗方之三是：准确定位、求同存异，名实相契、心智匹配。

第四节　凿枘相契，志同道合启新程

商鞅之法，良法也。今试一披吾国四千余年之纪载，而求其利国福民伟大之政治家，商鞅不首屈一指乎？鞅当孝公之世，中原最鼎沸，战事正殷。举国疲劳，不堪言状。于是而欲战胜诸国，统一中原，不綦难哉？于是而变法之令出，其法惩奸宄以保人民之权利，务耕织以增进国民之富力，尚军功以树国威，孥贫怠以绝消耗。此诚我国从来未有之大政策，民何惮而不信？乃必徙木以立信者，吾于是知执政者之具费苦心也，吾于是知吾国国民之愚也，吾于是知数千年来民智黑暗、国几蹈于沦亡之惨境有由来也。

——毛泽东《商鞅徙木立信论》②

---

① 王安石：《王安石全集（上、下）》，98 页，长春，吉林人民出版社，1996。

② 中共中央文献研究室，中共湖南省委《毛泽东早期文稿》编辑组：《毛泽东早期文稿》，21～22 页，长沙，湖南出版社，1990。

商鞅离开魏国投奔秦国，虽被迫无奈，但从个体职业生涯发展与优势促进角度来看，算得上是一桩极为成功的跳槽案例，从适配（商鞅与秦孝公）和失配（商鞅与魏惠王）对比的角度为我们展示了"凿枘相契"对于"志同道合启新程"的重要性和决定性。

随着高校毕业生规模和增量连创历史新高，高校扩招带来的"学历贬值"与"教育不足"的职业与教育错配（job-education mismatch）现象颇受社会关注。宋健和赵秋婷（2022）对2016年的1 964个青年样本和2018年的2 533个青年样本的实证调查及对比分析发现，超过半数的青年劳动者身上存在职业与教育错配现象，主要表现为过度教育，且过度教育对青年劳动者的工作满意度的负面影响显著增加。青年是否主动选择与教育错配的职业、能否满足其主要职业期望是影响其工作满意度的重要因素。青年的职业与教育匹配情况、主要职业期望和工作满意度在不同的职业发展阶段和生命历程阶段都可能发生改变，当变化后的主要职业期望无法得到满足时，劳动者的工作满意度就会下降。

职场青年的职业与教育错配，累了自己，苦了家人，坏了风气，亟待社会各界高度关注并寻求改变的策略。对青年工作者来说，商鞅求职和入职后的作为很值得借鉴学习。

一、求职要诀：澄清需求，凿枘相契

商鞅原名公孙鞅，出身卫国贵族，又称卫鞅。国弱家衰之际，公孙鞅虽出身贵族，但并无任何特权。因为生计所迫，也为了寻找更大的平台施展自己的才华，公孙鞅不得不远走他乡，投靠当时十分强大的魏国，在魏国国相公叔痤门下做了家臣。

公孙鞅深受早期法家李悝、吴起的影响，对刑名之学很有研究，公叔痤很快就发现他"有奇才"。《史记·商君列传》[①]中记载，公叔痤大病之时，魏惠王前来探望，问道："公叔病，有如不可讳，将奈社稷何？"公叔痤建议道："痤之中庶子公孙鞅，年虽少，有奇才，愿王举国而听之。"公叔痤见魏惠王不置可否，知自己死后魏惠王不会接受建议重用公孙鞅，于是"王且去，痤屏人言曰：'王即不听用鞅，必杀之，无令出境。'王许诺而去。"

公叔痤与世长辞后，魏惠王既没有采纳他的建议起用公孙鞅，也没有将他擒杀。欣赏自己才干的靠山没了，公孙鞅整日无所事事，正为将来何去何从发

---

① （汉）司马迁：《史记》，419页，北京，中华书局，2006。

愁时，听闻"秦孝公下令国中求贤者，将修缪公之业，东复侵地，乃遂西入秦"。

公孙鞅见秦孝公，目的很简单，就是希望孝公能像公叔痤那样赏识他的才干，并能委以重任。在朋友景监的帮助下，孝公对公孙鞅进行了第一次面试。从现有史料推测，孝公主要围绕"根据秦国目前的现状，应该采取什么样的治国方略来使秦国重回霸主地位"来考察公孙鞅。

第一次见面，公孙鞅"说公以帝道，其志不开悟矣"，结果是"孝公时时睡，弗听"。公孙鞅离去后，孝公还冲推荐公孙鞅的景监发了火："子之客妄人耳，安足用邪！"可见，初次见面，公孙鞅并没有给孝公留下什么好印象。当时的秦国，国力已衰弱到"诸侯轻视"的境地了。孝公就好比初入职场的新手，业绩平平，除了具有"修缪公之业，东复侵地"之大志外，并无真正的实力可言。公孙鞅面对这样一个职场小白，给他大谈贤君治国之道，目标虽然宏大，但"久远，吾不能待。且贤君者，各及其身显名天下，安能邑邑待数十百年以成帝王乎"。所以，公孙鞅遭孝公"妄人耳"（即狂妄）之差评是必然的。

此时的公孙鞅已近而立之年，虽满腹经纶，却壮志难酬。加上此前在魏国的经历，他知道自己错过这个村就很难有下个店了，所以他一方面调整自己，另一方面苦苦哀求景监为自己说情，希望孝公再给他一次面试的机会。

第二次见面，公孙鞅"说公以王道而未入也"。结果是"益愈，然而未中旨"。与第一次相比，公孙鞅不再谈先贤们的成功之道，而是与孝公谈治国理政的心路历程。虽然这也不是孝公想听的内容，但公孙鞅讲得很精彩，孝公对他的印象也有了积极的转变，且念及景监的推荐，不久，孝公便又对公孙鞅进行了第三次面试。

第三次见面，公孙鞅"说公以霸道"，主要谈如何帮助孝公像他的十四先祖秦穆公那样，经过多年的励精图治成为一方霸主。这与孝公当时的心理期望已经很接近了，符合教育学上的"最近发展区"原理。因此，这次公孙鞅自我感觉良好："其意欲用之矣。诚复见我，我知之矣！"而孝公的感觉是"汝客善，可与语矣"。就这样，决定了公孙鞅的人生之路，也决定了秦国再度崛起的第四次会谈水到渠成地到来了。

第四次见面，"公与语，不自知膝之前于席也。语数日不厌"。此情此景，一方面可以看出孝公求贤若渴之心，另一方面也可以看出公孙鞅所言正是孝公所需。虽然这次谈话的具体内容在《史记·商君列传》等古籍中并无详细记载，但从《商君书》等相关古籍的内容来推断，本次谈话的核心内容必定与秦国如何有效贯彻执行农战国策的强国之道有关。

　　不久，公孙鞅被任命为秦爵第十级左庶长，开始了以农战政策的推行为中心的第一次变法。新法推行十年，成效大显，秦国百姓都非常高兴，路上没有人捡别人丢的东西据为己有，山林里也没了盗贼，家家生活富足。人民勇于为国家打仗，不敢为私利争斗，乡村、城镇秩序井然，社会安定。公孙鞅因此连升六级，被提拔为秦爵第十六级大良造。

　　两年后，他又进行了以中央集权制的建立为核心的第二次变法，使秦国日渐富强，各国诸侯都来祝贺。又过了 10 年，公孙鞅打败了魏军，秦孝公封给他于、商等 15 座城邑，公孙鞅自此有了"商鞅"的新名。

二、赋能体系：做强平台，功业自成

　　《商君书》现存 24 篇，计 2 万余字。关于该书作者，历来有两种观点：一种观点认为整部《商君书》全是后人的伪托之作，但这种观点很难自圆其说；另一种观点认为《商君书》是商君遗著与其他法家遗著的合编，但对于哪些是商君遗著，哪些是其他法家遗著则众说纷纭、各执一词。

　　笔者根据商鞅过于自信、原则性强、性烈如火、权力欲盛的人物性格，以及商鞅变法时代的诸多历史背景和商鞅推行变法过程中对一些具体事务的处理方式分析，现存的 24 篇内容文风并不完全一致，有些篇目应不是商鞅亲笔，但其主体内容都从不同侧面对商鞅变法的实践进行了提炼和总结，皆可视为商鞅之作。

　　《商君书》作为早期法家的经典著作之一，主要阐述了商鞅变法的政治思想与军事思想。在政治上，商鞅提出了以强力为根基，以法治为主体，以权势为支撑，以刑赏为手段，以排儒为辅助，以农战为要务，以富强为宗旨，以称王为目的的一整套理论。这些政治主张充分体现了商鞅的"强国之术"。在军事上，商鞅主张"以战去战"：在战略思想上主张奖励耕战、富国强兵；在军队建设思想上主张全民为兵、以法治军。此外，商鞅在如何正确处理军事与政治、全局性的战略决策及军事部署与个别战役及战术之间的关系等方面都有独到见解。

（一）目标确定：顶天立地，切实可行

　　从现代组织变革的观点来看，商鞅在秦国变法的成功，堪称组织变革的经典案例。首先，组织变革始于确定一个符合 SMART 原则的组织变革目标。

　　秦孝公即位后，雄心勃勃，但当时秦国的处境是"秦僻在雍州，不与中国诸侯之会盟，夷翟遇之"。面对其他诸侯强国的冷眼与鄙视，秦孝公一方面内聚人气，"振孤寡，招战士，明功赏"；另一方面外借他力，下令国中求贤，宾

客群臣有能出奇计强秦者，吾且尊官，与之分土"。字里行间透出变法图强之愿，目标明确具体(符合 specific 原则)，就是要使当时已经江河日下的秦国回到秦穆公时代的光景，称霸天下(符合 measurable 原则)。

消息传到魏国，当时郁郁不得志的公孙鞅终于看到了机会，于是马上挟李悝《法经》入秦，在朋友景监的帮助下得见秦孝公。一面、二面，公孙鞅说之以帝道和王道，孝公一边听一边打瞌睡，一点儿也听不进去，因为这并不是孝公想听的(不符合 achievable 与 time-bound 原则)。孝公见公孙鞅，诚如他在求贤令中所言，就是要寻"强秦奇计"，所以，最终使孝公动心的，并不是离秦国现实甚远的帝道和王道，而是秦国能躬身实践、先富后霸、富霸并举的强道与霸道(符合 achievable 与 time-bound 原则)。接下来的商鞅变法，从组织变革的角度看，其内容实际上就是规范和引导秦国全体国民个体行为及组织行为，使之与富国强兵、称霸天下的组织变革目标最大程度契合的一系列方法与策略的总和(符合 relevant 原则)。这些方法与策略厘清了秦国由穷变富、由弱至强的组织变革路径。

(二)目标分解：各司其职，协同增益

明确了组织变革目标之后，就要设计一个能有效支撑组织变革目标的组织结构，把组织变革目标分解为与组织结构下各单元系统职责对应的关键绩效指标。

战国时代是一个弱肉强食的时代。秦国要"复缪公之故地，修缪公之政令"，就必须有绝对实力在对外作战中获得胜利。商鞅从历史演变的角度认识到国家的实质是一种"内行刀锯，外用甲兵"的暴力，所以他特别强调强力对秦国组织变革目标实现的重要作用。《商君书·慎法第二十五》中说："国之所以重，主之所以尊者，力也。于此二者力本。"①意思是说，国家受到他国的重视，国君受到尊重，就在于自己的力量。力量是提高国家和君主地位的根本。

那么，战胜敌国的绝对实力从何而来？按照商鞅的观点，一个国家在组织结构上由内部的农耕职能系统与对外作战的业务系统组成。显然，在以进入他国阵地为主要特征的冷兵器作战年代，"兵马未动，粮草先行"，没有粮草，怎么打仗？所以，内部的农耕职能系统是对外作战的业务系统的基础。同样，如果一个国家没有足够的国防能力，自己的财富迟早会被他人抢走，所以，对外作战的业务系统又是保护内部的农耕职能系统的屏障。与之相应，农耕职能系统的主要任务是富国，对应的关键绩效指标为秦国的粮食生产能力；对外作战

---

① (战国)商鞅：《商君书校注》，张觉校注，181 页，长沙，岳麓书社，2006。

的业务系统的主要任务是强兵，对应的关键绩效指标为秦国的对外作战能力。

所以，在经富强之路而称霸天下的组织变革中，全民农战政策的推行至关重要。《商君书》相关篇目均有论述：

> 不胜而王、不败而亡者，自古及今未尝有也……圣王见王之致于兵也，故举国而责之于兵。①

> 百人农、一人居者王，十人农、一人居者强，半农半居者危。故治国者欲民之农也。国不农，则与诸侯争权不能自持也，则众力不足也。故诸侯挠其弱，乘其衰，土地侵削而不振，则无及已。②

(三)目标执行：利导人性，奖罚分明

引导并规范组织中的个体行为与群体行为，使其在方向上与组织变革目标保持一致。

"引马河边易，逼马吃水难"，仅有目标、体系、指标，还不能保证组织中个体行为与群体行为能完全朝组织期望的目标与方向行进，这就需要制度来引导、规范。制度作为组织对组织中个体行为与群体行为期盼的一种契约，其有效性取决于制度设计对人性的假设与其拟规范组织成员的心理需求特征的契合性。

关于民众心理需求特征，商鞅认为，人都喜欢追逐名利并且因此而忘形，这是制度设计的前提和基础。在《商君书·算地第六》中有这样的论述："民之性：饥而求食，劳而求佚，苦则索乐，辱则求荣，此民之情也。民之求利，失礼之法；求名，失性之常……故曰：名利之所凑，则民道之。"民众心理需求特征如此，怎样去规范并引导它，并使之与组织变革的目标在方向上保持一致呢？

商鞅认为，组织的激励机制设计必须充分体现组织变革目标对应的关键绩效指标。"民之所欲万，而利之所出一。民非一，则无以致欲，故作一。作一，则力抟；力抟，则强。强而用，重强"。

通过这种聚众为一的激励机制的设计，在外部规制的拉动与内部天性的驱动下，全体国民工作的积极性和主动性都得到了充分发挥，并与秦国组织变革目标对应的两个关键绩效指标在方向上保持了一致，经富国强兵而称霸天下的组织变革目标就指日可待了。

---

① （战国）商鞅：《商君书校注》，张觉校注，139 页，长沙，岳麓书社，2006。
② 同①，31～32 页。

制度执行过程的严肃性与公平性不可偏废，这样才能有效降低组织的内部交易成本，最大限度地激发并保护好组织成员的工作积极性和主动性，使其形成强大的共振效应，助力组织变革。

商鞅认为，制度的公平性是国家治理的基础。"圣人之为国也，壹赏，壹刑，壹教。壹赏，则兵无敌；壹刑，则令行；壹教，则下听上。"显然，制度的公平性在很大程度上决定了制度执行的严肃性，王子犯法与庶民同罪，这样制度才有公信力，才能有效降低组织的内部交易成本，使组织成员穷尽心力追求名利的同时，成就秦国国富兵强的组织变革目标。这样一来，组织中的个体及群体行为与组织变革目标在步调上就能保持一致了。

"故法立而不革，则显。民变诛，计变诛止。贵齐殊使，百都之尊爵厚禄以自伐。""治法明，则官无邪；国务壹，则民应用；事本抟，则民喜农而乐战。"制度公平，执法严肃，组织成员就不会为自己的投入与产出可能不对等而心存疑虑、自耗内存了。这样的组织，内部交易成本很低，人人都能自动自发穷其心力，彼此之间形成强大的共振效应，则国富兵强、称霸天下的组织变革目标就渐行渐近了。

三、赛道选择：慎始敬终，遵从心声

俗话说"人往高处走，水往低处流"，对于从业者来说，通往自己预期中的"高处"的道路无非两条：一是以静制动，埋头当下，耐心等待机会的到来；二是主动出击，择时跳槽或自主创业。通过前面分析的商鞅的职业生涯发展轨迹可知，静等没有机会，就得主动出击了。如今职场中的打拼者大多对第一条道路不感兴趣，而更倾向于走第二条道路。那么，是不是只要敢想敢做，就一定能成功呢？

2000年秋天，笔者在读博士三年级，将论文提交给导师后，准备在住处附近找一份兼职工作并等待答辩。下面是笔者在日记中记录的当时与在校创业大学生的一次相遇。

> 我在中华英才网上闲逛时，突然发现CX公司正在招聘业务拓展部经理，虽说自己的专业与招聘的岗位风马牛不相及，但由于公司的办公地点离我住的地方很近，于是我就投了一份简历过去。很快，我就收到了CX公司的电话。董事长兼总经理及三位副总亲自接见了我，他们首先自我介绍说他们是B大学和Q大学高年级的本科生，

他们的创业得到了校方的积极肯定与支持，并向我出示了他们的学生证。显然，我们的见面更像我面试他们而不是他们面试我。接下来的整个面试过程并没有什么实质性内容，他们雇用我干什么都没有说清楚，只问了我需要多少薪水，我很诚实地告诉了他们我的期望。他们面面相觑后无奈地告诉我"欲求不得"。归途中，我一直在思考"在校大学生创业行为是否值得提倡"这个问题。至少我是部分否定的。大学时代，正如《笑傲江湖》中华山派掌门人岳不群所说的"剑宗与气宗之争"，大学生更应该像"气宗"所提倡的那样，先沉下心来多练气功，夯实基础，待机会到来时适当研习一些"剑宗"之术，这才是值得提倡的明智之举。

如今看来，这些学生连企业运营最起码的常识都不具备就贸然创业，除了能积累一些经验外，要想有很理想的收获大多只能靠运气了。那么，具备哪些条件才可自主创业呢？接下来，H 先生创业失败的教训可以告诉我们，自主创业要取得成功哪些条件是必不可少的。

H 先生于 1979 年生于一个高级知识分子家庭，1997 年考入北京一所著名大学学习计算机应用专业，2001 年大学毕业后被分配到一家通信集团公司担任项目经理助理兼技术员，参与了该公司一项新技术的开发和推广项目，协助公司资深项目经理带领 20 人的团队开展工作。由于工作表现出色，该项目完成后，H 先生被提拔为公司技术主管。

在该项目执行过程中，H 先生还协助驻地财务和法务人员开展工作，所以他对该项目的实际标的及相关各项费用等财务数据了如指掌。经他初步测算，他所在小组完成的利润是小组成员同期获得的薪水的 50 倍左右，他深深感到这样的"剥削"超过了自己所能承受的心理极限，加上 H 先生在大学期间成绩一直很优秀，参加工作近两年来较为愉快的工作经历使他对自己的技术更是信心十足。此外，他还是大学学生会干部，对自己的综合管理能力也十分自信。经过一番审慎的分析、思考与仔细测算，当时年仅 24 岁的 H 先生决定从公司离职，创办一家专门从事类似的技术服务支持业务的公司。为慎重起见，经朋友推荐，H 先生找到笔者进行心理测评，想了解自己是否适合创业，并希望笔者在团队建设等方面提供一些建议。表 2-2 是 H 先生 TOMA 的测试结果。

表 2-2　HJL-TOMA 2.0 心理测评报告

测试日期：2003-10-18　　　　编号：001

姓名：HJL	年龄：24		性别：男
最高学历：本科	专业：计算机应用		毕业时间：2001-07
工作年限：2 年	目前职位：技术主管		任现职年限：0.1 年

TOMA	人际关系	成就动机	组织融合性	人格特征	总分
得分	75	94	29	104	302

T O M A 模 块 剖 面 图	
	注：Aa 沟通能力；Ab 人际开拓；Ac 人际维护；
	Ba 进取心；Bb 坚持性；Bc 支配性；Bd 自信水平；
	Ca 领导风格（a 任务—关系、b 灵活—刻板）；Cb 认同感；
	Cc 变异性；Cd 生活态度（a 成就—享乐、b 利他—自私）；
	Da 责任心；Db 影响力；Dc 情绪稳定性；Dd 归因方式

基于测试结果，H 先生如果自主创业，在角色上需要做哪些转变呢？显然，对于 H 先生这样学技术出身的职场新人，大学毕业两年来所积累的工作经验，特别是对与专业相关的技术服务流程的认知度是他的优势。但作为一个创业者，仅有这些是远远不够的，更为重要的是要从工作内容相对单一的技术人员，向工作内容相对复杂的企业家转变。要实现这种转变，对 H 先生而言，以下要素是决定性的。

第一，要有企业家精神。具体来讲，企业家精神不仅包括强烈的进取心、相当的成就欲、责任心、行为坚持性（意志力）和较高水平的个人影响力，同时还要具有超强的人际开拓能力和一定的人际维护能力。但从上面的测试结果来看，H 先生在这些维度上的得分基本都没有超过 50% 分位，离自主创业的企业家的基本素质还有较大差距。

第二，要在用人成事上具有自己的独到之处。技术人员主要解决的是技术层面上点对点或点对线的问题；而自主创业者主要解决的是企业运作层面线和面上的问题以及动态中抓住机遇的能力。具体来讲，创业者应该具备有效传递个人观念和想法并使之形成组织行动方案的人际沟通能力，以及用人所长的支配能力，但 H 先生在这两个方面也没有明显优势。值得注意的是，在情绪控制能力及与之密切相关的归因方式上，H 先生是非常典型的外控型人格，这种归因方式虽然有利于个人自尊心的保护，但对工作绩效的改进及人际关系的调和与组织动力的提升的作用都是负面的。

除了进行 TOMA 测试，针对 H 先生的基本情况，笔者还专门设计了个性化的结构访谈问卷，并专门对他的概念性能力进行了有针对性的访谈。综合这些测评手段得到的结果，H 先生的测评报告如下：

> 虽然对新事物怀有极高的热情，对未来道路上可能遇到的困难也有一些思想准备，但要独自开创一个新的领域或重新融入一个新的组织都有相当的难度。对与自己职业相关的信息的敏感性并不高，甄别能力也不够突出，同时对某些事物的认识容易形成难以改变的思维定式。在意识上确信人际关系的重要性，但在实际工作场景中因理性有余、激情不足而缺乏应有的变通性。由于过于理性而对未来可能遇到的风险考虑过多。对物质和精神的看法虽有些超然，但很在意既有的生活质量。对决策与成败的归因过分强调客观因素。虽对他人的不同观点有相当的包容度，但个人情绪控制能力极为一般。领导力，特别是语言的感染力和实践中的冒险精神都不够强。目前还缺乏创业者所需的大部分素质。

基本建议：如果要自主创业，建议慎做"一把手"，如果团队内部没有非常合适的"一把手"人选，建议在决策能力、人际能力，特别是人际敏感性方面进行专门的训练。

虽然 H 先生对测评报告表示满意，但由于"自己开公司做类似项目可以获得个人目前团队薪酬 50 倍左右的利润"的强大诱惑力，他最终还是选择离职自主创业，担任创业公司老板。一年多过去了，公司不但颗粒无收，还赔光了父母亲辛辛苦苦积攒下来的启动资金。尝到了贸然创业的艰辛与苦果后，H 先生不得不关掉自己的初创公司，再度回到当时他心有不甘但又无可奈何的职场。

H 先生的案例是鲜活的，由此也引出了一系列问题：大学毕业后多长时间换工作最好？是打工好还是自主创业好？如果要创业，什么时候创业最合适？

　　根据智联招聘发布的《2022 春季白领跳槽指数调研报告》，超过九成的白领有跳槽意愿或行为。其中，64.1％的白领表示"已更新简历，正在找工作中"，占比高于 2021 年的 58.9％。另外，有 26.1％的白领表示"有意向跳槽"，3.6％的白领表示"已经收到录取通知，正在办理离职/入职手续"。2022 年白领跳槽指数为 3.63，在 2021 年 3.61 的基础上又有所上升，这说明相较上一年白领跳槽的意愿更强，人员流动性更大。

　　薪酬水平是受调查对象跳槽的首要原因。53.6％的白领因薪酬水平而想跳槽，该数据高于 2021 年的 50.5％。42.6％的白领因企业发展前景不明而想跳槽，该数据高于 2021 年的 37.1％。此外，有 37％、34.8％、28.7％的白领分别因为福利待遇、职位晋升受限、工作生活平衡严重失衡等因素而想跳槽。

　　四成以上的白领担心岗位会被数字化、智能化工具所取代。数字化技术推动了可视化求职的发展，同时对各行各业产生了深远的影响。总计有 41.7％的白领认为其所在岗位受到了数字化浪潮的冲击。18.8％的白领表示，所在岗位已经部分被数字化、智能化工具所取代；22.9％的白领表示"很可能被取代"。其中，超过五成的财务人员、客服人员认为所在岗位已经部分被数字化、智能化工具所取代，或者"很可能被完全取代"。这一现象的产生与数字化工具的计算能力、语音识别能力等更强有关。

　　就跳槽问题，综合如上数据及此前的调查，劳动者"频跳"冲动和用人单位"少跳"期盼之间构成了一对很难调和的矛盾。根据笔者多年的观察，根据跳槽动机的不同可将跳槽者大致分为以下四类。

　　第一类是追求当前个人价值最大化的名利兼顾者，这类人跳槽的动机是追求更高的工资或更高的职位。

　　第二类是追求未来发展者，如从一家规模较小的公司跳槽到薪水和职位不一定有所提升，但能提供更多的学习和培训机会的公司。

　　第三类是工作模式顺应者，如习惯夜间工作、白天睡觉的新闻工作者，如果有机会从朝九晚五的副刊编辑跳槽去做日报的头版编辑，那就乐得其所。

　　第四类是没有明确跳槽目标的"半梦半醒者"，如一些中心城市的大学毕业生宁愿放弃城郊企业的高薪高职位，跳槽到市中心高档写字楼的小公司里去做一份毫无价值但看起来挺光鲜的工作。

　　应该说，能相对比较自由地跳槽，甚至自主创业是当代大学生的一项不可多得的权利。但任何事物有利必有弊，享受自由权利的同时也要承担与权利对应的责任。套用马库斯·白金汉（Marcus Bukingham）和唐纳德·克利夫顿(Donald O. Clifton)合著的《现在，发现你的优势》的中文版序言中的一段话：
"市场经济是可爱的，因为它给了我们选择的自由。市场经济又是一场挑战，
因为它打破了我们的心理平衡。过去，我们被要求'干一行，爱一行'，干得痛
苦，爱得艰难。现在，我们高呼'爱一行，干一行'，兴奋之余，却忘了扪心自
问：'我到底爱哪行？'"[①]在现实中，由于各自成长环境与个性的不同，有的人
喜欢破旧立新，有的人喜欢墨守成规。但面对创业的时代洪流，喜欢墨守成规
者也往往禁不住创业的诱惑，牛刀小试，结果收效与自己的期望往往有相当的
差距。上文案例中的 H 先生就是很好的佐证。

　　总而言之，人们在跳槽时的价值取向大都是自利的，只是不同的人对自利
的评价和期待不同而已。但一个人要对一个组织的运作规律有充分的了解，没有
两三年的全身心投入是很困难的。因此笔者建议，不论是选择跳槽，还是自主创
业，在一个组织里至少静心工作 3 年，这对个人和组织而言都是双赢的选择。

　　2021 年 2 月 23 日，由《经济日报社》中国经济趋势研究院、中国社科院数
量经济与技术经济研究所共同编制的《创业企业调查(三期)报告》正式发布。该
报告沿袭了以中小微企业为主要调查对象的传统——被调查企业中，资产规模
低于 2 000 万元的企业占 88.0%，55.6% 的企业资产规模小于 300 万元；
96.8% 的被调查企业员工人数少于 100 人，73.4% 的企业员工人数不足 20 人；
82.9% 的企业销售收入低于 1 000 万元，30.5% 的企业销售收入不超过 50
万元。

　　该报告显示，创业者年龄跨度大，且男女皆有可能。在受调查的创业者
中，年龄最小的只有 20 岁，最大的 78 岁，跨度达到了 58 岁。受过高等教育
的中青年男性依然是创业的主体，但女性创业者的比例已上升到 27.1%。

　　学历方面，最高学历为本科的创业者占 52.3%，在创业者中占据绝对优
势；拥有硕士及以上学历的创业者占比达到 18.3%，比例有所上升。尤其值
得注意的是，愿意与他人合作、性格外向是创业者的两个主要个性特征，具备
这样个性特征的创业者人数分别占 64.3% 和 51.0%。

　　对于创业的原因，报告显示，把握市场机遇是创业最重要的因素。在本轮
调查中，28.1% 的企业将市场机会作为创业首选因素，其重要性综合评价也明
显高于其他因素。同时报告还揭示：拥有知识产权并非创业的关键，但相关领
域的工作经验对于创业来说具有重要作用。

---

　　①　马库斯·白金汉、唐纳德·克利夫顿：《现在，发现你的优势》，方晓光译，10 页，
北京，中国青年出版社，2002。

那么，如果个人具备自主创业的素质，什么时候开始创业比较合适呢？如前面对 H 先生的分析那样：要自主创业，首先要有一个非常好的商业点子。例如，比尔·盖茨和戴尔在大学期间就悟到了这样的机遇，而更多的人可能一生也没有如此的幸运降临。其次要具备能识别并抓住机会、承担相应风险的企业家精神。案例中的 H 先生显然在这方面的自我认知与实际情况相去甚远，这在某种程度上是由于其"涉世不深"。最后要具备较强的用人成事的能力。这里所指的创业是指创办具有一定雇佣人数的现代意义上的营利性组织，单兵作战的个体户不在此列。而用人成事的能力的艺术性往往强于科学性，除了依靠理论知识的学习，更多的要靠创业者在实际生活中的历练。这种成长历练，尽管个体间会有些差异，但对绝大多数人来说都需要多年的打磨方能做到人情练达。综合上述各种因素，笔者认为，工作 8~10 年后再谨慎决定是否创业对大众而言更具有指导意义和普遍性。

著名人类学家阿什利·蒙塔古（Ashley Montagu）在总结人类本性的要旨时说："毋庸置疑，我们生来就具有基因所赋予的做出各种行为的潜能，但这些潜能变成实际能力的方式则要取决于我们所接受的训练，即取决于学习。"基于此，关于选择跳槽还是创业的问题，时至今日也没有定论，在可预见的将来也不会有什么定论。但不论是跳槽还是创业，我们都需要谨慎决策，因为每一次跳槽或自主创业，都可能使我们人生的机会成本变化一个几何级数。

第三章　优势促进夯实队伍建设

据《史记·李斯列传》记载，秦王嬴政十年（前 237），"会韩人郑国来间秦，以作注溉渠，已而觉。秦宗室大臣皆言秦王曰：'诸侯人来事秦者，大抵为其主游间于秦耳。请一切逐客'"。当时身为秦王客卿的李斯也在被驱逐之列，他在途中向秦王嬴政上了《谏逐客书》，通过对秦国历史上秦穆公、秦孝公、秦惠王和秦昭王四位关键人物因重用客卿而使秦国由小变大、由弱变强的历史的回顾，得出了"逐客以资敌国，损民以益仇，内自虚而外树怨于诸侯，求国无危，不可得也"的结论。秦王嬴政读了李斯的奏章，"乃除逐客之令，复李斯官，卒用其计谋"。

人才数量多、人才质量高、人才贡献大则国家强大，这是李斯《谏逐客书》的核心要义。队伍建设作为组织图强谋盛的组织模式，服务并服从于组织战略的执行和组织核心竞争力的提升。本章聚焦领导力优势促进夯实队伍建设的交互性，第一节以秦穆公强秦的几个关键事件为基点，论述了开放坦诚与智聚英杰之间的关系，进而旁证《谏逐客书》中所说的"地广者粟多，国大者人众，兵强则士勇。是以太山不让土壤，故能成其大；河海不择细流，故能就其深；王者不却众庶，故能明其德"。第二节基于《西游记》的相关情节，论证了团队组建与团队熔炼的核心要义，进而提炼出关键岗位人才选拔和调配中的三维胜任和二维协同模型。在此基础上，第三节从个人之绩与组织之效关系的价值评判切入，综合采用相关史料，从关键人物交互关系的角度，对诸葛亮身亡蜀溃的历史悲剧进行了深入分析，并提出了"葛病"的具体表征与防治之策。

第一节　开放坦诚，秦穆公智聚英杰

领导学是研究组织如何获取相对竞争优势，并使之成功转化为组织核心竞争力，从而有效增加组织的相对价值存量的知识、技能等积极因素总和的学科体系。根据这一定义，领导者的工作目标就是"有效增加组织的相对价值存量"，即帮助不够成功的组织走向成功，帮助成功的组织走向卓越。要实现这一目标，领导者必须帮助组织建立发展所需的相对竞争优势，并使之成功转化为组织的核心竞争力。

组织之间的竞争首先表现为人才的竞争，组织相对竞争优势的重要表征就是组织能吸引多少高素质的人才加盟，这取决于组织领导者识人的智慧和用人的心胸。然而人才的加盟并不等于人才效用的发挥，要使组织既有的人才优势成功转化为组织的核心竞争力，领导者的育人才能尤其关键。所以，领导者的成功，是其识人智慧、用人心胸和育人才能的成功。

在这三者中，识人智慧和育人才能都受限于用人心胸，因为领导者用人心胸的大小决定了其识人智慧和育人才能的高低，进而决定了人才效用发挥平台的实力高低。当然，如果领导者只有用人心胸而没有识人智慧和育人才能，就会给钻营者留下机会，必为小人所害；而如果领导者只有识人智慧而没有育人才能，那就只是纸上谈兵而已。《三国志·吴书·钟离牧传》中说："非成业难，得贤难；非得贤难，用之难；非用之难，任之难。"[①]也就是说，要成就一番事业并不难，难就难在找人才；找人才也不难，难就难在有没有用人的心胸；有用人心胸也不难，难就难在领导者能否根据人才能力为其配置合适岗位，使其才能助力组织核心竞争力的提升。所以，识人智慧、用人心胸和育人才能，对于成功的组织领导者来说都是不可或缺的，而历史上的秦穆公就是这样的成功领导者的典范。

秦穆公是秦国第九位国君（前 659—前 621 年在位）。他在位期间审时度势，在内政方面善于任用人才，加强国内的发展；在外交方面采取以和为主的方针，与晋国保持相对友好，同时向西发展，征服西戎十二国，使秦国疆域增加了周边千里的土地，称霸西戎，并被周襄王赐予金鼓。本节从秦穆公见贤则

---

① （晋）陈寿：《三国志》，（宋）裴松之注，824 页，北京，中华书局，2006。

敬智引由余、诚心感动蹇叔百里奚、善待孟明诸将等方面简要论析他识人智慧、用人心胸和育人才能的完美统一。

一、见贤则敬：智引由余拓地益国

地处秦国西边的戎国听说秦国治理得不错，于是戎王便派遣由余出使秦国，秦穆公见戎国人来参观学习，高兴得不得了，于是大肆向来宾炫耀他的个人资产，希望得到由余的赞美和仰慕。但由余看后却哀叹道："使鬼为之，则劳神矣。使人为之，亦苦民矣。"穆公听后虽然感到很没面子，但细细品味由余的话，又觉得意味深长，于是便问由余："中国以诗书礼乐法度为政，然尚时乱，今戎夷无此，何以为治，不亦难乎？"用今天的话来说，就是中原发达国家民智已开，通过物质文明和精神文明的相互协同来治理国家，像秦国这样偏僻落后的国家，就只能用物质刺激了，你们比我们还落后，不凭这些，那靠什么呢？由余笑着说："此乃中国所以乱也。夫自上圣黄帝作为礼乐法度，身以先之，仅以小治。及其后世，日以骄淫。阻法度之威，以责督于下，下罢极则以仁义怨望于上，上下交争怨而相篡弑，至于灭宗，皆以此类也。夫戎夷不然。上含淳德以遇其下，下怀忠信以事其上，一国之政犹一身之治，不知所以治，此真圣人之治也。"穆公听完，非常震惊，他没有想到落后的西戎竟然如此君明臣和，于是秦穆公暗下决心，要离间戎王和由余，"引进"由余的计划就这样被提上了议事日程。

退朝之后，穆公问内史王廖："孤闻邻国有圣人，敌国之忧也。今由余贤，寡人之害，将奈之何？"王廖道："戎王处辟匿，未闻中国之声。君试遗其女乐，以夺其志；为由余请，以疏其间；留而莫遣，以失其期。戎王怪之，必疑由余。君臣有间，乃可虏也。且戎王好乐，必怠于政。"于是秦穆公依照王廖的建议，亲自出迎，殷勤而友好地款待由余。由余也从心底里感受到穆公礼贤下士的热情，两人逐渐成了朋友。后来，由余离开戎王，投奔了秦国。秦穆公以宾客之礼相待，对由余非常尊敬，并在他的帮助下击败了西戎十二国，增加了十二个属国，开辟了千里疆土，完成了称霸西戎地区的夙愿。

一次偶然的谈话，秦穆公便能见微知著，认识并发现由余这位人才，"非由某人不请"的求贤之心助力了秦国的称霸。秦穆公之所以能够建立霸权，主要是因为他发现并成功任用了百里奚、蹇叔、由余等人。由此看来，组织的成功，其实就是领导人识人、用人的成功。关于这一点，唐太宗李世民也深有体会，他在《荐举贤能诏》中写道："朕遐想千载，旁览九流，详求布政之方，莫若荐贤之典。是以元凯就列，仄微可以立帝功；管隰为臣，中人可以成霸业。"他认为，治理好国家最好的方法就是人才选拔标准的确立。人才选拔的标准一旦确立，八元和八恺虽然出身卑微，也有机会辅佐君王成就帝业；有了这样的标准，就能找到像管仲和隰朋这样的人来做大臣，那么即便君主资质平平也能成就一番霸业。

二、诚心感人：百里蹇叔携手就列

百里奚曾外出游学求官，被困齐国，向人讨饭吃，蹇叔收留了他。为报救命之恩，百里奚想在齐国做官，但蹇叔阻止了他，使他得以免遭此后齐国政变中被满门抄斩的灾难。在齐国没有机会，百里奚就到周国做了一名养牛官。凭借自己的善思乐行，他很快脱颖而出，成为养牛专家，颇受爱牛如命的周天子青睐，于是周天子准备提拔并重用他。蹇叔听说后又赶忙前往劝阻百里奚，于是百里奚离开了周朝，又躲过了一场与周王子颓一起被杀的灾难。在齐国、周国都没找到好前程，两鬓斑白的百里奚来到虞国求职，蹇叔再度劝阻，他认为虞君志小贪财，不是一个明主，跟着他做事必有灾祸。但百里奚坦陈自己向往利禄和爵位，人生时日不多，已经顾不得这么多了。于是这次他拒绝了蹇叔的忠告，留在虞君身边做了一个不受重用的大夫。果不其然，虞君贪图晋献公的白玉和良马，借道给晋国伐虢，晋国灭虢国后顺便也灭了虞国。百里奚被俘，成为秦穆公夫人的陪嫁奴隶被贩运到了秦国。

此时有人向秦穆公报告说百里奚乃治国的人才，可惜百里奚到了秦国后又偷偷逃跑去了楚国。秦穆公听到"人才"二字眼前一亮，当即决定通过外交手段用重金将百里奚赎回，但转念一想，主动出高价必定引起楚国怀疑"缪公闻百里奚贤，欲重赎之，恐楚人不与"，于是就派人对楚王说，"吾媵臣百里奚在焉，请以五羖羊皮赎之"。楚王不知其中的隐情，收下了五张羊皮后就交出了百里奚。此时的百里奚，已是年过七十的老头，看上去一点儿都不起眼。

明朝名臣张居正谈到君主在人才选拔与任用时，曾在《陈六事疏·核名实》中批判了依据外表、身份、地位来识人、用人，错失人才的现象："椎鲁少文者，以无用见訧；而大言无当者，以虚声窃誉。倜傥伉直者，以忤时难舍；而脂韦逢迎者，以巧宦易容。其才虽可用也，或以卑微而轻忽之；其才本无取也，或以名高而尊礼之；或因一事之善，而终身借之以为资；或以一动之差，而众口訾之以为病。"①很明显，此时的百里奚，不仅"椎鲁少文"，而且"偶傥优直"，更无"一事之善"，在常人眼中，这是什么人才？秦穆公却不这么认为，他不仅亲自为百里奚解除奴隶特有的禁锢，还向他讨教如何治理一个国家。

百里奚初见秦穆公，自卑且腼腆。当秦穆公向他讨教时，他推辞说："臣亡国之臣，何足问！"庆幸的是，秦穆公绝非"卑微而轻忽可用之才，名高而尊礼本无取之才"的庸庸君主。他对百里奚说："虞君不用子，故亡，非子罪也。"秦穆公如此礼贤下士，百里奚感激涕零，于是知无不言，言无不尽，足足谈了三天。秦穆公非常高兴，心想此君正是我要寻找的人才，于是决定把国家政事交给他，但百里奚却谦让说："臣不及臣友蹇叔，蹇叔贤而世莫知。"听百里奚这么一说，秦穆公又来了兴趣，当即派人带着厚重的礼物去迎请蹇叔，让他当了上大夫。

《荀子·王霸篇》中有这么一段话："彼持国者必不可以独也，然则强固荣辱在于取相矣。身能相能，如是者王；身不能，知恐惧而求能者，如是者强；身不能，不知恐惧而求能者，安唯便僻左右亲比己者之用，如是者危削。"②由此可见，君主不可"独以为能"，国家的强固荣辱，在于他能否用人。若国君贤能，而辅相又有才，则可以王天下。若国君没有大智，但有忧患意识而访求能者治国，则可以列入强国之林。如果国君自己没有什么大智，又不知忧患并访求贤能，只是任用左右亲信，那么国家就危险了。

秦穆公能成为春秋五霸之一，绝非偶然。作为一国之君，他不仅不"独以为能"，还能礼贤下士，不问贵贱、唯才是举，让一个本已成为奴隶的百里奚重获新生，还因此感动了智慧的蹇叔，从而使两位英才坚定加盟，秦国称霸因此有了坚实的智囊基础。

三、知错即改：孟明诸将誓死效命

公元前 627 年春天，在郑国边境协防的一小股秦军看到郑国转向晋国亲善后顿感大事不妙，于是就向秦政府密报他们手里有郑国城门的钥匙，如果突袭的话，就可以把郑国吞并。秦穆公不听蹇叔、百里奚的劝告，决定兴师讨伐千里之外的郑国。遇阻后秦军就势灭掉了晋国附属国滑邑，不想此举惹怒了晋国，秦军在班师回国的路上遭到了晋军在殽山的设伏而全军覆没。百里奚的儿

---

①　朱东润：《张居正大传》，86～87 页，西安，陕西师范大学出版社，2009。
②　王先谦：《新编诸子集成·荀子集解》（上），247，北京，中华书局，1988。

子百里孟明、蹇叔的儿子西乞术和白乙丙三位主帅皆被生擒，幸得有人说情才得以归秦。

按照春秋时期君主们一贯的认知和行为模式，三位主将被俘后又被释放回国，肯定必死无疑。但秦穆公并不这样，他亲自穿着白色丧服到郊外去迎接他们，并向三人哭道："孤以不用百里奚、蹇叔言以辱三子，三子何罪乎？子其悉心雪耻，毋怠。"他不仅恢复了三人的官职俸禄，还更加厚待他们。

三人不仅没被砍头，还官复原职，涨了工资，这样的老板可以说无可指摘了，于是就有了三年后针对晋军的殽山复仇之战。此战胜利后，秦穆公专门为此前在殽山战役中牺牲的将士们筑坟，给他们发丧，痛哭三天，并向秦军发誓说："嗟士卒！听无哗，余誓告汝。古之人谋黄发番番，则无所过。"穆公反复思考自己不采纳蹇叔、百里奚的计谋而造成的惨败，因此发出这样的誓言，让后代记住自己的过失。君子们听说这件事，都为之落泪道："嗟乎！秦缪公之与人周也，卒得孟明之庆。"

对于殽山之战的惨败，秦穆公不但没有怪罪百里孟明等主将，而且反求诸己，坦陈是自己不听百里奚等人的忠告而惨遭失败。君王姿态如此，百里奚等人怨气自消，百里孟明等人也自然心甘情愿誓死效忠。

第二节　队伍建设，三维胜任构序美

《西游记》取材于唐朝贞观年间玄奘西行学习佛法的历史事件。玄奘经西域到达印度，往返十七载，带回佛经657部。途中经历的种种艰难困苦和奇幻遭遇，加上后人的想象和发挥，经过虚构、夸张和神化，于是便有了我们所看到的《西游记》：唐僧师徒四人前往西天取经，途中要么是唐僧的信息甄别能力出了问题招致灾难，要么是徒弟（多为八戒）性格缺陷惹出麻烦，或是众仙有意考验和刻意"责难"，如此等等，历经九九八十一难，终于取回真经，修成正果。

就文辞和内涵而论，《西游记》远不及《红楼梦》；论人物的丰富和灵性，《西游记》与《水浒传》和《三国演义》相比也有差距。那么，《西游记》为何能跻身中国古典四大名著之列？笔者认为，《西游记》作为中国古代第一部浪漫主义章回体长篇神魔小说，其制胜之道在于将人生百态和各种社会现象用故事化笔法尽数呈现，语言深入浅出，娓娓道来，其中有关队伍建设与管理方面的智慧，即使在今天，依然极具现实指导意义。

一、队伍组建：任务导向，各展所长

任务导向建团队，这在《西游记》中有非常明确的表述。《西游记》①第八回中写道：

> 如来讲罢，对众言曰："我观四大部洲，众生善恶，各方不一：东胜神洲者，敬天礼地，心爽气平；北俱芦洲者，虽好杀生，只因糊口，性拙情疏，无多作践；我西牛贺洲者，不贪不杀，养气潜灵，虽无上真，人人固寿；但那南赡部洲者，贪淫乐祸，多杀多争，正所谓口舌凶场，是非恶海。我今有三藏真经，可以劝人为善。"诸菩萨闻言，合掌皈依。向佛前问曰："如来有那三藏真经？"如来曰："我有《法》一藏，谈天；《论》一藏，说地；《经》一藏，度鬼。三藏共计三十五部，该一万五千一百四十四卷，乃是修真之经，正善之门。我待要送上东土，叵耐那方众生愚蠢，毁谤真言，不识我法门之旨要，怠慢了瑜迦之正宗。怎么得一个有法力的，去东土寻一个善信，教他苦历千山，询经万水，到我处求取真经，永传东土，劝化众生，却乃是个山大的福缘，海深的善庆。谁肯去走一遭来？"当有观音菩萨，行近莲台，礼佛三匝，道："弟子不才，愿上东土寻一个取经人来也。"

由此看来，西游团队的任务，就是在东土大唐组建一个图书进口和文化传播的创业团队，到西天取回三藏真经并"永传东土，劝化众生"。

任务明确了，接下来就是"神通广大"的观音领了佛旨，带上"锦襕异宝袈裟一件、九环锡杖一根"和三个箍儿，由木叉惠岸行者护送，一路"踏看路道""谨记程途远近之数"，向东土大唐而来寻找取经人。

观音对西游团队领导者玄奘的访察，不仅是全面的，而且非常专业。第十二回中写道：

> 却说南海普陀山观世音菩萨，自领了如来佛旨，在长安城访察取经的善人，日久未逢真实有德行者。忽闻太宗宣扬善果，选举高僧，开建大会，又见得法师坛主，乃是江流儿和尚，正是极乐中降来的佛子，又是他原引送投胎的长老……

---

① （明）吴承恩：《西游记》，北京，生活·读书·新知三联书店，2022。下同。

玄奘是金蝉子转世，其父陈光蕊是"唐王御笔亲赐的状元"，母亲是当朝丞相殷开山的女儿殷温娇。玄奘虽出身显赫，但身世坎坷，出生一月后被弃，由金山寺长老法明和尚"托人抚养"到十八岁，"取法名玄奘，摩顶受戒，坚心修道"。在金山寺修行近二十年，玄奘的佛心和佛性究竟怎样呢？观音菩萨临行前，如来所赐的锦斓袈裟此时就派上了用场。观音与木叉化身后在大街上高声叫卖锦斓袈裟和九环锡杖时说道：

> 着了我袈裟，不入沉沦，不堕地狱，不遭恶毒之难，不遇虎狼之穴，便是好处；若贪淫乐祸的愚僧，不斋不戒的和尚，毁经谤佛的凡夫，难见我袈裟之面，这便是不好处。

> 不遵佛法，不敬三宝，强买袈裟、锡杖，定要卖他七千两，这便是要钱；若敬重三宝，见善随喜，皈依我佛，承受得起，我将袈裟、锡杖，情愿送他，与我结个善缘，这便是不要钱。

经"专业设备"测试，玄奘符合取经人要求，于是观音将锦斓袈裟和九环锡杖送予玄奘并拒收唐太宗七千银两。

背景资料调查、佛心和佛性的专业测试都已通过，但西进之旅毕竟是"苦历千山，询经万水"的凶险之旅，玄奘是否具备不畏艰难的恒心和毅力，是否能满足观音依照如来"善信"的原则性标准自行开发的"有真实德行"及其对应的操作性定义？于是他们决定亲临现场，综合采用观察法、结构化面试与情境测试等方法进行测评。《西游记》第十二回中这样描述道：

> 当有菩萨与木叉道："今日是水陆正会……我和你杂在众人丛中，一则看他那会何如，二则看金蝉子可有福穿我的宝贝，三则也听他讲的是那一门经法。"两人随投寺里。正是有缘得遇旧相识，般若还归本道场。入到寺里观看，真个是……那一派仙音响亮，佛号喧哗。这菩萨直至多宝台边，果然是明智金蝉之相……那法师在台上，念一会《受生度亡经》，谈一会《安邦天宝篆》，又宣一会《劝修功卷》。这菩萨近前来，拍着宝台，厉声高叫道："那和尚，你只会谈'小乘教法'，可会谈'大乘教法'么？"玄奘闻言，心中大喜，翻身跳下台来，对菩萨起手道："老师父，弟子失瞻，多罪。见前的盖众僧人，都讲的是'小乘教法'，却不知'大乘教法'如何？"

观音等人通过观察发现玄奘"果然是明智金蝉之相"，一番"只会……可会……"的询问，"玄奘闻言……翻身跳下台来"的动作描述，深入解读了玄奘既有的知识结构，并以反射的身体语言彰显了他的学习进取精神。观音由此断定，玄奘是满足他所设定的"有相当专业基础"和"有足够的进取心"等操作性指标的"取经善人"。

玄奘出发了。在大唐境内，因有太宗皇帝亲笔签署的通关文牒，数日后便到了巩州城，又三日来到了大唐边界河州卫。一路都有地方官员和僧道迎来送往，通行无阻，又有两个随从使者和太宗赠送的良马作为脚力，玄奘一行三人一路上说说笑笑，转眼间到了双叉岭，在此他们遭遇了初出长安的第一难：两个随从被老虎精吃掉了，玄奘本人幸得太白金星暗中相救。可不到半日：

> 正在危急之际，只见前面有两只猛虎咆哮，后边有几条长蛇盘绕，左有毒虫，右有怪兽。三藏孤身无策，只得放下身心，听天所命。又无奈那马腰软蹄弯，便屎俱下，伏倒在地，打又打不起，牵又牵不动。苦得个法师衬身无地，真个有万分凄楚，已自分必死，莫可奈何。（第十三回）

千钧一发之际，镇山太保刘伯钦出手相救，使玄奘又一次幸免于难。不仅如此，刘伯钦还送了玄奘一程。

> 行经半日，只见对面处，有一座大山，真个是高接青霄，崔巍险峻……正走到半山之中，伯钦回身，立于路下道："长老，你自前进，我却告回。"三藏闻言，滚鞍下马道："千万敢劳太保再送一程。"伯钦道："长老不知，此山唤作两界山，东半边属我大唐所管，西半边乃是鞑靼的地界。那厢狼虎，不伏我降，我却也不能过界，故此告回，你自去罢。"三藏心惊，抢开手，牵衣执袂，滴泪难分。（第十三回）

从三藏"滚鞍下马""牵衣执袂，滴泪难分"可见，如果没有一个能降妖伏魔的高级保镖随行，他的西进之旅将寸步难行。

那么，什么样的人最适合做高级随行保镖呢？鉴于保镖是用自己的特种能力和素质以及生命来换取他人的人身和财产安全的职业。所以保镖不仅要有过硬的身体素质、临危不惧的超人气概、灵敏的警觉反应、老练的经验判断、精熟的格斗技能，还要消息灵、朋友多、门路广，个人人脉和资源要有助于团队任务执行中的攻坚克难，还不能有家庭的拖累。而这些，悟空都满足，《西游记》第一回到第七回中对悟空这个高级随行保镖的素质和禀赋进行了较为详细的介绍。

悟空诞生于"东胜神洲傲来国花果山上一仙石",无父无母,无妻无小,没有任何家庭牵绊;在"灵台方寸山、斜月三星洞"跟随菩提祖师学艺多年,学得长生之道、七十二般变化及"筋斗云";向龙王讨得重一万三千五百斤的如意金箍棒,兵器重量几近天下无双;吃尽王母园中的蟠桃、赴瑶池喝光了仙酒、吃尽太上老君葫芦内的金丹,在太上老君的炼丹炉中待了四十九天,练就了金刚之身和火眼金睛;曾做过"弼马温",类似当今各级政府部门的机关事务局局长,关系圈不仅包括众多领导人,还有他们的秘书、司机等,由此看来,作为护送唐僧西天取经的高级随行保镖,悟空是不二人选。

悟空的加入,使唐僧的安全有了保障,但新的烦恼也随之而来。唐僧在金山寺长大,谨言慎行、中规中矩;而悟空一直在旷野荒郊纵性随意、无拘无束,"一生受不得人气"。师徒二人对事物的认知和与人沟通的话语体系既不同轨也不同频。不出两日,悟空就因对前来打劫的强盗出手过重而遭到唐僧"若是还像当时行凶,一味伤生,去不得西天,做不得和尚!忒恶!忒恶"的责骂,师徒二人第一次分道扬镳。

赶走了悟空的唐僧"收拾行李,捎在马上,也不骑马,一只手拄着锡杖,一只手揪着缰绳,凄凄凉凉,往西前进"。此时观音及时出现,向唐僧口传专治悟空野性的"紧箍咒";龙王也用圯桥三进履的故事智引悟空,师徒二人又走到了一起。

观音和龙王都不是西游团队成员。按照"团队内部矛盾自主解决"的基本原则,西游团队中迫切需要招募一名能有效调和唐僧与悟空之间关系的新人。这个新人既不能像唐僧那样中规中矩、谨言慎行,也不能像悟空那样纵性随意、自由散漫;既要熟悉高管(唐僧)的话语体系,又要能与自恃才高的骨干员工(悟空)无缝沟通,还要能适时调节团队氛围,使团队成员能感受到一起工作的快乐,进而忘记长途跋涉的疲劳和枯燥。于是,作为团队融合剂和沟通桥梁的猪八戒加入了西游团队。

师徒三人中,唐僧负责团队的行进方向,孙悟空负责安全事务,两人的素质和禀赋与工作职责履行的需求相匹配。但猪八戒"自小生来心性拙,贪闲爱懒无休歇。不曾养性与修真,混沌迷心熬日月",其素质和禀赋并不适合做兼职挑夫。

西游团队的挑夫,一挑就是十几年,所以必须找到一个重复做某件事还能保持快乐的人。天蓬元帅出身的猪八戒,论挑夫所需的力气自然没有问题,但他缺乏定力，不可能长时间做好需要不断重复的工作。所以西游团队还迫切需要招募一个品性与长途挑担工作非常契合的团队成员。于是，出身灵霄殿下侍銮舆的卷帘大将沙和尚加入了团队。

团队任务之所以需要两个以上的个体来协作完成，是因为其逻辑假设就是单个个体的个人能力、素质和思维模式不能满足特定任务动态、多元及彼此之间交互作用的要求。因而从任务完成角度来看，团队建设与管理就是根据特定工作任务需要，将背景多元、思维各异、能力多样的不同个体组合起来，并使他们彼此之间能产生最大程度的协同和增益，确保工作任务能又好又快地达成既定目标的多元社会主体交互过程。所以团队形成至少要同时满足两个条件：一是团队成员的背景、思维和能力等组合能满足团队演进过程中的各种任务需求；二是团队成员能知己之短，识人所长，彼此之间相互信任、尊重和欣赏。

《西游记》写到第二十二回，团队领导者唐僧、高级随行保镖孙悟空、团队融合剂猪八戒、勤杂人员沙和尚全部到位，他们在团队中的角色定位既能各展所长，也与极端艰苦之旅背景下的任务需求较为相契，团队的组建宣告完成。接下来进入团队熔炼的阶段。

二、团队熔炼：相互欣赏，长人所长

关于西游团队的组建，观音与惠岸在前往东土的路途中已经提前储备了相关人选，并明确了他们进入团队的先后顺序。唐僧西进途中分别在第十四回收下了"五百年前大闹天宫的齐天大圣"孙悟空、在第十九回收下了"本是天河里天蓬元帅"的猪八戒、在第二十二回收下了"灵霄殿下侍銮舆的卷帘大将"沙和尚，因而西游团队的组建是在观音的全程指导或亲自操作下完成的。但西游团队作为一个工作团队，它的熔炼是外部诱惑和各种生死考验对内部成员意志、信念的测试和检验不断反复与迭代的过程，其中针对团队领导者唐僧的诱惑和考验频次更多、程度更深。

工作团队作为一群素质与禀赋相互补充，通过共同努力能够产生积极协同效应的人员共同体，其增益效应的发挥有赖于团队成员彼此间长人所长的价值认同和肯定。在第二十七回中，白骨精一化"月貌花容"的女儿，二化"年近八旬的老妇人"，三化"手掐着数珠念经的公公"，均被悟空识破，唐僧不明就里，再加上八戒在旁不断挑唆，师徒矛盾激化，唐僧决定驱逐悟空。

　　唐僧闻说，倒也信了，怎禁那八戒旁边唆嘴道："师父，他的手重棍凶，把人打死，只怕你念那话儿，故意变化这个模样，掩你的眼目哩！"唐僧果然耳软，又信了他，随复念起。行者禁不得疼痛，跪于路旁，只叫："莫念！莫念！有话快说了罢！"唐僧道："猴头！还有甚说话！出家人行善，如春园之草，不见其长，日有所增；行恶之人，如磨刀之石，不见其损，日有所亏。你在这荒郊野外，一连打死三人……你回去罢！"行者道："师父错怪了我也。这厮分明是个妖魔，他实有心害你。我倒打死他，替你除了害，你却不认得，反信了那呆子谗言冷语，屡次逐我。常言道，'事不过三。'我若不去，真是个下流无耻之徒。我去！我去！去便罢了，只是你手下无人。"唐僧发怒道："这泼猴越发无礼！看起来只你是人，那悟能、悟净就不是人？"

　　悟空的"手下无人"与唐僧的"悟能、悟净就不是人"之间否定与反问的对白，揭示了刚刚组建起来的西游团队成员对彼此之间的价值还缺乏足够的认识。就这样，悟空在收到唐僧"再不要你做徒弟"的书面承诺后回了花果山。

　　悟空一走，猪八戒、沙僧就得代为负责团队的安全事务。但不论出身背景，还是能力素质，他们都与该岗位的胜任需求相去甚远，两人联手也斗不过黄袍怪，当然也救不了宝象国的三公主。关键时刻，小白龙力劝八戒前往花果山请悟空回来，事情才有了转机（见《西游记》第三十、第三十一回）。

　　行者道："既无贬书，又不曾赶你，你来我这里怎的？"八戒道："师父想你，着我来请你的。"行者道："他也不请我，他也不想我。他那日对天发誓，亲笔写了贬书，怎么又肯想我，又肯着你远来请？我断然也是不好去的。"八戒就地扯个谎，忙道："委是想你！委是想你……师父在马上正行，叫声'徒弟'，我不曾听见，沙僧又推耳聋。师父就想起你来，说我们不济，说你还是个聪明伶俐之人，常时声叫声应，问一答十。因这般想你，专专教我来请你的，万望你去走走……"

　　……

　　八戒又道："哥哥，不看师父啊，请看海上菩萨之面，饶了我罢！"

　　行者见说起菩萨，却有三分儿转意，道："兄弟，既这等说，我且不打你，你却老实说，不要瞒我。那唐僧在那里有难，你却来此哄我？"八戒道："哥哥，没甚难处，实是想你。"行者骂道："这个好打的夯货！你怎么还要者嚣？我老孙身回水帘洞，心逐取经僧。那师父步步有难，处处该灾，你趁早儿告诉我，免打。"八戒闻得此言，叩头上告道："哥啊，分明要瞒着你请你去的，不期你这等样灵。饶我打，放我起来说罢。"行者道："也罢，起来说。"众猴撒开手，那呆子跳得起来……说道'师兄是个有仁有义的君子，君子不念旧恶，一定肯来救师父一难。'万望哥哥念'一日为师，终身为父'之情，千万救他一救！"

行者道："你这个呆子！我临别之时，曾叮咛又叮咛，说道'若有妖魔捉住师父，你就说老孙是他大徒弟。'怎么却不说我？"八戒又思量道："请将不如激将，等我激他一激。"道："哥啊，不说你还好哩，只为说你，他一发无状！"行者道："怎么说？"八戒道："我说'妖精，你不要无礼，莫害我师父！我还有个大师兄，叫作孙行者。他神通广大，善能降妖。他来时教你死无葬身之地！'那怪闻言，越加忿怒，骂道：'是个甚么孙行者，我可怕他？他若来，我剥了他皮，抽了他筋，啃了他骨，吃了他心！饶他猴子瘦，我也把他剁鲊着油烹。'"行者闻言，就气得抓耳挠腮，暴躁乱跳道："是那个敢这等骂我！"八戒道："哥哥息怒，是那黄袍怪这等骂来，我故学与你听也。"行者道："贤弟，你起来。不是我去不成，既是妖精敢骂我，我就不能不降他，我和你去……把他拿住，碎尸万段，以报骂我之仇！报毕，我即回来。"八戒道："哥哥，正是，你只去拿了妖精……"

以上这几段文字，足见八戒的幽默、机智和沟通能力。为了团队的融合，刚开始他试图以情动人，见效果不佳，迅速改用激将法，充分体现了其优秀的团队融合能力，也充分彰显了八戒在西游团队中不可或缺的角色定位和价值贡献。

就这样，八戒动之以情、晓之以理，连哄带骗把悟空从花果山请了回来，才将黄袍怪奎木狼降服。

经过这次重大事件，师徒四人才看到了彼此的价值所在，相互之间信任、尊重和欣赏的关系开始建立起来，团队熔炼终于迈出了第一步，但长人所长的团队熔炼还在继续。

在第五十六回"神狂诛草寇 道昧放心猿"中，唐僧被一伙强盗吊在树上，悟空救下唐僧，打死两名强盗，当晚投宿于一老者家中，老者之子与强盗发现悟空，便欲谋财报仇。老者报信，师徒走脱，强盗追来，被悟空打死打伤，老者之子亦被割下头。唐僧大惊，念起"紧箍咒"，随后又一次赶走了悟空。

（悟空）遂按下云头，径至三藏马前侍立道："师父，恕弟子这遭！

向后再不敢行凶，一一受师父教诲。千万还得我保你西天去也。"唐僧见了，更不答应，兜住马，即念"紧箍咒"……行者只叫："莫念！莫念！我是有处过日子的，只怕你无我去不得西天。"三藏发怒道："你这猢狲杀生害命，连累了我多少，如今实不要你了！我去得去不得，不干你事！快走，快走！迟了些儿，我又念真言。这番决不住口……"大圣疼痛难忍，见师父更不回心，没奈何，只得又驾筋斗云，起在空中。忽然省悟道："这和尚负了我心，我且向普陀崖告诉观音菩萨去来。"

真悟空一走，假悟空就出现了。他打倒唐僧，抢去包袱……真悟空与假悟空在空中恶战，从唐僧到上界众仙都难辨真假。最后如来出山，认出假悟空是六耳猕猴并令其现了原形。悟空又被观音送回唐僧处，唐僧师徒拜谢菩萨，依旧合意合心，洗冤解怒，正是"中道分离乱五行，降妖聚会合元明。神归心舍禅方定，六识祛降丹自成"（第五十八回）。从此以后，唐僧再也没有念过"紧箍咒"，悟空将团队所遇到的苦难一一化险为夷，一个各展所长进而长人所长的高效能团队就这样熔炼成功了。

三、西游功成：三维胜任，构序两美

西游团队的领导者唐僧人妖不分，屡次将团队置于危亡之地；高级随行保镖孙悟空工作方法简单粗暴，多次惹唐僧不高兴；猪八戒意志不坚定、满身毛病，屡屡惹是生非，阻碍团队前行；沙和尚则完全是平常人一个，能力无甚突出。但就是这四个皆不完美的人组合在一起，融合成了一个完美团队，在功能上完美匹配了西游团队任务演进的动态所需，其中蕴含的关键岗位人才选拔与调配的三维胜任和二维协同模型对相关实践很有指导意义。

西游团队是一个典型的任务驱动型工作团队，师徒四人分属不同的团队角色。他们各自的出身背景、创立或加入团队前的人生经历，以及个人独有的个性特征、能力、素质及思维模式，都与各自的团队角色对应的岗位职责履行极为匹配，这不仅决定了他们对团队任务的顺利完成不可或缺，也决定了他们彼此之间的不可替代性。这正符合三维胜任中的岗位胜任的特征，即个体顺利履行岗位职责所需的个体能力、素质和思维模式的综合表征。

孙悟空、猪八戒、沙和尚各有各的本事和特长，但缺少驾驭团队的目标感和方向性，而唐僧正有此长且拥有天赐的领导权威，这从结构和时序上确立了他们彼此之间协同增益的可能性。历经黄袍怪一难的熔炼，曾经"有门有派"的猪八戒、沙和尚对孙悟空的降妖伏魔能力有了真正的信任，继而演进为尊重和欣赏。

此后西游团队历经数难，但每一次唐僧、猪八戒、沙和尚三人都泰然镇定，因为他们相信悟空一定会来且一定能救他们，所以师徒四人中任何一个人功用的发挥对团队内部其他成员职责的履行以及团队目标的完成都有积极的促进作用。这正符合三维胜任中的团队胜任的特征，即团队内部某一成员在圆满履行其岗位职责的同时，能对团队内部其他成员工作绩效和整个团队绩效的提升起到应有的协同增益作用。

唐僧师徒四人的人生目标是什么？西游团队任务的完成与他们的人生目标的实现之间存在什么样的关系？除了个体层面的岗位胜任和团队层面的团队胜任，三维胜任还包括组织层面的组织发展和文化胜任，即个体人生价值观、职业生涯规划、学习意识和学习能力等与所在组织发展需求在发展方向和步调上，以及组织的基本特征及组织业已形成的特有文化特质上保持动态的一致性。

就唐僧而言，他的人生目标在第十二回中向太宗毛遂自荐前往西方时就已表明"我这一去，定要捐躯努力，直至西天。如不到西天，不得真经，誓不回国，永堕沉沦地狱"。显然，唐僧已将西天取经任务的完成视为人生规划的重要组成部分——个人人生目标的实现与西游团队任务的完成高度统一。因而，他的人生目标与组织发展和文化胜任完全契合。

对于唐僧的言行是否能始终保持一致，如来、观音等人对他一直保持督查之态，比如在第二十三回中，黎山老母与观音、普贤菩萨、文殊菩萨变成母女四人试探师徒四人的禅心是否坚固；第三十五回中，太上老君受观音之托，让童子化为两个妖魔考验唐僧师徒；第五十四回中，女王"愿将一国之富"招唐僧为夫，"明日高登宝位，即位称君"；第五十五回中，蝎子精化身女妖挑逗唐僧；第六十四回中，杏仙主动投怀送抱；第九十三回中，妖精公主欲招唐僧为驸马……屡经测试和考验，唐僧作为西游团队的领导者，"淡漠禅机定"，目标坚定，符合德鲁克定义的"做正确的事"的领导者，这与组织发展和文化胜任具有动态匹配性。功成后，"今喜皈依，秉我迦持，又乘吾教，取去真经，甚有功果，加升大职正果，汝为旃檀功德佛"。

大徒弟孙悟空的人生目标是重获自由，他见了观音后，"已知悔了。但愿大慈悲指条门路，情愿修行。"观音道："待我到了东土大唐国寻一个取经的人来，教他救你。你可跟他做个徒弟，入我佛门，再修正果如何？"悟空马上表示

"愿去，愿去。"功成后，"喜汝隐恶扬善，在途中炼魔降怪有功，全始全终，加升大职，正果汝为斗战胜佛"。

二徒弟猪悟能的人生目标是获得救赎，他见了观音后，"不期撞着菩萨，万望拨救，拨救"。观音道，"我领了佛旨，上东土寻取经人。你可跟他做个徒弟，往西天走一遭来，将功折罪，管教你脱离灾瘴。"悟能立表"愿随，愿随"。功成后，"因汝挑担有功，加升汝职正果，做净坛使者。"

三徒弟沙悟净的人生目标是脱离苦海，他见了观音后，"不期今日冲撞了大慈悲菩萨"，听了观音"我今领了佛旨，上东土寻取经人。你何不入我门来，皈依善果，跟那取经人做个徒弟，上西天拜佛求经，我叫飞剑不来穿你。那时节功成免罪，复你本职，心下如何"的意向征询后，悟净立表"我愿皈正果"。功成后，"幸皈吾教，诚敬迦持，保护圣僧，登山牵马有功，加升大职正果，为金身罗汉。"

"人对行、跟对人、做对事"堪称职场成长的三条金律。"做对事"体现的是岗位胜任；"跟对人"和"人对行"体现的是团队胜任、组织发展和文化胜任。团队创立者唐僧具有"善信"特质，志在"求取真经"；孙悟空"愿去""入我佛门""再修正果"；猪悟能"愿随""往西天走一遭"来"将功折罪"；沙悟净"愿皈正果"以"功成免罪"。所以西游团队的成功组建堪称三维胜任视角下团队成员选拔和调配的经典案例，从实证角度验证了关键岗位人才选拔与调配的结构性协同，即不同阶段的不同任务需要不同角色、不同技能和禀赋的团队成员的有效组合。

此外，根据此前团队组建与团队熔炼的分析，唐僧过了两界山，安全没了保障时即收孙悟空为徒，两人之间总有龃龉后猪八戒进入了团队，此后才是沙和尚。显然，不同团队成员进出团队的顺序会对团队的形成和发展，以及团队绩效产出重要影响，我们将此定义为时序性协同。所以团队任务的顺利完成不仅决定了所要选拔的团队成员的素质和禀赋（三维胜任与结构性协同），也决定了团队成员进入团队的先后顺序（时序性协同），这就是关键岗位人才选拔和调配的三维胜任与二维协同模型。

该模型认为，在对团队成员进行选拔和调配时，不仅要考察候选人的能力、素质和思维模式（岗位胜任），而且要充分考虑拟选拔和调配进入某个团队的团队成员与团队内部其他成员的协同增益作用（团队胜任、结构性协同）、个人个性特征和人生价值诉求与组织发展阶段和既有文化特质的契合度（组织发展和文化胜任），以及个体进入团队的时机或先后顺序对团队绩效的影响作用

（时序性协同）。

因此，从个体、团队与组织不同层面最大正外部性角度，团队成员选拔和调配，首先要对组织发展阶段与既有文化特质进行测量，确定与之匹配的团队性向，并对现有团队进行诊断，从功能优化角度遵循三维胜任与二维协同模型的程序和标准来甄选候选人。

西游团队的任务分为两个阶段：第一阶段是"图书进口阶段"，师徒四人都参与了；第二阶段是"文化传播阶段"，只有唐僧参与，体现了少数人的长期目标与大多数人的阶段性目标的有机结合。综上分析可知，西游团队能功成圆满，一个很重要的原因就是团队建设与管理较好地遵从了关键岗位人才选拔和调配的三维胜任与二维协同模型。

第三节　防治葛病，借力团队达人立

诸葛亮精熟时势，运筹帷幄、决胜千里。无孔明，即无三国之历史格局。刘备永安托孤后，他忠心耿耿，"六出祁山"、北伐中原，鞠躬尽瘁，死而后已。"三顾频烦天下计，两朝开济老臣心，出师未捷身先死，长使英雄泪满襟。"诸葛亮星殒五丈原后，蜀国内忧外患层出不穷，国力江河日下，在三国中最先衰败出局。

后人论及诸葛亮，总是褒扬有加，而对于他与蜀国凄凉结局的关系，学术界深入探究者甚少。偶有一些，终究或以"蜀中无大将，廖化作先锋"，即缺乏后备人才为借口，或以"所与对敌，或值人杰，加众寡不侔，攻守异体，故虽连年动众，未能有克"，即竞争对手太强为由替诸葛亮辩护。

但我们不禁要问：诸葛亮出山不久后即权倾天下，对蜀国人、财、物拥有绝对的支配权，蜀国所在的荆州（今两湖地区）和益州（今四川一带）自古以来就是人杰地灵、英雄辈出的地方，依照诸葛亮的智慧，他不会不知道后备干部队伍建设对于组织成功的重要性，所以从理论上讲诸葛亮不仅有足够的权力和资源，也有足够的时间来为蜀国的百年基业选拔和培养相当数量的后备人才。那么他为什么没有这样做呢？本节将结合《三国志·蜀书》（陈寿，2006）的相关记载进行论述。

一、志向高远，立管仲为人生标杆

"亮躬耕陇亩，好为《梁父吟》。身长八尺，每自比于管仲、乐毅，时人莫之许也。惟博陵崔州平、颍川徐庶元直与亮友善，谓为信然。"诸葛亮的人生目标，就是要做当今的管仲。管仲出身寒微，幸得鲍叔牙的赏识和力荐，才有机会遇到齐桓公，并助齐桓公成为春秋首霸，自己也因此成为"春秋第一相"。在诸葛亮看来，管仲是中国历史上最成功的"跟对人、做对事、成伟业"的典范。

诸葛亮隐居隆中的东汉后期，与管仲始任相于齐的东周早期，都是中央政权颓势尽显、地方割据势力日趋强大、群雄逐鹿中原、新一代霸主即将脱颖而出的时期。志在成为当今天下第一相的诸葛亮，隐居隆中期间的首要任务就是寻找一位类似齐桓公的人物，跨出他成就伟业的关键一步，即"跟对人"。

《三国演义》（罗贯中，2005）第二十一回中，曹操说道："夫英雄者，胸怀大志，腹有良谋，有包藏宇宙之机，吞吐天地之志者也。""今天下英雄，惟使君（刘备）与操尔。"曹操乃超世英杰，《三国志·魏书·武帝纪》称赞曹操"运筹演谋，鞭挞宇内，揽申、商之法术，该韩、白之奇策，官方授材，各因其器，矫情任算，不念旧恶，终能总御皇机，克成洪业者，惟其明略最优也。抑可谓非常之人，超世之杰矣"[1]。但诸葛亮一想起他，马上就想到徐州大屠杀"凡杀男女数十万人，鸡犬无余，泗水为之不流"，而且曹操的智慧远在齐桓公之上，诸葛亮的智慧在他那里绝对得不到赏识。还有特别重要的一点是，曹操智慧超群，吃过苦，受过难，心理上不免有点间歇性精神分裂的成分，杨修、张允、蔡瑁等人的不白之冤就是明证，如果诸葛亮投靠曹操，难免不会成为下一个杨修。除了曹操，能追随的似乎只剩下"弘毅宽厚，知人待士，盖有高祖之风，英雄之器焉"的刘备了。

对于刘备到隆中茅庐恭请诸葛亮的细节，陈舜臣（2006）在《诸葛孔明》中进行了情境再现：

> 隔一天，刘备第三度造访，这才见到孔明。孔明已经完全复原了。
>
> "我从元直先生那儿听到关于先生的种种。听说先生对管仲和乐毅甚为倾心，请问感佩之处何在？"刘备问。
>
> "管仲出任齐桓公，助他成为诸侯盟主。齐国能防止楚国北上，让百姓和平度日，这是管仲辅佐之功；没有管仲，就没有桓公。尤其，葵丘之盟更是管仲最高功业。"孔明回答。
>
> ……
>
> "先生应当也有'拯救庶民之苦'的愿望。"刘备说。

---

① （晋）陈寿：《三国志》，（宋）裴松之注，33页，北京，中华书局，2006。

"不只在下，身为士大夫者必定都有此愿望。"

"衡诸天下，可有与齐桓公相当的人物?"

"这是个难题。"

孔明笑着回答。

……

"我是辅佐(桓公)的人才，要帮现代桓公取得天下。"

……

"他就是桓公……"

孔明一直盯着刘备。他发觉刘备的耳朵大得异常，但他的脸唯独配上这对耳朵才适合。

……

诸葛孔明并不是非跟随刘备不可，琅琊名族出身，又有如此见识的他，任何势力都迎之唯恐不及。他大可以选择其他主君，但是，他却选择怀才不遇的亡命将军。刘备表达万分感激之意，是极其自然的事。

"我当竭尽所能成为桓公。"刘备加了一句。

诸葛亮自信有管仲之才，但刘备对自己能否成为像齐桓公一样的人一直信心不足。由此看来，刘备永安托孤所说的"君才十倍曹丕，必能安国，终定大事。若嗣子可辅，辅之；如其不才，君可自取"①并非坊间流传的刘备的权谋和厚黑之言，而是因为刘备对自己没有成为像桓公一样的人而对诸葛亮心存愧疚。

诸葛亮为了实现天下第一相的人生夙愿而出山辅佐刘备，但他的人生梦想不仅没有实现，他所臣仕的蜀汉政权还因为他的去世而成为三国中最先灭亡的一个。而管仲不仅有"齐人不以为侈"的"富拟于公室，有三归、反坫"，就连他逝世百年之后，齐国也"遵其政，常强于诸侯"，真正实现了现实之绩与未来之效的完美统一。

二、争荆定蜀，功微急进清扫道路

管仲能有机会进入齐桓公团队，是因为鲍叔牙的倾力举荐。进入齐桓公团队后，"管仲之谋"能辅佐齐桓公成就"九合诸侯，一匡天下"的霸业，"桓公厚

---

① （晋）陈寿：《三国志》，（宋）裴松之注，547页，北京，中华书局，2006。

礼以为大夫，任政"是关键。同样，乐毅能助燕昭王创"自五伯以来未有之功"，原因在于燕昭王将乐毅"立之群臣之上，不谋父兄，以为亚卿"。诸葛亮心里很清楚，要取得像管仲和乐毅一样的成就，首先必须从刘备那里获得名实相符的"立于群臣之上"的仲父或亚卿之位。可惜的是，诸葛亮出山追随刘备十六年，直到刘备永安托孤时，他的这个期望也没能实现。究竟是刘备不兑现承诺还是另有原因？

　　诸葛亮出山及随后的很长一段时间，蜀汉都倾全力争荆定蜀，但主要谋划者是法正和庞统，而不是诸葛亮。建安十三年（208）联吴抗曹的赤壁之战，虽是刘备和诸葛亮两人合议，但源头是鲁肃主动上门邀请、刘备委派；建安十六年（211）到建安十八年（213），刘备应刘璋邀请入蜀拒张鲁，张松是谋划者、法正是执行人；建安十九年（214），袭刘璋，定成都为根据地，是张松、法正和庞统之计；建安二十二年到建安二十四年（217—219），刘备进军汉中，拿下蜀之咽喉后自称汉中王，是法正、黄权之策；章武元年（221），群下纷纷劝刘备称帝，刘备不许，诸葛亮引经据典劝其称帝。但刘备称帝后立即发动了一场豪赌——东征为关羽复仇，赵云、秦宓等都以死相劝，诸葛亮却默不作声，只是次年（222），闻听刘备兵败才感叹"法孝直若在，则能制主上，令不东行；就复东行，必不倾危矣"①。诸葛亮在刘备称帝之年（221）受封为丞相，虽已获可比拟管仲和乐毅的名誉地位，但他心里很清楚，在刘备的心中，他的地位不仅赶不上已经逝去的关羽和法正，而且在与刘备坦诚相待上，他也不能与赵云和秦宓等人相比。

　　军事上的实战经验更是诸葛亮的软肋。从现有史料来看，诸葛亮出山追随刘备十六年，没有一次独自领兵打仗的经历，在正史中甚至有关诸葛亮作为主要参谋的记载都很少见。在以攻战杀伐为主色调的三国时代，要成为"位虽其次，但大权操之在我"的管仲和乐毅一样的人物，没有大战役的胜战经历，是不可能对臣下有足够的威信和影响力的。曹操、刘备、司马懿、周瑜、鲁肃等人之所以能一呼百应，是因为他们在军事上都有值得称颂的实战经验，而诸葛亮在这方面几近空白。

　　蜀汉集团初创时期人才济济，在重大决策及关键事件上，诸葛亮的智慧和谋略少有充分彰显的机会，因而他出山前所期望的高位就变得遥遥无期。如果正向思考，这当是他厚积薄发、夯实根基的好机会，但诸葛亮似乎并不这么

---

　　① （晋）陈寿：《三国志》，（宋）裴松之注，573 页，北京，中华书局，2006。

想，他的所知所行正好朝反方向发展。

眼看着期盼的高位遥遥无期，诸葛亮当然不会善罢甘休。为了尽快达到目的，他滥用刘备对自己的信任，假借刘备之手，将可能与自己形成竞争关系的彭羕和刘封斩草除根。

（一）心大志广为罪状，无中生有诛彭羕

彭羕是一个经历坎坷的"愤青"，初为刘璋益州书佐，遭人诽谤，被贬为奴隶。"统大善之，而法正宿自知羕，遂并致之先主"，彭羕受到举荐，工作也干得不错，很受赏识。刘备入主益州，彭羕被提拔为治中从事，身居高位。彭羕的才能与诸葛亮和法正等人不相上下，马超曾评价他"卿才具秀拔，主公相待至重，谓卿当与孔明、孝直诸人齐足并驱"，而且彭羕比诸葛亮还小三岁。有了充分展现自己的机会，彭羕自然表现出了骄傲自满的样子。

恃才傲物的彭羕引起了诸葛亮的不满，于是他表面上应付彭羕，私下里开始向刘备打小报告。"诸葛亮虽外接待羕，而内不能善。屡密言先主，羕心大志广，难可保安。""心大志广"本身并无负面意思，但诸葛亮屡次向刘备密言"难可保安"，意思是说这个人太有本事，怕控制不住——此乃诸葛亮极不自信的表现。于是刘备开始用显微镜来考察彭羕的言行，用放大镜来评估他的瑕疵。天下本无完人，要找出一个人的毛病并不难。刘备于是决定外放彭羕。"先主既敬信亮，加察羕行事，意以稍疏，左迁羕为江阳太守。""加察"才"稍疏"，看来彭羕并无什么大毛病。干得好好的，却遭一顿"闷棍"，彭羕自然心怀不满。外放江阳太守前，他去找马超发了一通牢骚，还对刘备出言不逊，且说了一句"卿为其外，我为其内，天下不足定也"这样模棱两可、容易引起歧义的话，也因此被马超举报而入狱。从现存的史料来看，彭羕入狱后，并没有诸葛亮亲自问询的过程。彭羕无奈，只好给诸葛亮写了一封信，想澄清此话之意。"至于内外之言，欲使孟起立功北州，戮力主公，共讨曹操耳，宁敢有他志邪……自我堕之，将复谁怨！"在这封诀别信中，他还特别提到了诸葛亮对他的误解："足下，当世伊、吕也，宜善与主公计事，济其大猷。天明地察，神祇有灵，复何言哉！贵使足下明仆本心耳。行矣努力，自爱，自爱！"从信的内容及寄出后彭羕主动请死以证清白来看，他是一个不拘小节的人，但并非奸猾之辈。

诸葛亮嫉贤妒能，所以先下手为强，彭羕成了诸葛亮实现人生梦想路上的冤魂。

（二）刘封刚猛难制御，冒用大义斩立决

刘封"将兵俱与诸葛亮、张飞等溯流西上，所在战克。益州既定，以封为副军中郎将"。刘封不仅是刘备钟爱的养子，而且自身能力也无可挑剔，这一点诸葛亮与他作为同事"溯流西上"时亲眼所见。但后来关羽北伐曹魏，多次要求刘封起兵相助，刘封不从，关羽因此被东吴所杀，刘备因此迁怒刘封。刘封后又侵凌孟达，迫其降魏。孟达降魏后与徐晃共袭刘封，并力劝刘封投降，但刘封不从，败归成都。

其实，刘封不答应关羽起兵相助，除了"上庸初附，未可动摇"的原因之外，也是因自身兵力不足，加上孟达的怂恿离间。对于刘封回到成都后该如何处置，刘备也很为难。诸葛亮认为，不救关羽、驱使孟达降魏等"罪证"在法理上不足以判刘封死罪，却找了一个莫须有的罪名"虑封刚猛，易世之后终难制御，劝先主因此除之"，令刘封自裁。刘封本是刘备无子时收养的养子，刘禅出世后才逐渐失去了恩宠，即使刘封是刘备的亲生儿子，刘备要想把皇位传给刘禅，在汉朝的历史中也不乏先例可资借鉴，何须下此毒手呢？即使刘封有罪，也罪不至死。从刘封临死之前所发的一番感慨"恨不用孟子度之言"和刘备听后"为之流涕"来看，诸葛亮并不是怕刘封抢了刘禅的位置，而是为自己日后的专权在道义上扫除障碍，所以借刘备的刀杀了自己虚拟的敌人。

三、辅政建兴，大权独揽自损膀臂

诸葛亮要成就像管仲和乐毅一样的大业，必先有名实相符的大夫或亚卿之位，但刘备去世时，虽指定诸葛亮为托孤丞相，但军事上明确由李严直接负责，可见刘备对他的信任依然有所保留，授权有所掣肘，诸葛亮也很清楚这一点。

刘备去世后，刘禅即位，"封丞相亮武乡侯。中护军李严假节，加光禄勋，封都乡侯，督永安事。中军师、卫尉、鲁国刘琰亦都乡侯。中护军赵云为征南将军，封永昌亭侯。江州都督费观，屯骑校尉、丞相长史王连，中部督襄阳向宠，及魏延、吴懿皆封都亭侯。杨洪、王谋等关内侯。"（常璩，1987）从这一人事安排的内容和发布的时机来看，这是刘备的主张：一是白纸黑字向天下昭告了中护军李严的地位，不仅封侯，还"假节"并"加光禄勋"；二是除诸葛亮和李严外，刘琰、赵云、费观、王连、向宠、魏延、吴懿等也同时被封侯，言外之意，这些人也属于蜀汉集团的核心成员。

非常遗憾的是，对于这份刘备生前起草、去世后才公布的人事任命，诸葛亮既没有换位思考去理解刘备的良苦用心，也没有认真去反求诸己，主动补己之短，而是"二年，丞相亮开府，领益州牧。事无巨细，咸决于亮"。诸葛亮在刘备去世后代替刘禅主政十一年，以建兴五年（227）上《出师表》为界，前四年是在穷尽一切证明他是当之无愧的当今管仲和乐毅，后七年是在倾全国之力来成就个人的人生梦想。

在力图证明自己的确是当今管仲和乐毅的前四年，诸葛亮在刘备逝世后立即实施了夺权集权、排除异己等一系列重大的人事变革，继而亲率大军南征，以此证明自己的才智和能力堪为大夫或亚卿之位。

（一）开府治事揽大权，盗用民意废立严

刘备去世后，诸葛亮在一年内做了三件大事：一是令出一门，即开府治事，明确府规宫随，蜀国上下必须令出我门；二是大权归一，即将刘备临终分给李严的军事统领权夺回来；三是统一声音，即清除可能对自己说三道四之人，保证政令畅通，上下同心。

其中，大权归一就是要把李严的军事统领权夺回来，那就必须架空李严。刘备安排后事时为什么如此看重李严？原因是李严不仅军事才能过硬，而且在蜀地本土老百姓中享有很高的威望。建安十八年（213），作为刘璋护军的李严在抗战前线"和平起义"，被刘备任命为裨将军。平定成都后，李严晋为犍为太守、兴业将军，受命与诸葛亮、法正、伊籍、刘巴一起制定《蜀科》。在犍为太守任上，他励精图治，凿通天社山，修筑沿江大道，把郡城整修一新，以致"吏民悦之""观楼壮丽，为一州胜宇"。建安二十三年（218），蜀中内乱，他临危不惧、以弱克强，斩杀马秦、高胜，大败高定，被加封为辅汉将军。在刘备看来，李严是与诸葛亮搭班子的最佳人选。

对于两人的分工，刘备早有想法。李严先是被刘备提拔为尚书令，成为对君主负责执行一切政令的首脑。刘备去世前，又特地拜李严为中都护，负责禁军及武将的选拔与监督。刘备的意思很明白，文托诸葛亮，武托李严，希望他们两人能以大局为重，精诚团结、互相尊重、共辅刘禅，成就"兴复汉室"的大业。但是，"建兴元年，封亮武乡侯，开府治事。顷之，又领益州牧。政事无巨细，咸决于亮"。① 面对诸葛亮全然没有真诚合作意识的权力攫取，李严很

---

① （晋）陈寿：《三国志》，（宋）裴松之注，547 页，北京，中华书局，2006。

是无奈，他在给孟达的书信中写道："吾与孔明俱受寄托，忧深责重，思得良伴。"①但诸葛亮根本不予理睬，将李严左腾右挪，最终直接贬为平民。就这样，一个被刘备看好、本身能力出众、经过仔细考察能够补诸葛亮之短，同时很有责任感和组织使命感的人才被诸葛亮彻底排挤出权力中心。

刘备去世后，诸葛亮虽然没有取刘禅而代之，但他独揽大权，根本没有给李严插手的机会。面对贪权揽政的诸葛亮，李严只能有功必邀。笔者在此并不否定李严性格中可能确有如诸葛亮所说的人格缺陷"受恩过量，不思忠报，横造无端，危耻不办，迷罔上下，论狱弃科，导人为奸，情狭志狂，若无天地。自度奸露，嫌心遂生"，但从后来李严由于"秋夏之际，值天霖雨，运粮不继""平辞穷情竭，首谢罪负""乃废平为民，徒梓潼郡""十二年，平闻亮卒，发病死。平常冀亮当自补复，策后人不能，故以激愤也"的历史记载来看，李严对诸葛亮的不满，没有根本性的恶意，因为他即便被废为平民，对自己能重新被诸葛亮起用仍满怀期待。由此看来，李严从一个本来可以堪当大任的人一步步蜕变为苦心经营自己小算盘的狭小之人，与诸葛亮滥用权力排斥同僚密切相关。

统一声音主要表现在废黜廖立。廖立在诸葛亮眼中，本是与庞统并列的"楚之良才，当赞兴世业者"，也是他认为最有实力与自己竞争相位的人选之一。廖立初为刘备荆州牧从事，不到30岁就晋升为长沙太守。一个能力和年龄都与自己相当，本应各为其主的人，因为机缘巧合而两虎聚一山。"立脱身走，自归先主。先主素识待之，不深责也。以为巴郡太守。二十四年，先主为汉中王，征立为侍中。后主袭位，徒长水校尉。"刘备在世时，廖立要风得风，要雨得雨，一路扶摇直上，从败军之将干到了侍中的位置。可刘备一去世，他马上就被诸葛亮降为长水校尉。突然被迫离开权力中心，廖立当然不高兴了，就发了点牢骚。在廖立的牢骚中，既有对已经逝去的刘备和关羽等人貌似不恭但非常客观的风评，"昔先帝不取汉中，走与吴人争南三郡，卒以三郡与吴人，徒劳役吏士，无益而还。既亡汉中，使夏侯渊、张郃深入于巴，几丧一州。后至汉中，使关侯身死无子遗，上庸覆败，徒失一方。是羽怙恃勇名，作军无法，直以意突耳。故前后数丧师众也"，也有对当政者诸葛亮的人事安排辛辣的讽议，"如向朗、文恭，凡俗之人耳。恭作治中无纲纪；朗昔奉马良兄弟，谓为圣人，今作长史，素能合道。中郎郭演长，从人者耳，不足与经大事，而

---

① （晋）陈寿：《三国志》，（宋）裴松之注，593 页，北京，中华书局，2006。

作侍中"。

单从后来的历史事实来看，廖立的这些观点是非常客观的。可诸葛亮不去分析廖立的立场和说话时的情境，更不去反求诸己，反而不问青红皂白，直接给他扣上了莫须有的罪名，"长水校尉廖立，坐自贵大，臧否群士，公言国家不任贤达而任俗吏，又言万人率者皆小子也；诽谤先帝，疵毁众臣。人有言国家兵众简练，部伍分明者，立举头视屋，愤咤作色曰：'何足言！'凡如是者不可胜数。羊之乱群，犹能为害，况立托在大位，中人以下识真伪邪？"于是将廖立贬为平民，全家迁徙到被重重大山包围的汶山郡。廖立毕竟见过大世面，面对诸葛亮的专制作风，他泰然处之，自己种地养活自己，充分彰显了他不畏权贵、敢于坚持真理的士大夫气概。但廖立的报国之志和满腔热忱，却被嫉贤妒能的诸葛亮抛之荒野，甚是可惜。

就这样，在刘备去世一年之内，诸葛亮就完成了令出一门、大权归一和统一声音三件大事，将内政、外交和军事大权皆揽入囊中，接下来就要在军事上展现自己的实力了。不幸的是，诸葛亮这一自见不明的愚昧之举，不仅最终令自己出师未捷身先死，也将蜀国拖入了衰微之境。

（二）自见不明独断行，以短击长满招损

最让诸葛亮难受的是，刘备临终托孤，竟然对他的军事才能一点也不信任，将军权全权委托给了李严。一个哲人说过，在某方面有专长、总认为自己无所不通的人，常会想方设法来证明自己的错误和不足也是正确的，或正是自己的优势。诸葛亮尤其典型，亲自率军南征、平定南中就是例证。

1. 领兵作战亦我长，平定南中演锋芒

《三国志·蜀书·诸葛亮传》①记载："建兴元年……南中诸郡，并皆叛乱，亮以新遭大丧，故未便加兵……三年春，亮率众南征，其秋悉平。"结合前面的史料稍作分析，"南中诸郡，并皆叛乱"属于军事问题，理当由李严来负责处理，即使诸葛亮是最终做决策的人。"新遭大丧，故未便加兵"的理由也是站不住脚的，因为诸葛亮在刘备新丧期间忙于"安内重于攘外"，夺李严兵权、废黜廖立，一点儿也没有闲着。

当然，南中诸郡叛乱是发生在建兴元年（223），而诸葛亮出兵是在建兴三年（225），即叛乱已持续三个年头了，不管不问也没有出什么大的乱子，可见

---

① （晋）陈寿：《三国志》，（宋）裴松之注，547～548 页，北京，中华书局，2006。

叛军没有什么实力。但这可是诸葛亮证实自己军事才能的好机会。

根据现有史料记载，诸葛亮南征大军兵分三路：西路军约 1.5 万人，由他亲自统率，主要目标是消灭越嶲郡（今四川西昌）高定的主力，随后进击益州郡，消灭雍闿、孟获部。中路军约 0.2 万人，由庲降都督李恢统率，主要目标是切断孟获支援高定的退路。东路军约 0.25 万人，由门下督马忠率领，主要目标是消灭朱褒的叛军。而叛军满打满算也不超过 1.2 万人，根据《中国战争史》的记载，其中诸葛亮西路大军的敌人仅有 0.5 万人左右，且装备落后，缺乏训练，多为乌合之众。这样的军队，在密林丛中打点野味没有问题，但要真刀真枪地与诸葛亮统率的正规军作战，完全是以卵击石。所以诸葛亮率领的南征大军，春天从成都出发，一路打到了昆明，秋天就回到了成都，与徒步往返旅行的时间基本相仿，可见诸葛亮南征根本没有遇到什么有效的抵抗。

由于诸葛亮主政蜀汉时期不设史官，所以要还原历史很困难，但从现有史料中我们还是可以找到一些蛛丝马迹，诸葛亮亲自统率大军南征确实是在倾全国之力来培养、检验和炫耀自己的军事才能。

诸葛亮欲亲自统兵南征，时任丞相长史的王连劝他不要用国家的未来作赌注："此不毛之地，疫疠之乡，不宜以一国之望，冒险而行。"诸葛亮回答说蜀汉的将才中没有哪个的才能赶得上他，所以他必须亲自前往。蜀汉当时真的没有可带兵南征的将才了吗？答案当然是否定的，且不说刘备生前就钦定的征南将军赵云、魏延、李严、吴懿等名将，就连他喜欢得不得了的、"才气过人，好论军计"、对南征叛军情况了如指掌、担任过越嶲太守的马谡，诸葛亮也不让其参与。这就不得不让人觉得诸葛亮就好似一位没有任何临战经验但又非常想炫耀自己有过人军事才能的高级文官，率领飞机大炮等装备齐全的精锐部队，到非洲丛林中去打几个土著，胜利归来后就吹嘘自己能领天下之兵，且战无不胜、攻无不克。

在南征大军中，李恢和马忠二人甚至都比诸葛亮更适合担任统帅。"公亮志业"的李恢为建宁郡俞元县人，本为刘璋旧部，受上司推荐前往州中任职，途中查看天下形势，知刘璋必败、刘备必成，于是主动来投。他受刘备之命，结交并引马超归蜀，厥功甚伟。成都既定，李恢任功曹书佐、主簿，受到刘备的高度信任。在诸葛亮南征最关键时刻，李恢出奇计，以少胜多，大破强敌，是诸葛亮南征中的第一功臣，后被封汉兴亭侯，加安汉将军。

"扰而能毅"的马忠是巴西阆中人，刘备生前称他为能与黄权相比的世上贤才，抚赈百姓、参谋军事、平息民乱、地方治理，样样精通，其"为人宽济有度量，但诙啁大笑，忿怒不形于色。然处事能断，威恩并立，是以蛮夷畏而爱之"。他去世后，当地少数民族都来吊丧致哀，并主动为他修建庙祀。

李恢和马忠二人，不仅出身蜀地，而且文才武略兼具，对朝廷的忠诚也无可挑剔，但当时他们的名气还赶不上赵云、魏延、李严和吴懿等老将，所以诸葛亮乐意让他们在自己帐下跑龙套，借此烘托他过人的军事才能。

2. 良将不用自将军，对赌马谡失街亭

"然亮才，于治戎为长，奇谋为短，理民之干，优于将略。"《三国志》作者陈寿认为，诸葛亮的才能结构与历史上的萧何和管仲很相似，长于"治戎"和"理民"，短于"奇谋"和"将略"，但管仲和萧何知己之短，"皆忖己之长，未能兼有故"，所以萧何向刘邦力荐韩信，管仲向齐桓公高举王子城父。陈寿还说，诸葛亮"治戎"和"理民"的才干或许不亚于管仲和萧何，但他主政后，蜀国却没有像王子城父、韩信那样能征善战的名将，所以诸葛亮兴复汉室的理想未能实现。对此，笔者并不苟同。事实上，诸葛亮自蜀汉建兴元年（223）主政以来，蜀国其实一直不乏能与韩信和王子城父比肩的良将，这里且不说李严和赵云，就是魏延也足以与韩信匹敌。

魏延的治军之才，在刘备看来，远胜张飞。刘备在汉中称王后，准备把治所从汉中迁到成都，需要一个合适的人选来驻防汉中，北御曹操。桃园结义的三兄弟中，关羽已镇守荆州，因此对于镇守汉中的合适人选，"众论以为必在张飞，飞亦以心自许"，但是刘备认为张飞没有魏延合适，决定任用魏延为"督汉中镇远将军"，同时又"领汉中太守"。众人对此很是吃惊，不用张飞用魏延也就罢了，还敢把一方军政大权托付于他。刘备看到大伙心里犯嘀咕，便模仿当年刘邦拜韩信为大将军的阵势，当着大伙的面问魏延："魏延呀，现在我委你重任，你有何打算呀？"魏延回答说："若曹操倾巢而来，我保证守土有责，不失一寸土地；如果来犯之敌不超过十万人，我就直接把他们消灭了。"刘备对魏延的回答很满意，众人也很折服。不久刘备称帝，又把整个北方防线交给了魏延，拜他为镇北将军。即使是在刘备去世后，魏延也因为战功赫赫而两度封侯：一是建兴元年（223）封都亭侯；二是建兴八年（230）晋封南郑侯。由此看来，魏延确实是一个不可多得的帅才。

可惜的是，与刘备比起来，诸葛亮缺乏那种大才大用、唯才是举的远见和胸怀。"延每随亮出，辄欲请兵万人，与亮异道会于潼关，如韩信故事。"在今天看来，魏延提出的出子午谷直接夺取关中，一步到位，奠定光复汉室基础的计划，虽有些冒险，但史家普遍认为这是弱蜀胜强魏唯一可行的军事计划。然而"亮制而不许""延常谓亮为怯，叹恨己才用之不尽""延既善养士卒，勇猛过人，又性矜高，当时皆避下之"。诸葛亮未使魏延才尽其用，临终前将前敌总指挥的位置传给了居功自傲且与魏延水火不容的杨仪，借杨仪的手铲除了以后很可能清算自己的魏延。

诸葛亮其实很善于识别并调和下属之间的矛盾，然而是否调和，他采取的是按照个人恩怨区别对待的原则。他对杨洪和张裔之间、刘琰与魏延之间、张裔与岑述之间的矛盾调和，可谓尽心尽力，效果也很好。但他对魏延和杨仪之间的公开内斗却放任自流、任其恶化，就连孙权都知道若不进行有效遏制，会出大乱子。这里不排除诸葛亮为了成全自己身后的英名，提前为一石二鸟埋下的伏笔。

诸葛亮五次北伐，每次都亲自挂帅，他人根本没有插手的机会。第一次北伐，有良将魏延、赵云和吴懿等人相随。魏延是蜀汉上下公认的帅才；赵云是当时唯一健在的五虎上将；吴懿时任左将军，不仅久经沙场、战功赫赫，还是刘备的大舅子。但在关键的街亭之战，诸葛亮却将这些良将弃之不用，临时提拔此前没有任何独立作战经验的马谡为先锋，结果导致街亭被张郃所破，第一次北伐失败。

对于马谡，刘备临终前专门叮嘱过诸葛亮："马谡言过其实，不可大用，君其察之！"诸葛亮对刘备的忠告"犹谓不然"，不仅如此，还公开反其道而行之，"以谡为参军，每引见谈论，自昼达夜"。诸葛亮南征，"谡送之千里……亮纳其策，赦孟获以服南方"。诸葛亮为什么要"明知故犯"，还敢刻意违背众意"大胆任用"马谡？笔者认为，诸葛亮此举是希望通过马谡来证实他在识人用人上比刘备高明。可惜马谡不争气，用人头来宣告了诸葛亮的对赌失败。

四、防治葛病，借力团队达人立己

诸葛亮被视为智慧的化身、清廉的典范、爱民的贤相、正义的卫士。他对后世的影响力和感染力，既超过了自己为之竭智尽忠的刘备，也超过了叱咤风云、不可一世的曹操（余明侠，1996）。但如果将诸葛亮置于对蜀国未来负责的领导者角度，根据本书对领导定义及领导类型的划分，诸葛亮属于典型的悲剧型领导。

诸葛亮的人生目标与蜀汉精英们"兴复汉室"的共同目标，在方向上具有一致性。但在目标实现过程中，诸葛亮滥用刘备对自己的信任，诛杀刘封、彭羕等贤能之人，未尽尚贤辅政之责。主政蜀汉后，诸葛亮欲擒故纵除掉了李严，继而将军政外交大权集于一身；小题大做废廖立，用而不扬赵云、吴懿等德高能强之人，临终巧设套，先诛魏延，后灭杨仪。不惜耗损蜀汉的元气来成全自己的英名，未尽任能尽智之责。结果诸葛亮的人生梦想不仅没有实现，蜀中数以千计的能人志士也都成了他"葛病"的殉葬品。

"葛病"是高知高能的领导者常犯的一种错误，这样的领导者往往志向高远、智慧过人、忠诚敬业，但在领导目标实现的过程中，又往往自见不明、独断专行，最终不仅个人高远的人生目标没有实现，组织也往往因他的独断而衰败沦落。

当前，"葛病"在我国各级各类干部队伍中也较为常见，这不仅对领导干部个人，而且对所在单位和下属的未来，以及社会风气的影响，都是极具破坏性的，值得警醒。它存在的原因，既有社会因素，也有体制因素，还有个人因素。因此，要使"葛病"得到有效防治，"治世""治法"和"治人"三者不可偏废。限于本章主题及篇幅，这里重点从"治人"角度来分析"葛病"的成因并提出应对之策。

(一)主次分明权责清，以终为始不偏离

"葛病"的第一表征是主次不分、权责不明。按照领导学的观点，主政者更多的是扮演领导者的角色，发现变化、管理变化和创造变化为其主要职责，其价值贡献主要通过组织发展方向的正确性及对应的组织成员的自觉遵从来体现；辅政者更多的是扮演管理者的角色，制定规则、执行规则和维护规则为其主要职责，其价值贡献主要通过组织内部运营的效率和效益及对应的社会治理水平的系统性提升来体现。

诸葛亮臣仕蜀汉政权 27 年，从其不同时期职位对应的职责应然性论，前面 16 年他主要扮演管理者的角色，主要职责是建章立制，价值贡献应为国富民殷。在这个方面，诸葛亮因为"用心平而劝诫明"，所以"刑政虽峻而无怨者""终于邦域之内，咸畏而爱之"。后 11 年他主要扮演领导者的角色，主要职责是领向导人，价值贡献应为道正众随。在诸葛亮主政的这 11 年中，蜀汉政权是否在正确的道路上前进，已有很多学者进行了专题研究，结论见仁见智。

"众随"，是诸葛亮的致命缺陷。如前所述，诸葛亮主政蜀汉后的首要任务应当是辅佐教导刘禅，并尽早还政于他，这是他作为托孤丞相的终极职责和使命。但诸葛亮对于刘禅的辅佐教导，除了在刘备托孤时痛哭流涕地说一说，实际行动并不多见。所以蜀国之败的最主要的原因之一就是诸葛亮主政 11 年主次不分、权责不明，尤其不注重接班人的培养，未能以终为始，导致他去世后

蜀国没有了真正的权力核心。

因此，"葛病"的疗方之一是：准确定位、以终为始——主次分明权责清，以终为始不偏离。

（二）自知知人建团队，取长补短励同心

"葛病"的第二表征是不识己短、不敬他长。马良是诸葛亮的同学，他对诸葛亮高远的人生目标与其队伍建设能力之间的反差很担忧，早在诸葛亮率张飞等入蜀与刘备会师之际，留守荆州的马良就给诸葛亮写信，建议他顺应时势，及时转换识人用人观念，大材大用、小材小用，以"配业光国"。

诸葛亮主次不分、权责不明的内在原因，其实是不识己短，不敬他长。因此，他在履行领导和管理职责的过程中，自然就会任性地越俎代庖，常有嫉贤妒能之举。随着时间的推移，诸葛亮周围贤者离、庸者近。《出师表》所推荐之贤才，如费祎、董允、向宠、陈震、张裔和蒋琬，以及"从人者耳，不足与经大事"的侍中郭攸之，这些人当中没有一个堪与彭羕和廖立相比。诸葛亮所期望的众星捧月的感觉有了，但能兴复汉室的人才却没有了。

知人者智，自知者明。现实生活中，自知而不知人和不自知亦不知人者众，不自知而知人者无，自知亦知人者寡。而作为用人成事的团队管理者与组织领导者，需自知亦要知人。诸葛亮不识己短，不敬他长，所以他总是"以一人之智掩一州之才，以个人之力抗天下之士"，麾下虽有不少人才，但都未尽其用。用现代管理学语言来说，诸葛亮缺乏足够的团队建设与管理能力来实现组织既定目标。

团队建设的逻辑假设是，如果领导者的个人能力、素质和思维模式不能满足特定任务动态、多元和彼此之间交互作用的要求，就需要根据特定工作任务需要，将背景多元、思维有局限、能力有缺陷、动力有差异的不同个体组合起来，并使他们彼此之间能产生最大程度的协同和增益，确保能又好又快地达成既定工作任务目标。作为团队的领导者，知己不足、敬人所长并乐于用之，也就是对团队成员相关特质差异的尊重和积极引领决定了团队的形成、发展和团队的生命力，进而决定了领导效能和组织绩效产出。诸葛亮的最大过失，是过于自恃，不能真正集思广益以补己之短。他治国事无巨细，什么都要过问，甚至亲自核对账簿。诸葛亮病逝五丈原，主要是劳累致死。他事必躬亲，认真办事，积劳成疾，使人感动。但身负军国大任的人，只相信自己，不肯放手，不信任他人，怎么能带领大众成就一番事业？可以说，诸葛亮之败，败在既不自

知，也不知人。在诸葛亮的视野中，只有个人之力，没有他人之力和他人之智。为实现组织既定目标，在通过团队建设与管理来聚人所长方面，诸葛亮确实做得不够。

因此，"葛病"的疗方之二是：自知知人、借力团队、同心共力——自知知人建团队，取长补短励同心。

(三)尚贤任能私情忘，共享领导扬众长

"葛病"的第三表征是任人唯亲、独断专行。章武元年(221)，刘备称帝，诸葛亮为相。诸葛亮对部下说，从政就是要"集众思广忠益也"，而要如此，就要坦诚沟通，互通情报，"不疑于直言"，但他又感叹"然人心苦不能尽"。诸葛亮还认为，选人，尤其是选能力强但并不是自己喜欢的人更利于江山社稷。比如诸葛亮如此称赞姚伷，说他兼容并包、求同存异，"并存刚柔，以广文武之用"，而不负国家厚望。当然，诸葛亮也很清楚，用人所长，就要容人所短。张裔与岑述水火不容，诸葛亮有意委任岑述为治盐校尉，张裔非常不高兴，诸葛亮就写信给张裔，苦口婆心地说"我们(诸葛亮、张裔、岑述)一起辅助朝廷王室，算得上是'石交'了。石交之道，就是为了朋友的利益而举荐自己的仇人，为了表明心志而割下自己的骨肉，都决不会犹豫推辞的。更何况岑述是我所信任的人，你怎么就不能容忍他呢?"①

可惜的是，诸葛亮在用人上，一生多有知而不行之举，究其原因，乃为私情所困。彭羕因为是自己仕途晋升的劲敌，只说了一句引起歧义的话就被杀；廖立因为发了一通建言性的牢骚就被废；对"众事不理，时又沉醉，先主大怒，将加罪戮"的广都县长蒋琬，诸葛亮不仅刻意要他起死回生，还"顷之，为什邡令。先主为汉中王，琬入为尚书郎"，很快就将其指定为蜀汉丞相的接班人；而对于自己感觉不错的向朗，街亭之战后，马谡逃亡，"朗知情不举，亮恨之"，也只"免官还成都"而已，不仅如此，"数年，为光禄勋，亮卒后徙左将军，追论旧功，封显明亭侯，位特进"。

诸葛亮任人唯亲，其价值判断和言行表现被不可测的情绪情感所左右，因此必然自见不明、独断专横。然而，作为一个团队领导者，尤其是像诸葛亮这样能力有缺陷，所面对的又是如此纷繁复杂、动态多元的一国内政外交军事大事，如果不把领导权适时、适地地与合适的班子成员共享，那就会被活活累

---

① 《诸葛亮集》，21页，北京，中华书局，2012。

死。这也是近年来领导学研究的一个新热点——共享领导的魅力所在。

随着中国等新兴经济体综合实力的不断提升，世界格局的传统平衡已被打破，新的平衡正在剧烈动荡中多向度探寻。同时，伴随着互联网技术的日渐普及，不同地域、不同宗教、不同政治信仰和文化特征的人们在技术、社会和经济等领域的相互交流更加深入和频发。"地球村"概念已然渗透到社会生活的方方面面，这些与全球化相伴相生的巨变加剧了组织运行机制的复杂性。因此，为了有效应对组织环境的剧烈变化以及组织成员的日渐多样性等诸多不可预测或预测不准的组织特征，组织领导者不仅要有全球性的战略思维（全球视野），更要充分重视组织成员个体差异的价值发掘与整合，将群体成员的个体差异融合成团队优势（利导差异）。然而，经典领导理论诞生之时对如上变化始料未及，于是现实需求催生了从不同视角充分重视并回应如上巨变的共享领导理论等新型领导理论。

共享领导理论在组织属性和工作任务日趋复杂的背景下诞生，其理论根基在于某个特定的组织领导者的能力、素质和思维模式难以有效预测和积极应对组织发展及对应的各种任务变化特征。因此，为确保组织发展及其对应的任务目标能在健康的轨道上有序运行，领导权力就需要根据组织发展和任务的特征，在不同团队成员之间进行适时转换。共享领导因其"各有所长、用当其时、用当其事、协同增益"的内在属性而在公司高管团队建设、地方政府领导班子搭配、科学攻关小组组建等组织和任务领域具有普适性，具有很好的应用前景。

因此，"葛病"的疗方之三是：尚贤任能、群策群力——尚贤任能私情忘，共享领导扬众长。

第四章　目标同一增进组织赋能

本章聚焦领导力目标同一与组织赋能的调和性，第一节通过华为的成长过程厘清目标同一与组织赋能的内涵及前者对后者的增进关系；第二节围绕毛泽东于 1938 年 5 月发表的《论持久战》一文的写作背景、目标对象及文本内容，结合相关史料，基于文本分析，阐释特殊历史关头中国共产党当如何积极主导并切实推进国内国际最全面、最深入的统一战线，进而确保中国抗战及世界反法西斯战争胜利的重要性、紧迫性和可行性；第三节以 2009 年 10 月巴西、西班牙、日本、美国四国角逐 2016 年第 31 届夏季奥林匹克运动会的承办权为背景，以巴西申奥代表团与其他三国的对比为主线，具体分析了如何充分遵循并利用国际规则来达成"目标同一"，进而实现主体利益最大化的"组织赋能"；第四节以楚汉相争中刘邦集团低开高走和项羽集团高开低走的对比为主线，采用规范案例研究方法，全景展示了"目标同一"和"组织赋能"的内涵要义及其对组织演进过程及最终成败的影响机制。

第一节　万众一心，华为自强助国兴

华为创立于 1987 年，以代理程控交换机起步，后在创始人任正非的带领下开始走自主研发之路。1993 年，华为自主研发的 C&C808 数字程控交换机在市场上取得较大成功。此后华为坚持高研发投入，实现了从初创、赶超、"二次创业"到行业领先的转型升级：2020 年营收达 8 914 亿元人民币，位居《财富》杂志世界 500 强第 49 位；2021 年受美国不断加码的全面打压等因素的影响，营收大幅下滑至 6 368 亿元；随后便企稳回升，2022 年营收为 6 423 亿元，2023 年和 2024 年分别实现营收 7 042 亿元和 8 621 亿元。

华为之所以能在不到四十年的时间里超越众多百年老字号成为全球最大的电信设备制造商，并且能成功顶住美国的极限打压，主要源于其"以客户为中心，以奋斗者为本，长期坚持艰苦奋斗"的核心价值观经由其独特的目标同一与组织赋能交互融合的治理体系转化而成的组织能力和组织韧性（王艺明，2019）。

一、目标同一，优化生态聚智慧

目标同一是组织对外部利益相关者与内部员工在组织愿景上认知求同和行动一致的建构与强化。

目标同一的建构和强化，贯穿华为发展的全过程。如任正非在《华为的红旗到底能打多久》（1998）中说："我们若不树立一个企业发展的目标和导向，就建立不起客户对我们的信赖，也建立不起员工的远大奋斗目标和脚踏实地的精神……我们必须以客户的价值观为导向，以客户满意度为标准，公司的一切行为都是以客户的满意程度作为评价依据。"田志龙和钟文峰（2019）对任正非1994—2018 年的 291 篇讲话稿进行了沟通话语分析（见表 4-1），结果发现这些讲话稿大多围绕"目标同一"的建构和强化这一主线。

（一）目标同一的建构

这 291 篇讲话稿从不同角度借助国家和社会、客户、竞争对手、供应商、媒体和股东六个方面的利益相关者对华为所面临的外部环境和内部举措进行了说明、解释和引导，既告知员工"做什么""如何做"，也帮助员工理解"为何做"，还围绕利益相关者提出了一整套指导其如何理解周遭环境并采取行动的"目标同一"法则。

（二）目标同一的强化

从表 4-1 中可见，华为在不同时期所处的竞争地位、面临的主要挑战和组织愿景各有不同，因而任正非在不同时期的讲话稿聚焦的利益相关者（累计占比 80% 及以上）及沟通主题也就各有侧重。

表 4-1　任正非 1994—2018 年 291 篇讲话稿的话语分析参数对比

参数		第一阶段 （1994—2000）	第二阶段 （2001—2010）	第三阶段 （2011—2018）
华为的竞争地位		本土市场领先	国际市场领先	引领行业发展
华为面临的挑战		同业竞争	同业竞争和外部环境冲击	维持领先优势，抢占未来机会
华为的组织愿景		实现客户的梦想	丰富人们的沟通和生活	构建万物互联的智能世界
利益相关者	国家和社会	219（61%）	156（36%）	479（43%）
	客户	93（26%）	201（46%）	460（41%）
	竞争对手	40（11%）	54（12%）	118（10%）
	供应商	4（1%）	5（1%）	47（4%）
	媒体	4（1%）	19（4%）	15（1%）
	股东	—	—	6（1%）
沟通主题	战略导向	15（29%）	21（40%）	74（40%）
	队伍建设	26（50%）	15（28%）	35（19%）
	管理优化	11（21%）	17（32%）	78（42%）

数据来源：根据田志龙、钟文峰（2019）相关表格整理。

　　第一阶段是华为的腾飞阶段。其间主要面临的是与三家国内同行企业的竞争，华为借中国经济腾飞大势，依靠国家发展红利做强自己，因而这一阶段华为的愿景是"实现客户的梦想"。在这个阶段，任正非的讲话聚焦在国家和社会（61%）及客户（26%）上，沟通主题依次为队伍建设（50%，细分为考评激励、培养选拔、文化理念三个子维度）、战略导向（29%，细分为总体战略、研发创新、跨国经营和业务层战略四个子维度）和管理优化（21%，细分为管理变革、日常管理、职能体系建设和制度建设四个子维度）。

　　第二阶段是华为全面走向国际化阶段。其间华为除了继续应对国内同业的竞争，还要与思科、CISCO、爱立信等国外同业巨头竞争并经受跨文化的冲击和洗礼。国外客户对中国产品和服务的认可，首先表现为对中国人、中国政府以及中国社会的认可，因此，这个阶段华为的愿景调整为"丰富人们的沟通和生活"，任正非的讲话聚焦客户（46%）、国家和社会（36%），沟通主题依次为战略导向（40%）、管理优化（32%）和队伍建设（28%）。

　　第三阶段是华为作为全球第一大通信设备供应商的阶段。其间面临的主要挑战是如何维持领先优势、抢占未来机会、引领行业发展。在这个阶段初期，中国经济总量超过日本成为全球第二，美国高调重返亚太，公开遏制中国的发展，视中国为头号竞争对手，同时伴随着技术和产业生态的革命性变化，企业的核心竞争力与生态自造之间关系更加紧密。因此，这个阶段华为的组织愿景调整为"构建万物互联的智能世界"，任正非的讲话聚焦国家和社会（43%）、客户（41%），沟通主题依次为管理优化（42%）、战略导向（40%）和队伍建设（19%）。

二、组织赋能，奋斗为本激活力

组织赋能是组织为了实现既定组织目标而对组织成员潜能进行开发并切实将其转化为组织核心竞争力的治理体系。

组织是为了实现共同目标而聚集在一起的人员共同体，组织要从众多竞争对手中脱颖而出并发展成为行业翘楚，其核心竞争力不仅要有个体之强，更要有团队之强和组织之强来支撑，这也是组织赋能的主要内涵和逻辑主线。华为基于对人的自然属性和社会属性的科学认识，建构并不断完善了将资本因素与劳动因素，尤其是复杂性、创新性劳动因素有机结合的共有、共治、共享的治理体系，有效促进了华为的个体之强、团队之强和组织之强（李由，2019）。

首先，"共有"制度设计解决了华为员工"为谁做"的问题，明确了员工是华为的主人，奠定了组织之强的治理基础。

华为近99%的股份为员工持有，这样的共有制度设计既成功地将公司的长远发展与员工的个人贡献及发展有机结合起来，又激发了员工的企业忠诚度，使之愿意与企业生死与共、持续奋斗。

华为员工的主人身份决定了他们"为华为奋斗"也就是"为自己奋斗"。加上华为坚持不上市，因而公司的经营就不会受到外部资本短期盈利冲动对企业长远发展的不当影响和干预，从而能彻底摒弃重绩轻效，在研发投入、人员激励等方面充分遵循以效定绩的科学内涵。这些因素共同铸就了华为上下同心，直面危机与挑战的团队合作精神和攻坚克难的企业文化。

其次，"共治"制度设计指引了华为员工"如何做"，通过"各美其美"来提升"美人之美"，为团队之强提供了行动指南。

众所周知，团队之强并非个体之强的累加，如果说团队之强是"美美与共"，那"美人之美"对团队之强的贡献和影响远胜于"各美其美"。值得称道的是，华为不仅在"各美其美"上独具特色，在"美人之美"上更有诸多创举，并将两者完美融合，共同驱使华为员工不断提升服务客户的专业度和团队的协作精神。

华为"各美其美"和"美人之美"及两者之间的完美融合举措有很多，如优秀人才（天才少年）招募计划和完善的人才培养机制，尤其是华为创造了只有当过"导师"才能获得提拔和晋升的"导师制"，这不仅有效解决了企业核心价值传承的难题（李长安，2019），也堪称"各美其美"与"美人之美"完美融合的典范。又如华为董事会于2011年开始实施的轮值CEO制度——每人任期6个月，多人交替任职。经过十多年的不断优化并接受实践的不断检验，华为首创的CEO轮值制度已被证实是一项切实可行、科学有效的制度设计，既保证了华为核心权力传承的强化与决策层塔尖开放的活力之间的平衡，又以赛代训为高管团队成员最大程度地各展所长、提升能力提供了舞台和空间。

最后，"共享"制度设计强调了华为员工"要做好"，明确公司以奋斗者为本，尤其鼓励和提倡员工长期坚持艰苦奋斗。

有人认为，单纯用KPI考核出来的是"乖孩子"，单纯用360评价出来的是"老好人"，单纯通过满意度催生的是指手画脚的"主人翁"，这些人都不是华为需要的人才。华为需要的是"奋斗者"，所以华为实行末位淘汰制，确保整个组织始终处于适度压力的激活状态。为确保部门活力，华为每年通过末位淘汰制保持5%的自然淘汰率。华为的分配制度基于价值贡献：给火车头加油，向奋斗者倾斜，向优秀员工倾斜。

华为倡导的是责任和契约精神，而不是忠诚或感恩。华为认为忠诚要通过赋能来产生价值，因此通过多种方式为员工赋能，帮助忠诚的员工成功。《华为基本法》第五条指出："我们决不让雷锋吃亏，奉献者定当得到合理的回报。"为此，华为专门推出了岗位价值评价和价值分配体系。任正非认为："怎么使员工各尽所能呢？关键是要建立公平的价值评价和价值分配制度，使员工形成合理的预期，他相信各尽所能后你会给他合理的回报。而怎么使价值评价做到公平呢？就是要实行同等贡献、同等报酬原则……这样就把大家的积极性都调动起来了。"

显然，目标同一是组织赋能的战略升华，组织赋能是目标同一的具象化，因而目标同一与组织赋能是一体两面、交互融合的。华为正是依靠这两者及彼此的交互融合涌现的组织能力和组织韧性快速腾飞、勇闯世界、问鼎全球第一，并且成功顶住世界一号强国的全面打压，继续引领行业走向新的高度。

第二节　论持久战，毛泽东奇文妙推

"五湖四海、天南地北"的群体多样性本身具有"双刃剑效应"（Milliken and Martins，1996）。群体多样性与群体过程及不同层面绩效产出之间的关系，一直是理论界和实践界热切关注的问题。以往学界对于群体多样性的研究，多从单一、局部和静态的角度去解构群体多样性与群体过程及不同层面绩效产出之间的关系，但由于对影响群体存在及群体过程的环境因素以及群体成员及群体之间的交互关系重视不够，因而所得结论并不一致，甚至相互矛盾，对实践很难有切实的指导作用。1998 年，劳和莫尼根（Lau and Murnighan）开创性地提出了"群体断层构念"，试图从多元、全局和动态角度解构群体多样性与群体过程及不同层面绩效产出之间的关系（Mathieu and Gallagher，2019）。遗憾的是，群体断层构念提出已有二十多年，学界对群体多样性与群体过程及不同层面绩效产出之间的关系的研究，依然没有本质性的进步（Roberson，2019）。

回顾既有研究，目前有关群体断层的研究还未达到预期，主要原因有两个方面：一是忽视了群体成员的不等价性。群体是由社会地位、个性特征与行为风格等各有所别的社会行为主体组合而成，因而特定群体中不同个体对群体过程及不同层面绩效产出的影响和作用具有不等价性。但有关群体断层的研究大都将群体成员视为等价的社会存在，这与群体及群体过程的本质并不契合。

二是既有研究范式多与群体断层特征不够契合。基于感知才存在、激活才显效的原则，群体断层研究应当围绕对群体成员所能感知到并对其行为产生影响（群体断层激活）的变量的识别以及对潜藏其后的作用机制的解构来展开。而群体断层激活及对应演进机制的解构，必须以具有鲜明群体断层激活特征并对群体过程及不同层面绩效产出具有重大影响的历史事件为研究对象，采用纵贯式的案例研究范式，既要关注群体成员的不等价性，又要关注不同群体和同一群体内部不同成员之间的多重交互关系，精准识别能激活群体断层的关键变量，并科学解构潜藏其后的交互作用机制，进而揭示群体断层或正或负效应的涌现及演进表征。当前采用此范式的研究并不多见。

抗日战争挽救了中国的命运，促进了世界的和平与发展。作为世界反法西斯的主要阵地，中国的抗日战争的最终胜利，既是中国人民大团结的胜利，也是世界人民大团结的胜利。但中国人民抗战的信心，一直受到"亡国论"和"速胜论"两种错误观点的影响。

亡国论早已存在，随着国民党军队在正面战场的节节败退，从者日众。在抗战爆发前，国民党内部就有人散布亡国言论，"如果抗战，必会作阿比西尼亚"[①]。全面抗战爆发后，国民党军队节节败退，上海、南京等大都市相继沦陷，日本侵略者长驱直入，不到 10 个月就侵占了华北、华中大片国土，"再战必亡"的"亡国论"又甚嚣尘上，如汪精卫认为："我们的所谓抗战，无他内容，其内容只是牺牲，牺牲完了，抵抗之目的也就达到了。"（张红春和雷国珍，2013）

速胜论早有渊源，在平型关大捷和台儿庄战役后再度兴起。早在 1931 年"九一八"事变发生时，不少国人对收回东北失地持乐观态度，甚至把日本看成"中国的寄生虫"，扬言不必作战，只要在经济上与日本绝交，不到半年，日本定会崩溃。台儿庄大捷后，不少人认为此战是抗日战争的准决战，幻想抗战即将速胜，甚至公开提出再战半年，最多一年，敌人虽胜于战场，亦必因经济之破产而全局瓦解，中国获得最后胜利为期不远也。同样，在共产党内部，不少同志也存在着轻敌倾向，认为日本不值得一打，中国的抗战可以速胜。

但毛泽东指出："亡国论是不对的，速胜论也是不对的。"[②]回顾历史，台儿庄大捷虽在民众心中激起过速胜的涟漪，但这种倾向并非主流，很快就淡出了人们的视野。相较而言，"亡国论"的危害则要大得多，持续时间也更长。如果不对"亡国论"作深入批判，那么必然会动摇中国人民的抗战信心，影响中国抗战力量的有效组织，所以毛泽东的《论持久战》，虽对"亡国论"和"速胜论"都进行了批驳，但主要通过对"亡国论"的批驳来阐明抗战的持久性和胜利的必然性。

综上所述，《论持久战》既对中国抗日战争的进程进行了回顾、分析和展望，又对国内外各阶层对抗战进程及最终胜利的争取在认知和行动上的群体断层进行了解构和分析，并提出有针对性的治理策略。因而《论持久战》是难得的研究群体断层激活与融合的经典样本。基于这样的认识和分析，本节基于对《论持久战》的文本分析，试图对《论持久战》中的群体断层治理构念进行深入解构。

一、亡国速胜？坚定久战必胜心

关于《论持久战》的目标受众与写作目的，目前学界主要有四种观点：瑞贝

---

① 《毛泽东选集》第二卷，441 页，北京，人民出版社，1991。

② 同①，457 页。

卡·卡尔(2013)认为是为"我们共产党人"阐述"只要所有中国人联合起来，找到正确的作战方法，中国完全能够在目前的形势下生存，有能力对抗日本，也可以赢得这场战争"的政治主张；刘益涛(2015)认为是为"党内某些同志"分析八路军游击战战略方针的重要性和决定性；杨奎松(2018)认为是为"中国人民"解读共产党及其领导下的八路军和人民游击战争，决定了胜利属于中国的历史必然性；桑兵(2020)认为是为"全国军民，尤其是国民党、国民政府和国民革命军的军政领导层"全面系统阐述中国共产党的抗日战争战略方针。

上述四种观点各有侧重，但都没有对中国抗日战争的国际背景、《论持久战》的文本内容、毛泽东写作时的政治身份和特殊历史时期等进行必要的观照。日本发动的侵略战争，加害的是全世界人民，而中国首当其冲。

"当日本举行战争的时候，正是世界各国或者已经遭遇战争或者快要遭遇战争的时候，大家都正在或准备着为反抗野蛮侵略而战，中国这个国家又是同世界多数国家和多数人民利害相关的，这就是日本已经引起并还要加深地引起世界多数国家和多数人民的反对的根源。"所以中国的胜败，不仅关乎中国各阶层的未来，"中国降了，任何人都要做亡国奴……不但是对下层民众，而且是对上层成分，——当然对后者稍为客气些，但也只有程度之别，并无原则之分"，也关乎他国人民的未来，"中国的任务，就在于利用这种国际形势取得自己的彻底解放，建立独立的民主国家，同时也就是帮助世界的反法西斯运动"①。

因而，关于《论持久战》的目标受众和写作目的，在文章开篇就已明确提出："抗战十个月的经验，尽够击破毫无根据的亡国论，也尽够说服急性朋友们的速胜论了"，为回答"大多数人至今没有解决的""(抗日)战争的过程究竟会怎么样？能胜利还是不能胜利？能速胜还是不能速胜？很多人都说持久战，但是为什么是持久战？怎样进行持久战？很多人都说最后胜利，但是为什么会有最后胜利？怎样争取最后胜利？"等问题，为强化"宣传解释工作"而做一个"总结性的解释"，尤其是要提供雄辩的论据来反驳亡国论和速胜论，充实人们对持久战"空洞无物的了解"，确保"四万万人一齐努力，最后胜利是中国的"。

对于目标受众，即文中提及的"大多数人"，除了"在抗日战争中能够尽其更好和更大的努力"的每个共产党员和"同其他抗战党派和全国人民一道，唯一的方向是努力团结一切力量，战胜万恶的日寇"的我们共产党人，还有"无日不

---

① 《毛泽东选集》第二卷，452、454~455、469页，北京，人民出版社，1991。

在渴望战争的胜利"而"身受战争灾难、为着自己民族的生存而奋斗"的每一个
中国人；"在我们的抗战中都尽了他们各种程度的努力"的"全国党派，从共产
党到国民党；全国人民，从工人农民到资产阶级；全国军队，从主力军到游击
队；国际方面，从社会主义国家到各国爱好正义的人民；敌国方面，从某些国
内反战的人民到前线反战的兵士"以及"关心这个战争"且作为"抗日战争和统一
战线之所以能够坚持"诸多影响因素之一的全世界人民。因此，《论持久战》既
为坚定中国社会各阶层抗战决心而写，也为呼唤他国人民共同参加反法西斯运
动，进而援助中国的抗战而作。

此外，综合考虑如上目标受众对抗战的态度和投入，加上《论持久战》成文
之时正值"伟大抗日战争的一周年纪念""今年七月一日，是中国共产党建立的
十七周年纪念日"①两个特殊时机，以及毛泽东作为中国共产党领导人的身份
等因素，我们将《论持久战》的目标受众归结为共产党人、国民党人、爱国人
士、军队将士、全国人民和他国人民六个目标群体。

二、精准切脉，自助助人命相依

《论持久战》为融合不同目标群体的认知和行动断层而作。那么群体断层因
什么而被激活？激活后如何演进，如何融合？不同目标群体的群体断层融合之
间存在什么样的关系？在此，先以共产党人内部群体断层的激活、演进及融合
策略的分析简要示范如下。

毛泽东写《论持久战》，是当其时、当其事、当其人的形势所迫。所谓"当
其时"和"当其事"，在 1937 年 8 月 22—25 日召开的洛川会议上毛泽东所作报
告中有充分展示：

> 我们的任务是动员一切力量争取抗战胜利，最基本的方针是持久
> 战。红军的基本任务是：创造根据地；钳制和相机消灭敌人；配合友
> 军作战（战略支援任务）；保存和扩大红军；争取民族革命战争领导权。
> 红军的战略方针是独立自主的山地游击战，包括在有利条件下消灭敌
> 人兵团和在平原发展游击战争。在统一战线下是相对的独立自主，但
> 一定要争取战略方针的共同商量；游击战争的作战原则是分散以发动
> 群众，集中以消灭敌人，打得赢就打，打不赢就走；山地战要达到建

① 《毛泽东选集》第二卷，439～440 页，北京，人民出版社，1991。

立根据地，发展游击战争，小游击队可到平原地区发展。要坚持抗日民族统一战线，要巩固和扩大抗日民族统一战线，共产党在统一战线中必须坚持独立自主的原则，对国民党要保持高度的阶级警觉性。红军主力全部出动要依情况决定，要留一部分保卫陕甘宁边区。①

但由于时间紧迫，毛泽东提出的这些方针和政策，尤其是八路军的作战原则，在会上并没有完全达成共识。

而"当其人"指向的是 1937 年 12 月 9—14 日，受共产国际派遣抵达延安的王明。他在中共中央政治局会议上作了题为《如何继续全国抗战与争取抗战胜利呢?》的报告，对毛泽东在洛川会议上提出的方针和政策进行了针锋相对的批评，主张"一切经过统一战线"；反对提国民党和共产党谁吸引谁的问题，主张共同负责、共同领导。虽然王明的意见没有形成会议决议，但自全面抗战爆发以来，中国共产党内部对游击战在抗战中是否具有战略意义、八路军应不应该实行"基本的是游击战"等抗日战略方针问题，不仅在洛川会议上没有达成共识，而且由于王明在中央政治局会议上针锋相对的公开批评，对如上问题的认知分歧日渐加大。"解决指导全党进行抗日战争的战略方针问题"成了毛泽东当时感到最为重要也最为紧急的问题。

在《论持久战》中，毛泽东对共产党人群体断层的涌现表征及有效治理策略进行了全面解构和分析。在长约 4.75 万字的《论持久战》中，"共产党"及"我党"出现了 19 次，其中与群体断层主题直接相关的共 14 次，其中部分段落来源及文本内容见表 4-2 左列。我们将摘取的文本内容围绕"共产党人"在抗日战争进程及胜利的争取中"已是/做什么"和"将是/做什么"进行了文本精炼，见表 4-2 右列。如将第 1 段摘取的文本内容精炼为"共产党人坚持抗战和统一战线并尽了努力，今后将更加努力团结一切力量争取最终的胜利"。

表 4-2   《论持久战》中关于"共产党人"的文本摘取与文本精炼(部分)

文本摘取	文本精炼
1. 抗日战争和统一战线之所以能够坚持，是由于……从共产党到国民党……这些因素，在我们的抗战中都尽了他们各种程度的努力。……我们共产党人，……唯一的方向，是努力团结一切力量，战胜万恶的日寇。	共产党人坚持抗战和统一战线并尽了努力，今后将更加努力团结一切力量争取最终的胜利。

① 中共中央文献研究室：《毛泽东年谱(一八九三——一九四九)修订本》中卷，41 页，北京，中央文献出版社，2013。

续表

文本摘取	文本精炼
6. (斯诺)问：假如战争拖得很长，日本没有完全战败，共产党能否同意讲和，并承认日本统治东北？(毛泽东)答：不能。中国共产党……不容许日本保留中国的寸土。	共产党人坚持抗战直到最终胜利。
7.《中共中央关于目前形势与党的任务的决定》清楚地指出：七月七日……已经成了中国全国性抗战的起点。……这一阶段最中心任务是：动员一切力量争取抗战的胜利。……这一抗战是艰苦的持久战……必将因为我党……的努力，冲破一切障碍物而继续地前进和发展。	共产党人的努力程度决定了抗战的进程。
11. 中国自己比较起来，却有了比任何一个历史时期更为进步的因素。中国共产党……是这种进步因素的代表。	共产党人是中国历史上最进步因素的代表。
16. 今天中国的进步在于它有了共产党，有了……共产党领导的中国红军，有了……中国共产党成立以来的十七年的经验。	共产党人是中国进步因素的代表。
22. 中国坚持抗战的因素有三个：其一，共产党，这是领导人民抗日的可靠力量……	共产党人是领导人民坚持抗战的可靠力量……
58. 我们共产党人……不反对进步的正义的战争。……我们共产党人不但不反对，而且积极地参加。……我们中国，……从共产党到国民党，一律举起了义旗，进行了反侵略的民族革命战争。	共产党人支持并已投身反侵略的正义战争。

注：《论持久战》由120个段落组成，上表中左列数字序号对应段落序号，下文括号中数字同。

综上分析可见，共产党人内部存在的主要问题，也就是共产党人内部群体断层的激活因子，即认知分歧。具体而言，就是毛泽东在洛川会议上提出的游击战在抗战中的战略地位，在抗战中，共产党与国民党保持既合作又警戒的关系、共产党对民族革命战争领导权的争取等方针和政策在共产党内部没有取得共识。经王明针锋相对的公开批判后，共产党人认知断层被激活后不断演化，具体表征为：一是定位不清，如共产党人是中国历史上最进步因素的代表(11、16)、是领导人民坚持抗战直到最终胜利的可靠力量(1、6、22、58)；二是引领不力，如共产党人的努力程度决定了抗日战争的进程(7)、今后将更加努力团结一切力量争取最终的胜利(1)。对应的融合策略一是准确定位，二是加强引领。

以此类推，国民党人虽然已经参与抗战且为此尽了相当程度的努力(1、58)，也不会主动投降(22)，但其战法错误(36)、不良现象日渐增加(25)，因而国民党人存在的主要问题是未尽全力，群体断层涌现表征为：弊病日积、节节败退，对应的融合策略是兴利除弊、张弛进退。

爱国人士大多反对妥协、拥护抗战(22)，并已尽了相当程度的努力(1)，是抗战不可忽视的力量(105)，但他们惧怕对日妥协和怀疑政治不能进步(20)或进步不快(25)，对抗战及未来多持悲观态度。因而，爱国人士存在的问题是悲观主义，群体断层的涌现表征为主观片面、惧降怕退，对应的融合策略是全面辩证、主动作为。

军队将士包括主力军和游击队，他们肩负着打倒敌人、改变国家被压迫现状、建立新中国的历史重任(62)，欲达此目的，必须重视游击战的战略地位(4、95)，利用或创造敌人之错(105)等有利场合多打歼灭战和消耗战(90、101、108)，充分调动和发挥各方主观能动性(61、62、67、81、82、96、103、113、115、117)来强我弱敌(84)。因此，军队将士存在的主要问题是线性思维，群体断层涌现表征为轻视游击、被动弱敌，对应的融合策略是重视游击、主动弱敌。

全国人民生死与共、命运一体(21)，渴望胜利(1、40)，是支持长期抗战并取得最终胜利的根本力量(83、114、117)，但动员不足。因此，他们存在的主要问题是聚合不力，具体表征为关系不清、激发不力，对应的融合策略是澄清关系、兴亡我责。

日本发动的侵华战争，是该国占领远东、亚洲和世界既定战争计划的第一步，为此，日本采取了一系列欺骗手段来掩饰最终霸占世界的目的(巴拉诺夫，2017)。日本侵略中国，是侵占世界的第一步棋(15、42、57、58)，所以全世界人民都关心中日战争，也尽了一定程度的努力(1)。国人抗战，是为了保家卫国、拯救世界(111)，而他国人民，如日本人民的觉醒、苏联等国人民的援助(10、11、28、56、63)，也是中国抗日战争取得胜利的重要条件(6)。他国人民存在的主要问题是援助不力，群体断层涌现表征为轻信日本、明哲保身，对应的融合策略是认清真相、援中卫己。

值得注意的是，如上六个目标群体的群体断层融合对中国抗日战争进程及最终胜利的影响和贡献并不等价，共产党人的融合及其对其他五个群体的融合指引具有主导性和决定性，这是因为中国的抗战要取得最终的胜利，一刻也离不开政治，"离不开战争的政治目的——驱逐日本帝国主义、建立自由平等的新中国，离不开坚持抗战和坚持统一战线的总方针，离不开全国人民的动员，离不开官兵一致、军民一致和瓦解敌军等项政治原则，离不开统一战线政策的良好执行，离不开文化的动员，离不开争取国际力量和敌国人民援助的努力"①。

三、巧融断层，内外上下聚全力

毛泽东对《论持久战》一文的写作十分用心，花了很长时间准备（桑兵，2018；鄢海亮，2018；曹应旺，2019），同时希望尽快出版发行，"……告出版科《论持久战》拟出单行本，是否可用一次排版印出"②。为了尽快将《论持久战》向世界传播，中共中央还组织了专门的译员将其译成英文，毛泽东为此还专门写了序言：

> 上海的朋友在将我的《论持久战》翻译成英文，我听了当然是高兴的，因为伟大的中国抗战，不但是中国的事，东方的事，也是世界的事……在伟大的抗战中，基本的依靠中国自力胜敌，……但同时，需要外援的配合，我们的敌人是世界性的敌人，中国的抗战是世界性的抗战，孤立战争的观点历史已指明其不正确了……援助中国就是援助他们自己，才是当前具体真理。因此我希望此书能在英语各国间唤起若干同情，为了中国利益，也为了世界利益……我希望英、美民众积极起来，督责其政府采取反对侵略战争的新政策，为了中国，也为了英、美自身。③

研究表明，到中华人民共和国成立前，《论持久战》在延安、武汉及敌后根据地陆续出版发行了 170 多种版本，是毛泽东最有影响力的论著，或没有之一（桑兵，2020）。

由此看来，毛泽东对《论持久战》的发表和传播高度重视。那么，《论持久战》对国内外不同社会阶层对中国抗日战争进程及最终胜败的认知断层的融合是否达到了预期效果呢？综合各种事实和数据，随着《论持久战》的发表及传播，其巨大号召力和动员力所引起的中国社会纵向和横向、从上层深入社会的每个角落，又从社会的每个角落反馈到上层的革命性变化（明佳睿和王立胜，2013），充分展现了《论持久战》对各目标群体的断层融合的积极效果。

---

① 《毛泽东选集》第二卷，479 页，北京，人民出版社，1991。

② 中共中央文献研究室：《毛泽东年谱（一八九三——一九四九）修订本》中卷，145～147 页，北京，中央文献出版社，2013。

③ 同①，145～147 页。

第一，对共产党人起到了统一思想、化从为主的效果。《论持久战》对全体共产党人，尤其是党的领导人对中日战争的本质及如何争取抗日战争胜利在认知上的统一和行动上的自觉遵从都产生了极为深远的影响（刘琦，2005）。陈云听了毛泽东的演讲后，感到此文对全党、对全国抗战，都有重要指导意义，建议毛泽东把讲稿整理出来在党内印发，在更大范围内传播。彭德怀、周恩来、洛甫和李富春等也分别撰文回应，对抗日战争的性质和前途进行了精辟的论述，提出了许多抗战建国的正确理论。毛泽东在《论持久战》中特别强调弱小的共产党只要能够与民众密切结合起来，就一定能够成为这场民族战争的领导力量。随着《论持久战》的发表和传播，在持久战中争取抗战胜利，在中国共产党上下已成公论，有力地促进了中国共产党对抗日民族统一战线领导权的争取，切实达到了统一思想、化从为主的效果（桑兵，2021）。

第二，对国民党人起到了认同持久、化退为进的作用。《论持久战》的发表和传播，坚定了国民党人抗战的决心并提供了可行的路径（张小锋，2015）。据白崇禧的秘书程思远（1994）回忆，毛泽东《论持久战》刚发表，周恩来就把它的基本精神向白崇禧做了介绍。白崇禧大为赞赏，认为这是克敌制胜的最高战略方针。后来白崇禧又把它转述给蒋介石，蒋介石也十分赞成。在蒋介石的支持下，白崇禧把《论持久战》的精神归纳为两句话："积小胜为大胜，以空间换时间"，并取得了周恩来的同意，由军事委员会通令全国，作为抗日战争中的指导思想。

第三，对爱国人士起到了坚信持久、化中为我的作用。《论持久战》发表不久，国共摩擦加剧，但《论持久战》的思想已深入人心，即使有意回避，该文对爱国人士的影响也已深入骨髓。如1939年，以《持久战》为名的杂志创刊，刘文阶（1939）在该刊第2号上发表《怎样支持持久战》一文，称引"我们贤明领袖"的话"唯有拼全民之生命牺牲到底，再无中途停顿妥协之理"，坚信只要我们坚决支持持久抗战，就会取得最后胜利。同时论证了要取得持久战的胜利，必须在政治上强调政治重于军事且呼吁切实改善政治以配合军事；经济上强调国防经济夯实与民生改善不可偏废；军事上强调对"领袖所定天才战略"的充分遵从，机动灵活地歼灭敌人，加快主动权的掌握；外交上主动出击；等等。璧瑜（1938）撰文指出，只有持久战，才能使日本动员、集中一切经济力量到战争中来，使这个空虚的"巨人"耗尽力量，并使其建设中途转为中国所有。而持久抗战中发展游击战，对于阻止日阀的"建设"，具有重要作用。此外，翼云（1938）着重探讨增进农业、复兴手工业和建立轻工业，既能使经济实现自给自足，不依赖国外省外，又能从经济上支撑持久战。熊良(1938)专门讨论了手工业在持久战中的地位等。

第四，对军队将士起到了全局一体、化弱为强的效果。《论持久战》详细阐述的全面抗战战略，军事上主张由国民党指挥的军队和中国共产党领导的军队实行不同战法，前者以运动战为主，阵地战、游击战为辅；后者则坚持独立自主的山地游击战。这一战略不仅明确了游击战在持久战中的战略地位，也明确了中国共产党在政治上、军事上的独立自主是实现游击战的战略作用并最终取得持久抗战胜利的组织保证。而面对强敌，无论国民党还是共产党都应该保存自己，消灭敌人(桑兵，2021)。显而易见，《论持久战》不仅坚定了八路军、新四军对于游击战的战略地位的认识，也引导了国民党的广大爱国官兵，指导了国民党广大爱国将领顽强抗击装备精良的日本侵略者，守住和建设了以重庆为中心的西南半壁江山，极大地削弱了日本侵略者的有生力量，谱写了一曲中华民族团结御侮的英雄壮歌(唐正芒和周玉文，2016)。

第五，对全国人民起到了全民皆兵、化散为聚的效果。《论持久战》中明确将有序地组织"兵民"看作动员之基础、胜利之根本。毛泽东说："战争的伟力之最深厚的根源，存在于民众之中。日本敢于欺负我们，主要的原因在于中国民众的无组织状态。"①因而要通过社会动员将"原子化"的民众组织起来。"组织起来"意味着使分散的力量成为集中的力量，使分散的行动成为集中的行动，从而使处于个体状态的社会成员成为一个强有力的集合体(王立胜，2006)。比如在桂南会战期间，新桂系成立的基层领导权由中国共产党所掌控、工作人员以广西学生军为主的军民合作站，通过组织民众支援前线，调解军民关系，在军队和民众之间架设了沟通的桥梁，在保证军队物资供应、解决战地后勤等方面发挥了决定性的作用，堪称全民皆兵、化散为聚的典范(陈峥和陈垣君，2020)。

第六，对他国人民起到了加大援助、化外为内的效果。《论持久战》的发表和传播，赢得了他国人民的理解和支持，对他国军民起到了化敌为友、化外为内的效果。《论持久战》公开发表后，当时几乎全世界各个国家的报纸都有转载。这是增加抗战信念和理解抗战意义、清算一切"亡国论""唯武器论"的一部读物，是每个不愿做亡国奴的人都应读的一本巨著(桑兵，2019)。指导杨刚翻译《论持久战》的美国作家项美丽与其丈夫邵洵美在英文版《直言评论》(*Candid Comment*)上专门撰文推介："这本《论持久战》的小册子，洋洋数万言，讨论

---

① 《毛泽东选集》第二卷，511 页，北京，人民出版社，1991。

的范围不能说不广，研究的技术不能说不精，含蓄的意识不能说不高，但是写得'浅近'，人人能了解，人人能欣赏。万人传诵，中外称颂，绝不是偶然事也。"并将其评价为"近十年来，最能吸引大众注意的中国出版物"（周惠斌，2012）。史迪威认定《论持久战》是一部"绝妙的军事教科书"，他建议美国政府"加快对华援助"，进而加快胜利的到来（周重礼和余雷英，2001）。

表4-3展示了《论持久战》中不同目标群体的聚焦问题（群体断层激活因子）、涌现表征、融合策略与融合效果。显而易见，国民党人对持久战的认同及化退为进的效果达成，爱国人士坚信持久的化中为我，军队将士全局一体的化弱为强，全国人民全民皆兵的化散为聚，他国人民加大援助的化外为内，只有在共产党人统一思想的引导下才能成功，而在此过程中，共产党人也实现了化从为主的角色转换。

表4-3　《论持久战》中不同目标群体的群体断层治理构念分析

目标群体	聚焦问题	群体断层		
		涌现表征	融合策略	融合效果
共产党人	认知分歧	定位不清、引领不力	准确定位、加强引领	统一思想、化从为主
国民党人	未尽全力	弊病日积、节节败退	兴利除弊、张弛进退	认同持久、化退为进
爱国人士	悲观主义	主观片面、惧降怕退	全面辩证、主动作为	坚信持久、化中为我
军队将士	线性思维	轻视游击、被动弱敌	重视游击、主动弱敌	全局一体、化弱为强
全国人民	聚合不力	关系不清、激发不力	澄清关系、兴亡我责	全民皆兵、化散为聚
他国人民	援助不力	轻信日本、明哲保身	认清真相、援中卫己	加大援助、化外为内

四、借智经典，百年变局只等闲

一直以来，学界对《论持久战》的研究，都是以对现实的观照为主线展开的。近年来，随着全面深化改革进入攻坚克难期，加上影响中国经济社会发展的外部环境日益复杂难测，对《论持久战》的研究快速升温。我们以"论持久战"为主题检索词，对中国知网上收录的CSSCI期刊论文进行检索发现，截至2023年1月27日，共搜索到相关论文48篇，其中1999年4篇，而随后的15年（2000—2014）刊发了7篇，年均不足0.5篇，但自2015年以来不到8年的时间里，刊发了37篇，年均近5篇。可见国内学界对《论持久战》的研究，总体上呈现出"突然兴起—低位徘徊—迅速升温"的趋势。尤其是在党的十八届三中全会召开以来，学界对《论持久战》的研究热度更是直线飙升。我们对这48

篇论文逐一精读，结果发现，学界自 1999 年以来对《论持久战》的研究，与中国最近二十余年来经济社会发展的内外张力耦合非常相契，总体上可分为三个阶段。

1999—2004 年为第一阶段，标志性事件有两个：一是 1999 年 5 月 8 日美国恶意轰炸中国驻南斯拉夫联盟大使馆，导致 3 人牺牲，使馆建筑被毁。二是 2001 年 4 月 1 日美国军机擅闯我国南海海域，王伟驾机与之对撞而陨落大海。前后不到两年时间，中国本土及海外公民的生命安全皆遭到美方的公然侵害。鉴古喻今，学界对《论持久战》研究的"突然兴起"，在山雨欲来风满楼之际，对《论持久战》的军事战略思想及其现实指导意义进行了深入的论述。如刘炬（1999）撰文指出《论持久战》是中国人民赢得抗战最后胜利的战略纲领；朱根生（1999）对《论持久战》中毛泽东对战争政治属性的独到认识进行了分析和解构；邵平桢（2003）从战略运筹和主观指导角度论证了毛泽东的战略预见性。

2005—2014 年为第二阶段，最主要的标志性事件是我国提出构建和谐社会的战略任务，并将其作为加强党的执政能力建设的重要内容，呼吁社会各界一心一意谋发展。学界这一时期对《论持久战》的研究，多关注从不同角度对行文时期相关社会需求回应的价值发掘。如苏东水等人（2011）对《论持久战》中蕴含的人本管理思想进行了发掘和分析，特别强调了《论持久战》在管理的"以人为本"、管理者的道德自律、管理者的理性与冷静、管理者谋略、团队建设、目标指引和士气激励等方面对和谐社会建设的理论借鉴和实践指导意义；明佳睿和王立胜（2013）从社会学角度论证如何将《论持久战》运用到经济建设、政治建设、文化建设、社会建设和生态文明建设"五位一体"的中国特色社会主义事业的总体布局中去。

2015 年至今为第三阶段，标志性事件是一系列事件的迭代耦合。首先是中国国内生产总值（GDP）自 2010 年起超过日本成为世界第二大经济体后一直逆势稳步增长，与排名第三的日本的差距不断拉大，且与排名第一的美国的差距逐渐缩小，尤其是在世界主要经济大国在经历新型冠状病毒疫情的全面"检验"后。其次是 2017 年党的十九大正式提出了为"实现中华民族伟大复兴"必须进行伟大斗争、建设伟大工程、推进伟大事业并切实付诸实际，中国因此遭到美国的公开遏制和打压。最后是为庆祝《论持久战》发表 80 周年，社会各界所组织的各种纪念活动。这一时期的研究多关注《论持久战》的时代价值的发掘和凸显。例如，张小锋（2015）认为《论持久战》是全民族抗战的精神武器和旗帜，"是夺取抗战胜利的指路明灯"；桑兵（2019）基于相关史料的回顾，围绕《论持久战》发表后各方对其内涵要义的解读和传播，尤其是对中国共产党向各地各界民众开展有组织有计划舆论宣传之"鼓"，左翼人士踊跃呼应之"呼"，国民党及其宣传机构欲避不能之"应"等方面进行了梳理分析。桑兵（2020）还从《论持久战》的本义出发，对其主要言说对象进行了分析和论证。彭敦文（2020）对《论持久战》的当代价值进行了深入的阐述。陶坚（2021）认为，《论持久战》是指导全党全国人民坚定决心、凝聚力量、长期奋斗的路线图。

《论持久战》既是把民族解放事业推向新阶段的宣言书，又是破解当时中国国民面对日本帝国主义侵略及国民党专制统治所带来的思想困惑、秩序紊乱、社会发展动力不足等诸多难题的动员书（明佳睿和王立胜，2013），其中蕴含的站在人民立场上，运用辩证、发展的观点，通过矛盾分析、阶级分析的方法（魏忠明和邓兴华，2018），坚持运用正确的理论统一认识、凝聚人心等哲理历久弥新（余源培，2005），《论持久战》的发表及传播，助力了中国共产党人成功进行大规模社会动员，将松散的民众从思想到行动上全方位组织起来，翻转社会结构，进行社会重构，充分检验和证实了"集中力量办大事"范式的有效性。这些对于中华民族的伟大复兴、中国特色社会主义事业的建设依然有着重要启迪及理论和实践的指导意义。

《论持久战》蕴含的时代观，从时代、时局、时势的高度，批判了对于抗日战争的各种错误认识，阐明了争取抗战胜利的正确道路，从思想上武装了全党、全军和广大人民，极大地鼓舞和坚定了广大军民争取抗战胜利的信心和决心（曹应旺，2022）。因而，《论持久战》与抗日研究要深得大义，需从大处着眼。

然而，《论持久战》以及与之相关的持久战论说与行事，……看似已经不言而喻，实则误读错解的情形不在少数，这在中国近现代史研究领域较为常见。要以碎立通，必须汇集掌握大多数材料，妥当安放新发现，分清历史与社会发展史的联系及区别，在先行研究的基础上，依照本来的时空位序进一步系统梳理材料与史实，溯源逐流，循名责实，以事实证文本，比较近真并得其头绪，使得呈现历史与历史认识相辅相成（桑兵，2022）。

本节内容正是基于上述认知，从群体断层激活因子、涌现表征、融合策略及融合效果检验的视角，对《论持久战》中群体断层治理构念进行了深入剖析，从实证角度验证了群体多样性中不同群体对组织绩效影响和贡献的不等价性。在国共联合抗日、全民动员以及积极争取他国人民援助、持久作战并争取最终的胜利上，共产党人内部的融合为一及其对国民党人、爱国人士、军队将士、全国人民和他国人民等其他群体的断层融合起到了主导性和决定性作用。可以说，中国抗日战争的胜利，就是共产党人内部融合为一，以及共产党人对其他群体断层化分为合的决定性主导作用的胜利。这一研究对于中华民族的伟大复兴具有相当重要的时代价值。

当今世界正经历百年未有之大变局，我国正处于实现中华民族伟大复兴的关键时期，在这样的历史关头，西方模式的日渐衰落和中国模式的崛起，虽是大势所趋，但绝不会一夜而成（成龙，2020），更需中国共产党及其领导下的中国人民站在历史和全局的高度，积极参与全球治理，促进世界各国，尤其是美国等西方国家回归促进人类和平与发展的理性本位，携手共创更加美好的未来（许士密，2021）。对世界大多数国家和人民来说，此情此景与《论持久战》成文时多有神似之处——前路漫漫与当下迷茫相互交织，个体、组织和国家将走向何方？亟待智慧之人提出可行方案指导人类前行。因而本节分析和解构的《论持久战》中的群体断层治理构念，对于当前我国各项事业的顺利推进、"一带一路"倡议的实施和人类命运共同体的构建等，都具有现实指导意义。

首先，中华民族上下同心、内外一体是构建人类命运共同体的前提和基石。中国抗战之胜，首先是中华全民族大团结之胜，进而是全世界反法西斯阵营大联合之胜。就当前来说，需要融合国内和国际双重视域，以社会主义制度基础的夯实为根本，构建和谐统一的中华民族共同体，促进个体价值和社会共同体价值的共同实现，同时以共生主义理念来构建人类命运共同体，以此引领全球文明秩序重塑，充分彰显现代个体与共同体关系重建的中国智慧（赵坤，2020）。

其次，中国共产党及其领导的中国人民，负有召唤和引领其他国家和人民认同并积极投身人类命运共同体建设之重任。正如《论持久战》特别强调中国共产党人在争取其他社会群体对持久战的坚持及最后胜利中所起的决定性引领作用一样，当前，全球化治理需要遵循共商共建共享原则，坚持多边主义、开放包容、互利合作、与时俱进，推动全球化向更加开放、包容、普惠、平衡、共赢的方向发展，推动"西方中心治理"向"东西方共同治理"、资本主义世界历史向"人类命运共同体意义上的世界历史"转变，共同化解国际社会"存量厮杀"积怨（季思，2020）、破解全球"信任赤字"的困局（王珊珊，2019），用实际行动切实践行中国方案。

最后，在国际话语权上要主动发声，使之与中国的担当和作为、中国对世界的贡献动态匹配。《论持久战》的发表，彰显了中国共产党人的主张，强化了全民族抗战的信心，赢得了世界友好国家和人民的同情与支持，为抗战胜利起到了旗帜性的发声作用。回顾当前，"中国音量"不仅与"中国体量"不相称，与中国的担当和作为、中国对世界的贡献也很不匹配。这一方面需要不断加强中国道路和中国模式的正当性阐释，在更高的层面上实现自我认同、自我批判与自我超越(潘娜娜，2021)；另一方面需要建构新时代中国国际话语权，从话语内容的丰富与话语表达艺术性的提升同时着手，坚持马克思主义理论的指导，坚持党性与人民性相统一，坚持民族特色与国际视野相统一，切实增强中国特色社会主义话语的解释力、感召力、传播力和影响力，不断提升中国有责任、有担当的大国形象(刘海春，2020)。

第三节　晓理动情，巴西申奥克强敌

2009 年 10 月 2 日，全世界的目光都聚焦在丹麦首都哥本哈根，正在这里举行的国际奥委会第 121 次全会将在当天投票产生 2016 年夏季奥运会主办城市。为了给本国的申办城市拉票，各国首脑齐聚哥本哈根。时任美国总统奥巴马、巴西总统卢拉、日本首相鸠山由纪夫、西班牙国王胡安·卡洛斯和首相萨帕特罗，都亲临现场为本国申办城市助威拉票。为了争取选票，国家元首们纷纷上台演讲，使出浑身解数，试图以情动人、以理服人，这项体育盛事顿时变成了一场国际政治峰会，开创了奥运会申办历史上所有申办城市所在国家元首或政府首脑齐聚国际奥委会全会的盛况。

巴西在这场竞争中的胜出，为我们用好用活国际规则，打好"目标同一"这张牌提供了生动的范本。

一、群雄对决：掌门要员悉数上阵

为了争取最后的胜利，各国代表团使出浑身解数，总统或首相纷纷粉墨登场，试图在最后关头为本国的申办城市拉上制胜的一票。

美国芝加哥代表团打出了时任总统奥巴马和总统夫人米歇尔两张王牌。在最后关头才临时决定搭乘总统专机"空军一号"连夜从华盛顿飞抵丹麦的奥巴马发表了激情洋溢的演讲，他特别强调了美国的民主力量以及芝加哥多元文化交融的优势。而奥巴马夫人则打出"柔性公关"牌，称自己以一个母亲和女儿的身份而不是总统夫人的身份前来，她的到来表明体育和奥运在芝加哥已经深入民心，恳请奥委会委员们能投芝加哥一票。

随后，日本东京代表团在首相鸠山由纪夫的带领下进行了拉票。鸠山由纪夫指出东京有资格成为公共安全和环境可持续发展的未来楷模，他提出了在21世纪举办新型的奥运会、在海边建造森林、在森林旁建造主会场等高科技举措的战略构想。最后日本代表团表示，他们一旦承诺，就一定会做到。

接下来出场的巴西里约热内卢（以下简称"里约"）代表团可谓阵容豪华，其成员包括总统卢拉、前国际足联主席阿维兰热、球王贝利等人。卢拉重点强调了南美大陆从未举办过奥运会，申奥不仅仅是里约的愿望，也是整个南美的渴求。"里约准备好了。给我们这个机会，你们不会后悔。充满激情、活力和创造力的巴西人民热切盼望奥运到来。"巴西代表团还绘制了专门的地图，以欧美密密麻麻的历届奥运举办城市衬托南美版图的一片空白。

最后拉票的西班牙马德里代表团推出了特邀嘉宾国际奥委会名誉主席萨马兰奇先生。"我知道我即将走向生命的尽头，我已经89岁了。我恳请大家'考虑'选择让马德里举办2016年奥运会。"德高望重的萨翁以生命终止前的最后请求博得了全场经久不息的掌声。马德里代表团还特别强调了民众超高的支持率，以及这座城市悠久的体育传统。

各国代表陈述后，进入委员投票阶段。首轮投票：马德里28票，里约26票，东京22票，芝加哥仅获18票被率先淘汰出局。第二轮里约以46票胜出，马德里获29票，东京以20票被淘汰。最后一轮投票，有66位奥委会委员将选票投给了里约，巴西总统卢拉顿时哭了，整个巴西哭了。

芝加哥有奥巴马夫妇的全力拉票，东京有雄厚的经济基础支撑，马德里更有前国际奥委会主席萨马兰奇先生的生死恳求。但结果是芝加哥早早出局，东京在第二轮角逐中被提前扫地出门，马德里在最后的对决中败下阵来，唯有里约低开高走笑到了最后。全世界都不禁要问：里约凭什么获胜？芝加哥、东京和马德里为什么会先后黯然出局？

二、晓之以理：坦诚自信用活规则

对于巴西在申奥中低开高走并最后胜出，媒体多从总统作风、代表团陈述风格，以及各国的地理位置、民众支持和资金投入等方面来诠释各申办城市成败之因。但笔者认为，这些分析和解释大多失之偏颇。

作为一名体育运动爱好者和奥运精神的亲历者，一个心理学实践者，以及一个管理学的学习者和从教者，笔者认为，里约能够在这场竞争中胜出有更深层次的原因。

里约的申奥成功，首先要归功于巴西申奥团队在最后陈述阶段所表现出来的激情自信和优雅坦诚。与美国代表团的狭小霸气、自作多情，日本代表团的底气不足、缺乏激情，以及马德里的江郎才尽、滥用感情形成鲜明对比，这种认知上的强烈反差促使奥委会委员们投票决策的天平向里约倾斜。

根据卡尼曼（Kahneman）"人类有限理性"的基本理论，人们在面临不确定状态时所做出的决策，往往受到新近建立的特有框架效应的影响，所以，各申奥代表团在投票前的最后陈述对委员们的投票决策必然具有决定性的框架导向作用。

不论是奥巴马总统还是其夫人的发言，尽管用词刻意谦卑，但字里行间还是透露出"我即芝加哥，我即美国，芝加哥即我，美国即我，如此优秀的我都选择了芝加哥，你们更有理由选择芝加哥"的狭小霸气与自作多情。奥运会是全世界人民的奥运会，是全世界青年人欢乐的聚会，绝不是美国总统的家庭聚会。如此看来，自我感觉良好的美国第一个被淘汰出局也就在意料之中了。

在进入最后角逐的四座城市中，日本东京的民众支持率远低于其他三座城市，对此不论是新上任的首相鸠山由纪夫，还是著名链球选手室伏广治都心知肚明。所以，他们的陈述只能小心翼翼地代表自己和家人，对于日本民众的态度只能避重就轻地说"衷心地希望""衷心地准备"，给人感觉底气不足、缺乏激情。因此，次轮即遭淘汰的结果，想必鸠山由纪夫和室伏广治在台上发言时就早有所料。

西班牙人对这次申奥可谓用心良苦、志在必得，不仅国王、王后和首相全体出动，还特地邀请了德高望重的萨马兰奇先生前来助阵。但萨翁的影响力和"生命的呼唤"也没能让理性的委员们失去理智，因为举办奥运会更多的是要给年轻人带来希望与欢乐，为后人留下宝贵的精神财富，而不是因人情而投票。美国和日本出局后，票源几乎都流向巴西就是最好的明证。

巴西的申奥代表团也是倾其所有，全力以赴。总统卢拉、前国际足联主席阿维兰热、球王贝利等大腕纷纷亲临哥本哈根，一一登台演讲。如果说卢拉总统一连串动情的表白足以让里约成功晋级，那么阿维兰热百岁生日的优雅邀请，里约奥申委主席努兹曼"为推动奥林匹克运动的发展已做好准备的南美洲打开一扇门"的坦诚恳求，则使得巴西将胜局牢牢锁定。

三、动之以情：天时地利唤醒记忆

里约能申奥成功，是因为顺应了历史背景，顺应了天时地利人和的大势。在同为第三世界的中国首都北京成功举办的 2008 年奥运会，在奥委会委员们心中留下了深刻的印象，这种印象促使他们不自觉地寻找下一个能像北京一样成功举办奥运会的第三世界国家城市，巴西里约顺理成章地成了奥委会委员们心中的最佳选择。

北京奥运会的筹备和成功举办，为北京、为中国留下了丰厚的精神遗产，尤其是爱国、奉献、敬业、创新、团结的奥运精神。所以，从这个意义上来说，奥运会并不是一场简单的体育盛会，它在国家硬实力的培育、民族精神的凝聚等方面所呈现的多元文化和价值收益，通过 2008 年北京奥运会得到了完美的展现。参加投票的委员们绝大多数都亲历了北京奥运会，所以在他们心目中真正的奥运会就应该办得像北京奥运会那样新颖、盛大。

进入冲刺阶段的四座城市中，只有巴西里约热内卢与中国北京多有相似之处。

美国芝加哥霸气十足，美国代表团让人感觉自我感觉过于良好，首轮投票只有稀稀拉拉的几个委员给了美国面子。

"我跟日本首相还不熟，因为他是新上任的。不过对于日本首相，经常是上午刚认识，下午就换人了。"虽然卢拉总统在获胜后的新闻发布会中所说的这番话多少有些调侃的味道，但从一个侧面道出了日本继美国之后被淘汰出局的原因。因为奥运会发展至今早就不是单一的体育竞技活动了，作为主办方，国际奥委会越来越关注承办国政府的承诺和所能提供的支持。日本政坛更迭之快有目共睹，加上鸠山首相小心翼翼、勉为其难的承诺以及国内不高的支持率，日本东京在委员们心目中的形象，与中国北京相差甚远。

至于西班牙马德里，一是因为西班牙的巴塞罗那曾于 1992 年举办过一次夏季奥运会，所以尽管本次申奥有萨马兰奇亲临现场并发出请求，但委员们仍应者寥寥。二是由于受国际金融危机的影响，西班牙的经济状况江河日下，承办奥运会的相关预算只有 26.5 亿美元，不足巴西的 1/5。而马德里的得票也很有戏剧性，第一轮获 28 票，第二轮获 29 票，第三轮获 32 票。笔者推测，前 28 票应来自西班牙的支持者和萨翁等人的铁杆朋友，后面零星增加的几票极有可能是出局后重获投票权的美国和日本代表所投。

最后来看巴西里约。半个多世纪以来，巴西都在努力寻求与它 851 万平方千米的国土面积相匹配的大国地位，但一直没有成功。巴西是唯一一个在第二次世界大战期间向欧洲派遣军队的拉丁美洲国家，但在战后谈判中却无巴西的一席之地。数十年来巴西一直在经济困境中挣扎，直到前总统费尔南多成功阻止通货膨胀，国力才开始回升。

而今天，在依然充满混乱的南美洲，巴西的地位稳如泰山。作为当时的"金砖四国"之一，巴西的崛起不是依靠武力，而是依靠其丰富的自然资源，是世界经济危机给巴西提供了一次战略机遇。所以，在巴西申奥过程中，不论是卢拉总统的恳切陈词"对于其他国家而言，奥运会只意味着他们又多举办了一次大赛，而对于我们，则是无与伦比的机会和对最近以来取得成就的肯定"，还是努兹曼的动情陈词"请给这个新的大洲打开一扇门，南美洲已经为推动奥林匹克运动的发展做好了准备"，都很容易激起委员们对"新北京、新奥运"的美好回忆，胜利的天平最终向巴西倾斜。所以，从这个角度来看，北京奥运会的成功举办默默地帮助了里约。

本次与巴西抗衡的美国和日本是经济上的超级大国，西班牙也在传统发达国家之列，而巴西，除了全民的热情渴望和总统的谦卑与幽默外，有力的支点非常有限。这一点，卢拉总统等人也是很清楚的，"在 G20 峰会上，我邀请奥巴马一起来哥本哈根，他说他不去，他妻子去就行了，于是我说，'那好，如果你不去的话，我会去，并赢得胜利。'当在早晨的电视节目里看到奥巴马乘坐空军一号抵达时，我们代表团还有人说'完了完了'。"

但理性的评委们本着公平和公正的投票原则，不仅在情感上顶住了萨翁的请求，而且勇敢直面了美国的霸气，深刻洞察了鸠山由纪夫的勉强。"巴西人在这次申办中准备得最充分，完成得最好。而且他们经历过失败，在 2012 年奥运会的申办中，里约热内卢没能进入最后的候选名单，巴西人对于这次失败的回应是积极的，他们并没有放弃。里约愿意听取意见来弥补他们的不足。他们学到了很多"，时任国际奥委会主席罗格对里约的获胜评价甚高。

"不能说是卢拉赢或者奥巴马输，我并没有淘汰奥巴马，是里约热内卢胜出，因为它做了最好的申办，巴西此前受了太多的苦难，现在是时候了。"卢拉总统在申奥成功后这样回应道。

第四节　心智匹配，刘邦聚智胜项羽

为有效应对日益复杂和竞争激烈的商业环境，组织战略决策和战略执行需要适时调整。但不论是战略决策质量的提升，还是战略执行力度的强化，身居要职的高层管理团队(TMT)与组织内部和外部各级各类社会行为主体的社会交互作用都起着决定性的作用(Bromiley and Rau，2016)。显而易见，TMT领导者(如公司CEO)与其团队成员等狭义的组织内部成员(内部追随者)以及与组织存在竞争或合作、或无直接关联的广义的组织外部成员(外部或潜在追随者)之间的社会交互作用水平，直接决定了追随者的聚合(aggregation)与疏离(alienation)趋势，进而决定了组织战略决策的正确性、战略执行及其对应的组织核心竞争力的提升与组织的兴衰成败(Ling et al.，2008)，这在实践中已得到诸多正反案例的对比验证(Warren，2013)，因而从理论上深入解构TMT领导者与其追随者之间社会交互作用机制，不仅有助于领导者自我管理水平的提升，也有助于组织战略调适、战略执行，进而促进组织绩效的提升(Martin et al.，2016)。目前，学界对此问题虽有研究(Lin and Rababah，2014)，但还没有充分揭示出TMT领导者与追随者之间鲜活的社会交互作用机制(Lin and Lin，2019)。本节研究的是同样具有马氏人格特质的刘邦和项羽，为什么他们的追随者随着时间的推移，呈现出两种截然不同的聚合(刘邦)与疏离(项羽)趋势？

有鉴于此，本节采用扎根理论的方法，基于《史记》《汉书》等可信史料，对领导者马氏人格特质与追随者聚离之间的关系及对应的作用机制进行了深入探究：首先，对马氏人格相关研究进行回顾和总结；其次，介绍本研究的研究方法和数据分析过程，并在此基础上结合已有文献，对领导者马氏人格特质与其追随者聚离之间的关系及作用机制进行归纳总结，提炼相应命题；最后，对研究结论进行总结讨论，分析研究局限并对今后的研究提出建议。

一、研究回顾与聚焦问题

意大利政治家马基雅维利(Machiavelli)在其《君主论》等代表作中提出，国家的分裂和对立导致内讧、外侮连年不断，只有建立一个强大的君主政权，才能实现国家的稳定、统一和强盛。因此，君主应当拥有无限权力，才能成功应对臣民的暴乱和外敌的入侵。这种"为达目的不择手段"的观点，被学界定义为"马基雅维利主义"[①](张文娟和张惠，2014)，是不道德、欺诈、情绪伪装和滥情的代名词(赵君和廖建桥，2013)。

作为一种典型的"黑暗"人格特质(Christie and Geis，1970)，马基雅维利

―――――――――

① 也被译作马基雅维里主义。

主义者往往被视为"害群之马"。他们操纵感情、欺骗大众(Gunnthorsdottir et al.，2002)，他们的所作所为往往给所在群体和组织带来破坏性影响(黄攸立和梁超，2014)。然而，世间万物皆有多面性，正如中国台湾已故著名诗人余光中先生对英国诗人萨松代表作《于我，过去，现在以及未来》(*In me*，*past*，*present*，*future meet*)中经典诗句"In me the tiger sniffs the rose"的翻译"心有猛虎，细嗅蔷薇"所描述的，本性凶猛的老虎也有温情脉脉的时候，阴暗的人格特质也有积极阳光的一面。有研究证实，具有鲜明马氏人格特质的领导者往往更有魅力，在复杂和不确定的环境中更能保持自信、建立愿景和鼓舞士气(Deluga，2001)。

马氏人格特质既具有跨文化的普适性，也具有本土文化的独特性(Monaghana，etc.，2018)。作为一个学术构念，它肇始于西方，但它与中国古代法家思想在对人性本恶的假设、对专制政体的鼓吹、对国家利益高于一切的信奉和政治高于道德的主张等方面都有相通之处(周志武和高剑平，2003)。成长并长期浸润于以"外儒内法""面子社会"为典型特征的中国文化中的中国领导者(耿耀国等，2012)中，不乏具有鲜明马氏人格特质者，所以在中国文化背景下研究马氏人格特质的领导者与其追随者聚离之间的关系及其作用机制，不仅能在理论上丰富既有的马氏人格特质研究成果，也能在实践中为具有如此个性特质的领导者提供抑恶扬善的自我管理策略(耿耀国等，2014)。但已有研究多集中在马氏人格与不同层面绩效产出之间的关系探究上，而关于马氏人格特质领导者与其追随者聚离之间关系的作用机制的研究不仅数量十分有限，而且多思辨少实证。

(一)马氏人格维度及内涵

从自然选择的生物进化论角度来看，马氏人格是个体社会适应性行为的表征，特指偏爱使用强迫手段来操控他人，进而增强个体社会适应能力的行为倾向。关于马氏人格维度的划分，克里斯蒂和盖斯(Christie and Geis，1970)将其划分为三个维度：人际关系的操控策略，如逢迎、欺骗、劝说、思想控制等；愤世嫉俗的人性观，即对人性假设持负面观点；漠视传统道德，即为实现目的，不惜放弃道德标准、牺牲他人利益。而达林等人(Dahling et al.，2009)将其划分为四个维度：人际不信任，指个体对他人的行为和动机持怀疑态度；不道德操纵，这与克里斯蒂和盖斯观点中的漠视传统道德一致；控制欲，试图掌控全局，削弱他人影响力；地位欲，指个人醉心于追求财富、权力和地位等外在目标。

在中国文化语境中，马氏人格特质常被视为野心家的标配。在工作场所中，具有野心家倾向的领导者坚信，为了实现可能与组织目标完全契合、也可能完全相悖的个人目标，需要采取组织政治行为、印象管理以及欺骗操纵策略（杨越等，2016）。前已述及，领导活动就是以领导者效应的发挥为轴心，以组织绩效提升为出发点和逻辑归宿的多元社会主体交互过程，因此，领导效能的评价应当从未来发展促进的组织角度，以组织绩效是否得到有效提升（组织之效，如组织强盛），而不是以领导者个人人生目标是否得以实现（个人之绩，如晋升速度）为准绳来评价。

马氏人格特质的领导者或野心家坚信，个人目标的实现高于一切，这与达林等人提出的马氏人格四分法中的"地位欲"相对应，可定义为"个我尊位"：个我尊位的捍卫及个人目标的实现，就必然将他人置于卑位并与人竞争或与人为敌，为此马氏人格领导者认为"没有永远的朋友，只有永远的敌人"。他们对人性的假设是阴暗的，可定义为"人性阴设"，这与马氏人格四分法中的"人际不信任"及克里斯蒂和盖斯三分法中"愤世嫉俗的人性观"相对应。既然人不可信，就需要进行严密的监督和控制，即便是亲信和随从也不能威胁个我尊位。因此，在马氏人格的领导者看来，所有人都只是他实现人生目标的手段和工具，可定义为"待人如器"，这与马氏人格四分法中的"控制欲"及克里斯蒂和盖斯三分法中的"人际关系的操控策略"相对应。既然马氏人格的领导者将个人目标的实现凌驾于一切存在之上，那他们对待朋友和家人也会像对待敌人一样不择手段、漠视传统道德，在处理人际关系时必然"背信弃义"，这又与马氏人格四分法中的"不道德操纵"及克里斯蒂和盖斯三分法中的"漠视传统道德"内涵一致。因此，结合克里斯蒂、盖斯及达林等人对马氏人格维度的划分，在中国文化语境中，可将马氏人格内涵定义为个我尊位、人性阴设、待人如器、背信弃义四个维度。

（二）马氏人格的阴阳两面

有研究表明，马氏人格者的阴暗面包括既不能真诚待人，也不能坦诚处事，为了自己的自由和追求会刻意对关键信息进行控制并积极谋划（Shafer and Lucianetti，2018）。比如具有鲜明马氏人格特质者，在公共预算上存在明显的自利倾向（欧佩玉等，2015）。这样的人缺乏伦理意识、情感淡漠（Valentine and Fleischman，2018），道德推脱、唯利是图（王萍和朱进炎，2018），意义幸福动机和意义幸福感得分都很低（蔡攀等，2017）。在工作场所中，他们不仅工作满意度低（Siu and Tam，1995），反生产行为也更为频发，几乎没有什么自发的组织公民行为（Liu，2008）。

然而，也有研究发现，马氏人格有积极阳光的一面。比如，马氏人格特质者在工作场所中抗压能力更强，面对竞争显得更为从容和坦然，销售业绩（Ricks and Fraedrich，1999）、薪酬回报、职位晋升等结果变量也更为理想（Paleczek et al.，2018），他们内在享乐幸福动机水平更高（蔡攀等，2017）、资源识别意识和整合能力更强，所带领的团队绩效往往更为理想（Bedell et al.，2006）。如德鲁加（Deluga，2001）发现，美国总统的马氏人格魅力型领导和组织绩效呈正相关。

（三）马氏人格何时展阴阳

然而，值得注意的是，虽然马氏人格与自利倾向、反生产行为、抗压能力、销售业绩等变量之间存在或正或负且具有跨文化相关的一致性，但关于它与时空更为宏阔、边界更为模糊的职业发展等变量之间的关系，既有研究所得出的结论并不一致，甚至相互矛盾（Bedell et al.，2006）。那么，我们可以推测，领导者的马氏人格特质与其追随者聚离等更为宏观的变量之间的关系，应该还受到其他相关变量及彼此间交互作用的影响。那么，这些变量是什么？它们之间存在什么样的交互作用？本研究以刘邦和项羽为样本进行对比案例研究，期望能为这些问题的解答提供一些新的洞见。

二、案例选择与数据分析

本研究采用对比案例研究方法。选择对比案例研究的原因有三个方面：其一，目前有关领导者马氏人格特质与其追随者聚离之间关系的实证研究还不多见，对比案例研究作为一种实证研究方法，可以弥补这一缺陷，促进马氏人格相关理论的发展。其二，案例研究能够生动、细致地描述、剖析和揭示现象背后的隐含机制、情境因素与动态过程，而关于马氏人格特质领导者如何抑恶扬善进而决定其追随者聚离趋势的机制尚不明确，因此，对比案例研究正适宜揭示这一"黑箱"的过程机制。其三，与单案例研究相比，对比案例研究的案例抽样采取的是抽取极端案例的"两极模式"。因此，对比案例研究是最适宜本研究的研究方法。

（一）楚汉相争及其典型性

本案例的研究问题决定了所选择的领导者必须具有鲜明的马氏人格特质且他们的追随者聚合或疏离的发展趋势截然不同。按此标准，我们选取刘邦和项羽作为对比研究对象。首先，刘邦和项羽都具有鲜明的个我尊位、人性阴设、待人如器和背信弃义四个维度的马氏人格特征。其次，以刘邦为领导者的刘汉集团和以项羽为领导者的项楚集团的发展走势及最终结局截然不同：刘汉集团由弱渐强，刘邦最终建汉称帝，是典型的低开高走的追随者聚合发展之势；而项楚集团由强渐弱，项羽最终自刎于乌江，是典型的高开低走的追随者疏离发展之势。

公元前 209 年，项羽、刘邦先后于吴中和沛县起兵反秦，项羽跟随项梁，杀会稽郡守，拥兵自重；而刘邦则被沛县子弟拥为沛公，担任义军领袖。公元前 208 年，项梁、项羽的军队所向披靡，势力强大；而刘邦遭雍齿背叛，举步维艰，不得不率众投奔项梁以求自保。公元前 207 年，项梁战死，楚怀王命项羽随宋义北上援赵，命刘邦西向关中攻城夺隘，并约定"先入定关中者王之"。项羽诛杀宋义后率军大败秦军于巨鹿，刘邦攻占咸阳，秦亡。公元前 206 年，项羽自立为西楚霸王，将刘邦封为汉王，"流放"到巴蜀、汉中之地。此时刘邦力量不及项羽，只能暂且接受分封，保存实力。公元前 205 年，项羽平定齐王田荣，刘邦采用韩信的计策，返回关中，还定三秦，借义帝之死号召诸侯共伐项羽，但于彭城惨败。

楚汉相争初期，项楚集团所向披靡、无往不胜，而刘汉集团败多胜少、举步维艰；楚汉相争后期，项楚集团势力急转直下。一方面，刘邦不断招揽郦食其、王陵、陈平、韩王信、彭越等能人贤士，壮大刘汉阵营；另一方面，韩信、英布和周殷先后离楚归汉，项楚集团力量日渐削弱。公元前 204 年，陈平成功离间项羽与范增，刘邦脱困成皋，得到韩信军队，项强刘弱的局面开始逆转。公元前 203 年，彭越断绝楚军粮食供给，齐王韩信进兵攻楚，项羽鸿沟求和于刘邦，刘邦听从张良建议，趁胜攻楚，以绝后患。公元前 202 年，刘邦联合韩信、彭越等人将项羽围困在垓下，项羽大败。

（二）资料收集与数据分析

刘邦和项羽均为历史人物，只能采用二手数据。对历史人物进行客观准确的分析需以客观准确的历史资料为基础。为此，本研究主要选取客观性得到公认的《史记》和《汉书》中的相关文本作为分析数据。为保证数据的全面性，且基于案例研究所需的"三角互证"原则，本研究不仅整理了以刘邦和项羽为传主的史料，也整理了以与二者具有交互关系的萧何、韩信等为传主的史料，以资相互补充和交互印证，详见表 4-4。

表 4-4　本研究数据分析所采用《史记》和《汉书》相关文本来源

原著	篇名
《史记》	《秦始皇本纪》《项羽本纪》《高祖本纪》《吕太后本纪》《孝文本纪》《萧相国世家》《曹相国世家》《留侯世家》《陈丞相世家》《绛侯周勃世家》《张耳陈馀列传》《魏豹彭越列传》《黥布列传》《淮阴侯列传》《韩信卢绾列传》《田儋列传》《樊郦滕灌列传》《张丞相列传》《郦生陆贾列传》《傅靳蒯成列传》《刘敬叔孙通列传》《季布栾布列传》(共 22 篇)
《汉书》	卷一至卷四、卷三十一至卷四十七(共 21 卷)

1. 开放式编码

本研究采用扎根理论分析的三级编码方式对表 4-4 中的文本进行逐级开放式编码。在开放式编码中，我们首先基于表 4-4 中的历史资料对刘邦和项羽的人生关键事件按照人物、事件、背景、史料原文的逻辑进行梳理，最终得出刘邦人生关键事件 55 个、项羽人生关键事件 45 个。事件梳理示例见表 4-5。其次，从刘邦和项羽每个人生关键事件中提取若干初始概念，为了区分刘邦和项羽在同一人生关键事件中的不同初始概念，同时保留每个初始概念的提出顺序，我们对初始概念进行了编号，如编号"L20-2"意为从刘邦第 20 个人生关键事件中提炼的第 2 个初始概念，编号"X18-1"意为从项羽第 18 个人生关键事件中提炼的第 1 个初始概念。将不同人生关键事件提炼的初始概念合并后再度提炼，我们得到了基于刘邦人生关键事件的初始概念 89 个，基于项羽人生关键事件的初始概念 65 个，进而按照这 154 个初始概念之间的逻辑关系将其归类为 32 个主题。开放式编码结果示例见表 4-6。

表 4-5　刘邦和项羽的人生关键事件梳理示例

人物	事件	背景	《史记》原文	《汉书》原文
刘邦	泗水亭长	刘邦壮年时当了泗水亭长，管辖方圆十里的治安。为人豁达大度，重义轻财，不遵繁文缛节	及壮，试为吏，为泗水亭长，廷中吏无所不狎侮(《高祖本纪》)	及壮，试吏，为泗水亭长，廷中吏无所不狎侮(《卷一》)
项羽	坑屠襄城	项梁派项羽去攻打襄城，襄城坚守，不肯投降。项羽攻下襄城之后，把那里的军民全部活埋了	项梁前使项羽别攻襄城，襄城坚守不下。已拔，皆坑之。还报项梁(《项羽本纪》)	梁前使羽别攻襄城，襄城坚守不下。已拔，皆坑之，还报梁(《卷三十一》)

表 4-6　开放式编码结果示例

人物	原始资料		初始概念
	《史记》原文	《汉书》原文	
刘邦	略南阳郡，南阳守齮走，保城守宛。沛公引兵过而西。张良谏曰："……今不下宛，宛从后击，强秦在前，此危道也。"于是沛公乃夜引兵从他道还，更旗帜，黎明，围宛城三匝（《高祖本纪》）	六月，与南阳守齮战犨东，大破之。略南阳郡，南阳守走，保城守宛。沛公引兵过宛西。张良谏曰："……今不下宛，宛从后击，强秦在前，此危道也。"于是沛公乃夜引军从他道还，偃旗帜，迟明，围宛城三匝（《卷一》）	L20-1 欲引兵过宛城 L20-2 从良谏夺宛城
项羽	居数日，项羽引兵西屠咸阳，杀秦降王子婴，烧秦宫室，火三月不灭；收其货宝妇女而东（《项羽本纪》）	后数日，羽乃屠咸阳，杀秦降王子婴，烧其宫室，火三月不灭；收其宝货，略妇女而东。秦民失望（《卷三十一》）	X18-1 屠烧咸阳 X18-2 背弃秦民

2. 主轴式编码

主轴式编码侧重于寻找各个主题之间的关系，本研究通过分析 32 个主题之间的逻辑关系，将 32 个主题重新归类为个我尊位、人性阴设、待人如器、背信弃义、人我对比、危机应对、情绪管理、逆境自胜、人生定位、组织建设、统战原则、成败归因、创业元老、骨干精英、第三势力、大众民心 16 个维度，结果示例见表 4-7。

表 4-7　主轴式编码示例

变量	维度	刘邦		项羽	
		主题	初始概念编码示例	主题	初始概念编码示例
马氏人格	个我尊位	志为新帝	L6-5 被视赤帝，内心独喜	自封霸王	X20-3 自封西楚霸王
	人性阴设	监视亲信	L37-2 提防萧何	轻中敌计	X33-1 怀疑范增
	待人如器	视才如芥	L54-1 夺韩信兵权	疑我者亡	X15-1 坑秦降卒
	背信弃义	违约攻楚	L50-1 撕毁和约，领兵攻楚	阳奉阴违	X21-1 密杀义帝

变量	维度	刘邦		项羽	
		主题	初始概念编码示例	主题	初始概念编码示例
自我调适	人我对比	能薄智平	L7-2 自谓能薄不能完父兄子弟 L53-2 自谓智谋不如子房	勇猛无敌	X45-6 自刎前展示超群武力
	危机应对	群策群力	L25-4 兄事项伯，奉酒为寿，约为婚姻	刚愎专横	X17-3 不顾范增劝谏错失诛杀沛公良机
	情绪管理	隐忍持重	L54-1 怒萧何营作未央宫壮甚 L47-5 无畏项羽诛杀太公	冲动任性	X38-2 欲坑外黄城年十五岁以上男子以泄怒
	逆境自胜	屡败屡起	L10-1 雍齿背叛，投奔景驹 L35-1 彭城大败，重整旗鼓	一败则弃	X45-5 放弃东山再起之机
政治技能	人生定位	为民请命	L7-1 天下苦秦久，刘邦书帛沛县子弟诛县令以应诸侯，完家室	个人富贵	X18-3 自言富贵不归故乡，犹衣绣夜行
	组织建设	同创共成	L53-1 使人攻城略地，因降所予，天下同利	天下为己	X20-2 按个人恩怨分封十八路诸侯
	统战原则	黑灰可白	L32-2 以为义帝发丧的名义号召诸侯征讨项羽 L20-3 约降宛城军民	非白即黑	X31-1 挟持王陵母亲招降王陵不成而烹之
	成败归因	聚智汇力	L23-2 从樊哙、张良谏还军霸上	天命注定	X45-1 自谓天亡我非战之罪

续表

变量	维度	刘邦		项羽	
		主题	初始概念编码示例	主题	初始概念编码示例
追随聚离	创业元老	赤胆忠心	L28-2 鸿门宴上张良、樊哙智演双簧助刘邦脱险	貌合神离	X25-5 鸿门宴上项伯暗助刘邦脱险
	骨干精英	舍命相随	L43-1 纪信甘愿假冒刘邦赴死而使刘邦逃过成皋之危	或叛或离	X19-2 韩信因项羽屡不纳其建言而叛楚归汉 X21-2 吕马童遭项羽裁员后投军刘邦
	第三势力	化中为我	L51-2 厚赏韩信、彭越等实力派，共同合兵垓下击项羽	化中为敌	X31-2 怒烹陵母迫使王陵归属汉王
	大众民心	拥者如云	L7-3 多欲附者 L24-2 唯恐沛公不为秦王	弃者纷纷	X18-2 秦民失望 X27-2 齐人造反

3. 选择式编码

在选择式编码阶段，我们对主轴式编码所得到的 16 个维度的内涵和边界进行了界定和分析，并结合原始资料和既有理论进行反复比较。结果发现，"个我尊位""人性阴设""待人如器""背信弃义"四个维度反映的是刘邦和项羽的马氏人格特质，因此将其定义为"马氏人格"维度。

"人我对比"是指刘邦和项羽对个人能力的主观认知及其与同时代其他精英对比的评判。"危机应对"是指刘邦和项羽在遭遇重大危机事件时一贯的行为表征。"情绪管理"反映的是刘邦和项羽与各类追随者互动时习惯化的情绪表征。"逆境自胜"反映的是刘邦和项羽在遭遇挫折或失败后的坚韧性与恢复力。这四个维度表征了刘邦和项羽在面对诱惑、失败或愤怒时能否根据情境需要自主调适以达到个人或社会预期，因此将其定义为"自我调适"维度。

"人生定位"是指刘邦和项羽对个人人生目标的期许或目标实现后的个人价值取向。"组织建设"是指刘邦和项羽对不同追随者目标的重视程度及与个人目标是否相契的施予策略。"统战原则"是指刘邦和项羽对第三方势力等潜在追随者可转化的认知及秉持的转化原则。"成败归因"是指刘邦和项羽对个人成败的决定性变量的分析和认定。这四个维度表征了刘邦和项羽与各级各类现实或潜在追随者在进行社会互动时的认知倾向与操控策略，因此将其定义为"政治技能"维度。

"创业元老"是指最早与刘邦、项羽起兵反秦时的骨干成员，如刘汉集团的萧何、樊哙、周勃、夏侯婴等，项楚集团的项伯、项庄等。"骨干精英"是指刘邦和项羽的关键下属，如甘愿假扮刘邦骗过项羽的纪信和曾为项羽执戟卫士的韩信等。"第三势力"是指能影响甚至决定刘汉集团和项楚集团实力此消彼长的英布、彭越等第三方势力。"大众民心"是指楚汉相争之际的民心向背及各相关社会群体的取舍倾向。这四种类型的追随者并非一成不变，而是相互转化的，如韩信就是从项楚集团的骨干精英（执戟卫士）转化为刘汉集团的骨干精英（大将军），后来又转化为第三方势力（拥兵自重）。这四个群体在刘邦和项羽的马氏人格特质与自我调适能力和政治技能交互作用下或聚合或疏离，或时聚时离，因此将其定义为"追随聚离"维度。这样一来，可以得到如图 4-1 所示的刘邦和项羽与其追随者聚离关系的"故事线"。

选择式编码结果如图 4-1 所示。

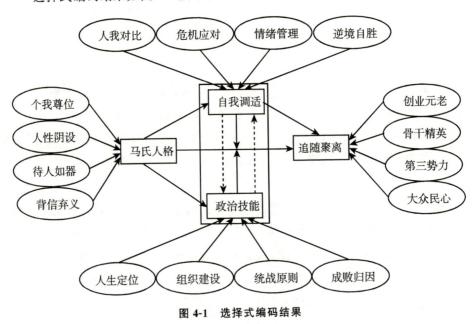

图 4-1　选择式编码结果

三、研究发现与命题提出

图 4-1 揭示了领导者马氏人格特质与其追随者聚离之间的关系，也展现了决定两者关系正反及强弱的相关变量之间的交互作用机制。具体来说，本研究

的主要发现以及对应命题如下。

(一)刘邦和项羽均具有鲜明的马氏人格特质

刘邦和项羽在个我尊位、人性阴设、待人如器和背信弃义四个维度上均具有鲜明的马氏人格特征。在个我尊位方面，刘邦虽看似对称王称帝兴趣不大，但《史记》中记载的两次"心喜"展示了他"志为新帝"的真实内心。第一次"心喜"是亭长刘邦醉中斩白蛇，随从听信老妪的哭诉"吾，白帝子也，化为蛇，当道，今为赤帝子斩之，故哭"，暗示刘邦是赤帝之子，刘邦于是"乃心独喜"。第二次"心喜"是因为吕后曰"季所居上常有云气，故从往常得季"。项羽则表现在没有遵守"先入定关中者王之"的约定，不顾舆论道义，自封为西楚霸王等。

在人性阴设方面，刘邦对身边可能威胁其权力和地位的人时时提防，例如，公元前204年，刘邦和项羽在京索之间对峙，他多次派遣使者到关中去慰劳负责前线补给的丞相萧何，鲍生便提醒萧何，"王暴衣露盖，数使使劳苦君者，有疑君心也。为君计，莫若遣君子孙昆弟能胜兵者悉诣军所，上必益信君。"萧何听从了鲍生的计策，刘邦才解除了对萧何的疑心。而对于项羽，陈平的评价是"不能信人"，因此他略施小计便轻易离间了项羽与范增、钟离昧等股肱大臣之间的关系。

在待人如器方面，刘邦为掌控全局，很少顾及追随者的自尊和颜面。例如，公元前203年刘邦逃出成皋后，即入韩信和张耳军营，夺其军权；又如，公元前202年刘邦刚刚带领汉军消灭楚军，回师定陶，便驱马驰入齐王韩信的军营，夺其兵权。项羽在待人如器上较刘邦有过之而无不及，且常采取十分暴虐的方式。例如，公元前204年，项羽本打算以王陵的母亲为人质要挟王陵归降，但遭拒后，便烹杀了王陵之母。

在背信弃义方面，刘邦和项羽并无本质区别。公元前203年，楚汉两军于鸿沟讲和，项羽释放刘邦家属并罢兵东归，但刘邦公然撕毁条约，乘楚军兵疲粮尽之时，于垓下会师大败楚军。而坑屠襄城、屠戮城阳、密杀义帝、屠烧咸阳等，均是项羽背信弃义的力证。

(二)刘邦和项羽的追随者聚离之势截然不同

尽管刘邦和项羽都具有鲜明的马氏人格特质，但他们的追随者聚离之势截然不同。在创业元老方面，刘邦的创业元老们多赤胆忠心，如萧何"举宗数十人皆随"刘邦；而项楚集团的创业元老们则多貌合神离，如项伯助刘邦解鸿门之危。在骨干精英方面，刘邦手下如纪信甘愿舍身替死；而项羽因为屡次藐视位卑职低的韩信而使韩信投向汉营。在第三势力方面，刘邦总体上是化中为我而低开高走，项羽则总体上是化中为敌而高开低走。在大众民心上，刘邦不论早期"多欲附者"，还是入关后秦地百姓"唯恐沛公不为秦王"，都可谓拥者如云；而项羽不仅令"秦民失望"，而且"齐人造反"，可谓弃者纷纷。由此可见，刘邦低开高走的聚合之势，与项羽高开低走的疏离之势形成了截然相反的对比。

(三)自我调适和政治技能的调节和中介作用

此外，本研究发现，领导者的自我调适能力和政治技能及两者之间的同向交互作用也决定了马氏人格特质领导者与其追随者聚离之间的关系。

自我调适是意识层面上认知作用对心理和行为的控制与调节(王益明和金瑜，2002)，是个体为了长期利益目标(李琼和黄希庭，2012)、抵制现实需要，迎合他人或自我的期望和标准而有意识地控制冲动行为的能力(Baumeister et al.，2007)。政治技能最早由普费弗(Pfeffer，1981)提出，加拿大管理学家明茨伯格(Mintzberg，1983)认为拥有政治技能的人会通过劝说、操控以及谈判等方式来施加影响，从而达到自己的目的，因而埃亨等人(Ahearn et al.，2004)将政治技能定义为，在工作中能够有效理解他人(的意图和行为)，并在此基础上通过影响他人最终达到个人或组织目标的能力。与之对应，费里斯等人(Ferris et al.，2008)认为具有政治技能的人有如下四个特征：一是社交敏锐度较强，是一个敏锐的社交观察者，并且非常热衷于参与不同的社交场合；二是个人特质具有吸引力，能对周围的人施加强有力的影响；三是非常擅长建立和使用不同的人际关系网络；四是能够在他人面前表现出高度的正直、可靠与真诚。

结合表4-7及图4-1可以看出，刘邦将其人生定位于为民请命，自然在组织建设上持同创共成的原则，自谓才薄智浅，成败之道在于能否聚智汇力。所以他在面对危机时能群策群力，在情绪管理上隐忍持重，始终坚持化敌为友、化中为我的统战原则，即便屡遭毁灭性打击，依然能屡败屡战。反观项羽，不仅自我调适能力低，而且政治技能水平也不高。项羽将其人生定位为个人富贵，自然在组织建设上持天下为己的原则，自谓勇猛无敌，成败乃天命注定，所以他在面对危机时刚愎专横、自恃武力，在情绪表征上冲动任性，对可敌可友者奉行简单粗暴、非黑即白的统战原则，所以一遭败绩，便一败到底。由此看来，虽然自我调适能力与政治技能在内涵及指向上各有侧重，但两者之间存在同向的交互关系，即自我调适能力越高（低），政治技能就越强（弱），反之亦然。

值得注意的是，刘邦的自我调适能力和政治技能都明显高于项羽，此外，两者之间还存在明显的交互增强效应，进而决定了刘汉集团追随者低开高走的聚合之势。例如，"汉元年十月，沛公……乃以秦王属吏（化敌为友，化中为我），遂西入咸阳。欲止宫休舍，樊哙、张良谏，乃封秦重宝财物府库，还军霸上（倾听他人、隐忍持重）。召诸县父老豪桀曰："父老苦秦苛法久矣（为民请命）……凡吾所以来，为父老除害，非有所侵暴，无恐！且吾所以还军霸上，待诸侯至而定约束耳（同创共成）。"乃使人与秦吏行县乡邑，告谕之。秦人大喜，争持牛羊酒食献飨军士……人又益喜，唯恐沛公不为秦王（拥者如云）[①]。

项羽自我调适能力低与政治技能不足之间的交互减弱效应，决定了项楚集团高开低走的疏离之势。在楚汉相争中，本属于项楚集团的韩信、陈平、英布、周殷等骨干精英相继投靠了刘汉集团，而刘汉集团除了以上能人贤士的陆续加盟，还一直有张良、萧何等股肱之臣的忠心辅佐。即使武涉和蒯通多次劝韩信背汉投楚，韩信均不答应，并以"汉王授我上将军印，予我数万众，解衣衣我，推食食我，言听计用，故吾得以至于此。夫人深亲信我，我倍之不祥，虽死不易。幸为信谢项王"来回应。

综上所述，对于同样具有鲜明马氏人格特质的刘邦和项羽，他们在自我调适能力、政治技能水平上的高低以及彼此之间同向的交互作用决定了他们的追随者聚离之势的走向，为此我们提出如下三个命题。

命题1：领导者自我调适能力与政治技能之间存在同向交互效应，即自我调适能力越高，政治技能也越强，反之亦然。

命题2：领导者自我调适能力与政治技能之间的同向交互效应既具有中介作用，也能交互调节领导者马氏人格特质与其追随者聚离之间的关系。

命题3：领导者自我调适能力和政治技能既是中介关系，也是调节关系，能调节领导者马氏人格特质与其追随者聚离之间的关系。领导者自我调适能力和政治技能水平越高，追随者的聚合倾向越明显。反之，则追随者的疏离趋势越明显。

四、管理启示与未来展望

有关领导者马氏人格的研究，国内尚处于起步阶段，既有研究中，理论思

---

① 《史记·高祖本纪》，见（汉）司马迁：《史记》，75页，北京，中华书局，2006。

辨远多于实证(舒跃育，2015)。本研究发现：如果具有马氏人格特质的领导者拥有足够的自我调适能力和政治技能，他们就会依据组织发展的需要调适自己，适时用好用活对应的政治技能，其马氏人格中的阴暗面就会得到有效抑制，从而对下属及组织产生建设性影响，如刘邦。相反，如果具有马氏人格特质的领导者缺乏足够的自我调适能力和政治技能，则其马氏人格的阴暗面就会展现出来，对其追随者及组织都会产生破坏性影响，如项羽。

(一)管理启示及现实意义

本研究具有以下理论贡献和实践意义。

第一，领导者马氏人格特质通过自我调适能力和政治技能以及两者之间的同向交互作用对其追随者聚离之势产生影响。高中华和赵晨(2014)曾建议，从社会交换理论角度分析论证领导者马氏人格特质如何影响组织绩效。他们推测，领导者马氏人格特质可能会通过破坏下属的组织公平性感知以及与组织之间的心理联系而对下属的行为和态度产生消极影响，也可能会通过印象管理中的多种策略来激发下属积极的工作态度和行为。本研究发现，领导者马氏人格特质通过自我调适能力和政治技能以及两者之间的同向交互作用影响其追随者的聚离倾向，在实证上回应并部分验证了高中华和赵晨的推测。

第二，自我调适和政治技能既能调节，也能交互中介领导者马氏人格特质与其追随者聚离之间的关系。当领导者具有较高的自我调适能力和政治技能时，领导者马氏人格特质的消极影响就能得到有效抑制，追随者的聚合倾向就越明显，越有利于组织的绩效产出。当领导者的自我调适能力和政治技能较低时，领导者马氏人格特质的消极影响就越有可能展现出来，追随者的疏离倾向就越明显，越有损于组织的绩效产出。

自我调适中的"自我"在语义和逻辑上有不同的分类，其中与本研究主题最为契合的分类方法是将自我划分为个我、小我与大我，分别对应从个人立场、家庭立场及国家、民族、世界立场出发对自己的认知和观点。显而易见，刘邦和项羽的认知立场都是他们自己，即个人立场。所以他们的自我调适其实就是个我控制。齐晓栋和张大均(2014)的元分析发现，与个我控制对应的自我控制与心理—行为中等程度相关，与正向指标显著正相关，与负向指标显著负相关。本研究也从实证角度证实了这些结论。

既有研究显示，政治技能不论作为前因变量还是结果变量，抑或调节(中介)变量，与不同层面的绩效产出之间都存在非常显著的关系。例如，有研揭示，政治技能有助于领导—成员交换关系质量的提升，进而促进个体的职业发展(刘军等，2010)及职业成功(韩翼和杨百寅，2012)，还能促进员工的组织忠诚度(韩翼和杨百寅，2014)。对于创业者来说，掌握政治技能不仅有助于创业资源的获取(肖宇佳和潘安成，2018)，还能有效促进创业的绩效产出(程聪等，2014)。同时，作为一种积极的人际交互影响力，政治技能还能有效扩展团队领导者社会网络的异质性和中心性(王艳子等，2016)，进而在个体过程、人际过程及团体过程多个层面积极影响领导—成员交换关系和同事关系质量，最终促进个体的职业发展(王洪青和张文勤，2012)。本研究发现，政治技能能调节马氏人格特质领导者与其追随者聚离之间的关系，研究结论验证并扩展了如上研究发现。

第三，本研究通过对刘邦和项羽的对比案例分析，发现领导者的马氏人格特质与其追随者聚离之间并无必然的负向关系，却受到领导者自我调适能力和政治技能同向交互作用的影响。这一研究结论启示我们，领导者的马氏人格特质的消极效应是可以管理和化解的，而在化解马氏人格特质消极效应的过程中，领导者需要有意识地提升自我调适能力，适时用好用活组织建设、统战原则等政治技能。这样才有望将阴暗的个性特质转化成促进个人职业发展及提升组织绩效的动力和源泉。

(二)研究不足与未来展望

本研究以历史人物为对象，鉴于研究对象的特殊性，原始资料的来源较为单一。另外，尽管与其他史料相比，《史记》和《汉书》已相对客观，但历史记载和现实之间总有差距，未来研究还需通过问卷或访谈的方式收集一手数据，对本研究所得结论进行进一步的检验。本研究发现自我调适能力和政治技能能够共同调节领导者马氏人格特质与其追随者聚离之间的关系，进而决定组织的兴衰成败。然而，除了自我调适能力和政治技能，应该还有其他的变量对二者之间的关系发挥作用，这有待我们未来进一步深入探讨。

第五章　正知善行提升格局智慧

王阳明认为：未有知而不行者，知而不行，只是未知。知是行之始，行是知之成。知之真切笃实处即是行，行之明觉精察处即是知。格局是人格、品德、胸襟、胆识在行为上的外化，智慧则是认识与实践，真理性认识与价值合理性选择，普遍性与特殊性，能力、品质和境界的统一，因此知行合一既需要格局智慧，也体现了格局智慧。本章分别以曾国藩、李世民和苏东坡为例，从不同角度诠释领导者在正知善行提升格局智慧方面是如何进行自我修炼与领导力提升的。

第一节　倚天自知，曾国藩功德言立

曾国藩是平民崛起的榜样，是为官从政的楷模，是教子修身的宗师，是处事交友的典范。对其成功之道的研究，学者或思辨或实证的论述可谓汗牛充栋。笔者认为，曾国藩能做到知事识人而立功、功成不居而立德、虚怀谦卑而立言，主要得益于他独到的矫思和修身功夫，他的这种自养自励、以澄清天下为己任的宏大人生志向和立己达人的修身行为，尤其值得当今各级各类领导干部借鉴和学习。本节将结合曾国藩的文集和有关曾国藩的史料、传记来分析其立德、立言的修身功夫。

一、功成不居，桃李不言自成蹊

曾国藩自幼勤奋好学，8 岁能读四书、诵五经，14 岁能读《周礼》《史记》《文选》，21 岁考取了秀才。此后仕途遭遇挫折，会试连考两次不中，但他毫

25112151

不气馁，继续埋头苦学，终在 28 岁殿试中获赐同进士出身。自此平步青云，十年七迁，连跃十级，从翰林院庶吉士一直升到吏部侍郎。42 岁奉命在家乡湖南办团练，从此开始了他一生中最为波澜壮阔的平定太平天国运动之旅。经过十余年，历经多次起伏，他终将太平军主力摧毁，获封一等勇毅侯，成为清朝文人封武侯的第一人。后历任两江总督、直隶总督，官居一品。

（一）千古完人，誉为楷模谶败类

后世对曾国藩的评价可以说是毁誉参半，正如章太炎所说"誉之则为圣相，谶之则为元凶"。誉者，如同治皇帝曾发御赐祭文道："朕惟位兼将相，仗经文纬武之才，气壮山河，懋崇德报功之典。爰陈芳奠，用奖成劳尔。原任大学士两江总督一等毅勇侯、赠太傅曾国藩学有本原，器成远大，忠诚体国，节劲凌霜，正直律躬，心清盟水。"（李瀚章，2011）谶者，如孙中山斥之为汉民族不肖子孙，章太炎则说："昔曾国藩身为汉奸，狝薙同种……死三十年，其家人犹曰：'吾祖民贼'。悲夫，虽孝子慈孙，百世不能改也。"①

如何定性太平天国运动，决定了曾国藩一生的功过是非。何烈（2011）认为，洪秀全等人虽高喊"驱逐胡虏"的口号，可是他们代表的是一种非驴非马、不中不西的荒谬迷信思想。冯友兰在《中国哲学史新编》中说道："洪秀全和太平天国所要学习而要搬到中国的，是西方中世纪的神权统治，那正是西方的缺点。洪秀全如果统一了全国，那就要使中国倒退几个世纪。……曾国藩打败太平天国，成功阻止了中国的后退，他在这一方面抵抗了帝国主义的文化侵略，这是他的一个大贡献。"

笔者认为，从超越政治立场的历史角度来看，曾国藩作为清廷的一名政府官员，授命组建湘军镇压太平天国运动是其本职工作，尽管他可能确有滥杀无辜、处理天津教案时过于胆小怕事而致丧权辱国之嫌，但瑕不掩瑜，总的来说，他恪尽职守、挽狂澜于既倒，终身不忘学习，成为以儒学为主体、理学为核心的传统文化之集大成者。其不论是从政为官、治学论道、持家教子，还是疆场竞斗、处事交友和修身养性，对后世的影响都极为深远。

毛泽东在致黎锦熙的信中说，"愚于近人，独服曾文正，观其收拾洪杨一役，完满无缺。使以今人易其位，其能如彼之完满乎？"

曾国藩去世已一百五十多年，但他在当代的影响依然有增无减。1993 年，江泽民同志在前往湖南参加毛泽东同志诞辰一百周年纪念活动时，亲自过问

《曾国藩》的出版情况，当他看完唐浩明先生所撰的《曾国藩》后，还特别赞扬这部书写得好。朱镕基同志也曾称赞《曾国藩》写得好。1993 年 9 月，原湖南省委副书记孙文盛调任山西省省长时，给山西省委、省政府的领导带去的见面礼就是唐浩明所著的《曾国藩》。当时社会上最为流行的一句话就是"从政要读《曾国藩》，经商要读《胡雪岩》"。2013 年 4 月，在中央和国家机关工委从 103 本推荐读物中评选出的"最受中央国家机关干部欢迎的 10 本书"中，唐浩明所著的《曾国藩》紧随金一南所著的《苦难辉煌》和吴晓波所著的《激荡三十年》之后，位列第三(杜丁，2013)。

那么，曾国藩缘何能成为受后人敬仰的精神导师和学习楷模呢？后世学者对其成功之道研究颇多。有人认为他注重人格修炼、韬光养晦和阴阳调和(张宛艳，2013)；有人认为他志存高远、屡败屡战，有恒、知过、求过、改过，广交朋友(陈君生和何继勇，2009)；有人认为他外表真诚、厚道，内心精明智慧，日日学习、天天进步，名正言顺，会作秀、识时务，善于打造优秀团队、抓思想，拿得起放得下(韩增海，2010)；还有人认为他的为官之道是隐忍克制，适度谦退，治家之道是慎独自修，改过自新，处世之道是忠恕宽容，以德报怨，修身之道是至诚尽性，谨慎谦忍(景国际，2009)，如此等等，不一而足。

笔者认为，曾国藩之所以能做到立功、立德、立言，主要是因为其矫思和修身的独到功夫。曾国藩一生功业，除了平定太平天国运动，还有兴办洋务，推动中国近代化的进程。论前者，他功成不居、主动裁军，消除了当时中国社会可能面临的更大规模、更具破坏性的内乱，因而立功又立德；论后者，他在容闳等人的建议和帮助下，学习西方但不受制于西方，力主同时推进机器设备引进与留学生派遣，对促进中国近代化发展以及中华优秀传统文化的传承和国际传播都产生了深远的影响，这是他立言又立功之举。但不论是平定太平天国运动的军事斗争，还是兴办洋务的社会建设事业，曾国藩大多都是用将则胜、自将则败，所以曾国藩的成功，主要归功于他坚卓诚信，苦心孤诣，爱民恤才之伟大胸怀。

(二)功成不居，水利万物而不争

清同治三年(1864)6 月 16 日，曾国荃等部湘军攻占太平天国首都天京；18 日，曾国藩收到金陵克复的消息后，"思前想后，喜惧悲欢，万端交集，竟夕不复成寐"；23 日，曾国藩向清廷上"奏金陵克复全股悍贼尽数歼灭折"，花了很大篇幅描述平定太平天国之艰难困苦，尤其是对敌人的强大和顽强的描述，对于最终制胜的原因，他则归结为咸丰皇帝英明、朝廷不惜重金名器和对前线将士的充分信任。

　　清政府当然知道曾国藩对他本人及将官平定太平天国的功劳只字未提，并不意味着他们不需要什么奖赏。相反，"从六百里加急红旗报捷发出的那天起，上自曾国荃，下至普通兵勇，所有参与攻克金陵的人，无不在翘首盼望皇上的赏赐"（唐浩明，2004）。7月10日，圣旨到达南京，曾国藩蒙恩封一等侯、太子太保，双眼花翎。曾国荃所部李臣典封一等子，萧孚泗封一等男；其余得世职者十六人，得黄马褂十二人，得双眼花翎二人。

　　对于清政府的赏赐，"曾国藩脸色平静，无任何表情"，而"曾国荃不但面无喜色，反倒露出一副垂头丧气的神情"。正当受封人员山呼万岁之时，又一道上谕随即降下：

> 　　浙江巡抚曾国荃……不乘胜攻克内城……指挥失宜，遂使伪忠酋夹带伪幼主一千余人，从太平门缺口突出……曾国藩奏洪福瑱积薪自焚，自是听信谣言……金陵陷于贼中十余年，外间传闻金银如海，百货充盈，着曾国藩将金陵城内金银下落迅速查清，报明户部，以备拨用。李秀成、洪仁达二犯，着即槛送京师，迅明处决……曾国藩以儒臣从戎，历年最久，战功最多，自能慎终如始，永保勋名，惟所部诸将，自曾国荃以下，均应由该大臣随时申儆，勿使骤胜而骄，庶可长承恩眷。①

　　曾国藩很清楚，如果当初绿营能将洪秀全、杨秀清平定，断不可能有他"儒臣从戎"的机会。"飞鸟尽，良弓藏；狡兔死，走狗烹"，如今洪秀全、杨秀清既已被平定，他又手握雄兵，如果他不念"勋名"，不能"慎终如始"，那他就不会"随时申儆"，"曾国荃以下"十万雄兵必然"骤胜而骄"。清廷的心思他很清楚，他也深知，稍有不慎，全体将士不仅十余年抛家舍业、用生命和鲜血换来的赏赐会瞬间化为乌有，还有可能被株连九族。在此后的一个星期，曾国藩心里很不是滋味，辗转难眠，不仅如此，最让他担心的是脾气火暴的胞弟曾国荃能否扛得住。

　　经过近一个星期的审慎思考和反复修改，7月16日，曾国藩完成了他的谢恩折。在该折中，他从不同角度又重申了金陵攻克的原因：一是"累朝厚泽，圣主天威"，二是"合亿万众敌忾之心"，三是"实借同泽同袍之力"。他不仅功成不居（夫岂一手一足之劳），还特别表明随后会更加战战兢兢、竭尽所能做好

---

　　①　唐浩明：《曾国藩（下）》，121页，武汉，长江文艺出版社，2012。

团结和指导下属官员等善后工作：

> 臣惟有履冰知惧，蹈埏自箴，虞蹇后而跋前，常慎终而如始。引
> 英贤而竞进，冀氛祲之全消。庶以仰答高厚生成于万一。①

《道德经》有云："不自见，故明；不自是，故彰；不自伐，故有功；不自矜，故长。"金陵克复后，自称"精力日颓，说话逾二十句，辄謇涩而气不能续"的曾国藩，拖着自己的"孱躯"做了哪些"百绪繁兴"的善后事宜呢？

一是主动裁军并规劝曾国荃上奏申请开缺回籍。金陵未下，曾国藩就已经感到自己手握重兵是凶兆，早有了自解兵权、保全家人的计划。他在同治三年（1864）3月25日的日记中写道："用事太久，恐人疑我兵权太重、利权太大。意欲解去兵权，引退数年，以息疑谤，故本日具折请病，以明不敢久握重柄之义。"金陵城破不到一月，清政府五天内三次下达了"为节饷起见""遣撤勇丁三四万人"的上谕。曾国藩无奈，只能先拿曾国荃所部开刀，"嗣与臣弟曾国荃酌商……定将金陵全军五万人裁撤一半"。与此同时，他还耐心地做曾国荃的思想工作，建议他以"克城之后，心血过亏，困惫殊甚，欲请回籍调理，部勒散勇南归，求所为善始善终之道"为由主动申请开缺。清政府求之不得，立即批准曾国荃开缺回籍调理，仅给了六两人参作为奖赏，就将战功累累的曾国荃打发回了老家。将已归，兵已散，萦绕在皇帝心中的不安终渐散去，曾国藩不仅保全了自己，也保全了追随他多年的湘军将士。

二是减轻地方老百姓赋税并奖赏有功民众。平定太平军的军饷，多来源于地方老百姓的额外赋税。既然战争结束了，这部分额外的赋税就该马上停止，并按照当初的约定给予奖赏，"查部定章程，凡捐输银三十万两，准加文武乡试定额各一名……加广东省文武乡试永远定额各四名……而彰粤人急公之义"。此外，平定太平天国运动后的近半年里，曾国藩还上奏减免了安徽、淮北、江西等地的税赋。

三是重修江南贡院，恢复乡试以安定人心。洪杨政权盘踞南京十余年，贡院毁，乡试停，江南读书人的仕途之路几乎全部断尽，曾国藩深知此刻安定读书人的重要性。但巨寇刚平，万事待兴，上谕"缓至来岁补行乡试，亦无不可"，曾国藩看到后非常着急，在同治三年（1864）9月11日再上奏折，向同治皇帝保证当年就能开考，且生动地表达了江南士子们的共同心愿。

四是制器与育人并举，快速推进自强救国的洋务运动。曾国藩所处的时

---

① （清）李瀚章：《曾文正公全集（三）》，321页，北京，中国书店，2011。

代，正值"西风东渐"之风兴起，中国传统社会遭受激烈冲击，士大夫惶骇犹疑，不知如何自处。但曾国藩则不然，经过多年的观察、学习和思考，他认识到学习西方、兴办洋务是自强救国的重要途径。他的可贵之处还在于，他从一开始就意识到，要学习西方但不能受制于西方，制器和人才培养两者要并行不悖。咸丰十一年（1861），曾国藩在"复陈购买外洋船炮折"中强调："（外洋船炮）购成之后，访募覃思之士，智巧之匠，始而演习，继而试造，不过一二年，火轮船必为中外官民通行之物，可以剿发逆，可以勤远略。"平定太平天国后，他即重用曾被太平天国弃而不用的容闳等人，经过 7 年多的努力，同治七年（1868），上海机器局建成并造出了中国第一艘轮船，标志着中国近代工业的起步。与此同时，他采纳了容闳的提议，以官费资助派遣学生赴美留学，从 1872 年开始，连续 4 年每年派出 30 名幼童赴美留学，这 120 名留美幼童中诞生了"中国铁路之父"詹天佑、中华民国首任内阁总理唐绍仪、清华大学首任校长唐国安等人。

曾国藩作为洋务运动的主要推动者，举凡制造轮船枪炮、翻译西书、派遣留学生赴美的每一件工作，都凭着他的大力支持或指导擘画，才得以顺利推进（何烈，2011）。洋务运动虽然未达到富国强兵的预期效果，但是它为中国的近代化进程奠定了基础。随之而来的是国民意识得到启迪，人才得到培育，百年积弱的中国终于展现出新的生机。曾国藩虽然没有看到他播种的收获，但他的努力对于中国社会的稳定和国家未来道路的开拓，具有深远的意义。

二、知事识人，率厉群贤齐报国

曾国藩由一介布衣而位极人臣，平太平，兴洋务，开创了诸多中国第一。对于他的成功，梁启超认为，"彼事业之成，有所以自养者在也。其能率厉群贤以共图事业之成，有所以孚于人且善导人者在也。"（何国松，2009）李瀚章说他成功的原因在于"克己省身，得力有自。遭值时艰，毅然以天下自任，忘身忘家，置死生、祸福、得丧、穷通于度外。其大端则在以人事君。晋接士类，能决其人之贤否，推诚布公，不假权术，故人皆乐为之用。其过人之识力，在能坚持定见，不为浮议所摇"。

由此看来，曾国藩之所以能成功，是因为他能够"率厉群贤"，而群贤"皆乐为之用"的原因在于他"过人之识力"且"善导人"。所以郭嵩焘为他作墓志铭"以美化教育人才为己任，而尤以知人名天下"。对于如何识才，曾国藩在司马光"才德全尽，谓之圣人。才德兼亡，谓之愚人。德胜才，谓之君子。才胜德，谓之小人"的才德论的基础上，进行了总结和提升：

德若水之源，才即其波澜；德若木之根，才即其枝叶。德而无才以辅之，则近于愚人；才而无德以主之，则近于小人。世人多不甘以愚人自居，故自命每愿为有才者；世人多不欲与小人为缘，故观人每好取有德者，大较然也。二者既不可兼，与其无德而近于小人，毋宁无才而近于愚人。自修之方，观人之术，皆以此为衡可矣。①

对于如何用人，曾国藩认为：

虽有良药，苟不当于病，不逮下品；虽有贤才，苟不当于用，不逮庸流……当其时当其事，则凡材亦奏神奇之效，否则龃龉而终无所成。故世不患无才，患用才者不能器使而适宜也……当战争之世，苟无益胜负之数，虽盛德亦无所用之。余生平好用忠实者流，今老矣，始知药之多不当于病也。②

由此看来，识人需要智慧，用人需要心胸。曾国藩正是因为有了"精鉴微识"的识人智慧和"气量宽宏"的用人心胸，才会既有像左宗棠、彭玉麟这样才智过人、能统全局的超世之才，又有像李鸿章、曾国荃这样潜力巨大、亟待磨砺的可塑之才，还有像赵烈文这样桀骜不驯的奇才，以及鲍超这样见利忘义但能征善战的粗人甘愿归其左右。

(一)季高雪琴：甘为绿叶衬红花

对于左宗棠(字季高)和彭玉麟(字雪琴)这样的超世之才，曾国藩甘做绿叶。他不遗余力地为人才效用的发挥创造各种利好条件，使他们的超世之才成功转化为国家和民族的福祉。

1. 左宗棠：贬我损我又何妨？助君报国奔走忙

左宗棠仅比曾国藩小一岁，胡林翼、郭嵩焘、郭崑焘、江忠源、贺长龄等人都是他们两人共同的朋友，所以曾国藩很早就认识左宗棠，并知晓他有过人的才华，因此曾国藩奉旨在家乡办团练时，就去请左宗棠帮忙，但左宗棠看不上他，直接拒绝了(曾仕强，2014)。不仅如此，左宗棠以诸葛亮自居，不懂礼貌，见谁损谁，对曾国藩更是能损即损，用词刻薄。

"涤生这些年也算是青云直上，比我只大得一岁，侍郎都已当了四五年。论人品学问是没的说的，但论才具来说，不是我瞧不起他，怕排不得上等。"左

---

① 唐浩明：《唐浩明评点梁启超辑曾国藩嘉言钞》，429页，长沙，岳麓书社，2007。
② 同①，435页。

宗棠多次在公众场合如此评价曾国藩。

　　长沙激战前夕，左宗棠、郭嵩焘、郭崑焘、江忠源与曾国藩等人一起议论国事，大家的兴致都很高。左宗棠才思敏捷、口若悬河，总抢曾国藩的风头，曾国藩为此有些不快，临别时笑着对左宗棠说："我送你一句话：季子自称高，仕不在朝，隐不在山，与人意见辄相左（话中嵌着"左季高"三字）。"左宗棠当众马上还击"藩臣当卫国，进不能战，退不能守，问你经济有何曾"（也恰好嵌着"曾国藩"三字）。左宗棠待人尖刻，由此可见一斑。

　　左宗棠晚年有两大嗜好：一是不分场合、不看对象地强迫他人与自己一起反复回味收复新疆的美妙感觉；二是大骂曾国藩。靖港之战惨败后，曾国藩给皇帝的遗折和家人的遗书都已准备就绪，正寻思是通过投水还是上吊的方式来自裁时，左宗棠循迹而来，大骂他不忠（"刚刚出师，便以受挫为由而自杀，置皇上殷殷期望于不顾，视国家安危为身外之事"）、不孝（"令尊大人实望你为国家做出一番烈烈轰轰的事业，流芳千古，使曾氏门第世代有光。你今日自杀，使父、祖心愿化为泡影"）、不仁（"全然不顾一万多湘勇嗷嗷待哺之处境，撒手不管，使湘勇成为无头之众，结局只能落魄回乡，过无穷尽的苦日子"）和不义（"众多朋友放弃自己的事情来做你的助手……你如今只图自己省去烦恼，却不想因此会给多少朋友带来烦恼"）。

　　"信言不美，美言不信"，绝大多数人喜欢听好听的。但在这方面，曾国藩则表现出了超人的自知和知人之明，不待左宗棠说完，他从床上霍然而起，握着左宗棠的手说："古人云'涣乎若一听圣人辩士之言，涩然汗出，霍然病已'，这不是指今日的我吗？国藩一时糊涂，若不是吾兄这番责骂，险些做下贻笑万世的蠢事。眼下兵败，士气不振，尚望吾兄点拨茅塞。"

　　后来，由于"曾国藩奏洪福瑱积薪自焚，自是听信谣言"及左宗棠"金刚怒目"和曾国藩"菩萨低眉"（谭伯牛，2014）的个性及处世态度截然相异等原因，自金陵攻克之后的整整八年间，"左宗棠始终没有一纸亲笔信给曾国藩，寄来的函件全部是冷冰冰的公文"。但这些年来，每当想起湘军创建之初，左宗棠所给予的大力支助，尤其是靖港之战惨败后欲再度自杀的那个夜晚，左宗棠一席与众不同的责骂所起的巨大作用，曾国藩就觉得对左宗棠有所亏欠，甚至连左宗棠骂他虚伪，他也能予以体谅宽容。

　　曾仕强（2014）说："交朋友就要交一个心存善意、又敢骂自己的人，左宗棠对于曾国藩来说就是这样的人，但与这样的朋友相处，需要足够的肚量，好在曾国藩就是有相当肚量的人。曾国藩如果不交左宗棠这个朋友，就会失去一个很好的提醒者和得力的帮手；但交了这个朋友，他就经常要挨骂。"贝尔斯

(2011)也认为："曾国藩的确不喜欢左宗棠的脾气，但他不会容许个人的偏见妨碍他使用任何一个可以为镇压太平军出力的人。他很愿意承认左宗棠的功绩。他不喜欢这个人，但他喜欢这个人的作为。他在给皇帝的奏章中给予左宗棠很高的评价，举荐他升至更高的官位。"

曾国藩苦盼了8年之后，远在万里之外的左宗棠终于给他寄了一封"曾涤生仁兄亲启"的私人信件。在来信中，左宗棠将两人之间在他人看来的"不和"一一做了详注。

涤翁尊兄大人阁下：

……

八年不通音问，世上议论者何止千百！然皆以己度人，漫不着边际。君子之所争者国事，与私情之厚薄无关也；而弟素喜意气用事，亦不怪世人之妄猜臆测……弟与兄均年过花甲，垂垂老矣，今生来日有几何，尚仍以小儿意气用事，后辈当哂之。前事如烟，何须问孰是孰非；余日苦短，惟互勉自珍自爱。戏作一联相赠，三十余年交情，尽在此中：知人之明，谋国之忠，自愧不如元辅；同心若金，攻错若石，相期无负平生。①

纵观曾国藩和左宗棠一生交往的风风雨雨，左宗棠始终是主动的。左宗棠之才，赛过三国时的魏延。而他不拘小节、得意必忘形，又远非彭䒷所及。所幸他遇到的权势人物不是诸葛亮，而是很欣赏他的曾国藩，一个对他"虽然偶有不快但一直很欣赏"，使他有机会从平民起步，一直做到闽浙总督，并有机会收复新疆立下盖世之功的智者。曾国藩的知人之智、容人之胸，由此可见一斑。

2. 彭玉麟：落魄书生担大任，痴情男儿创伟业

彭玉麟比曾国藩小5岁，清嘉庆二十一年(1816)出生于安徽安庆，16岁后寄居湖南衡州，35岁时有短暂加入地方武装剿匪运动的经历。由于对已逝梅姑的思念，在曾国藩请他出山前10年，他一直隐居于衡州大山中，整日以画梅、写诗来表达自己的愧疚和悔恨。

咸丰三年(1853)十月，鉴于太平军"以舟楫为巢穴，长江千里，任其横行。欲加攻剿，惟以战船为第一先务"，曾国藩上奏朝廷在衡州建立湘军水师获准后，正四处寻找合适人选之时，王船山的后人王世全向他推荐了"家藏一部《公瑾水战法》，对水师钻研有素"的彭玉麟，曾国藩听后日思夜想，希望能早日见

---

① 唐浩明：《曾国藩(上中下)：文史对照本》，404页，武汉，长江文艺出版社，2004。

到彭玉麟。而此时的彭玉麟已年近四十，刚中秀才没几年，是一个典型的落魄书生，但当曾国藩第一次见到彭玉麟时，心中便喜不自禁。此时曾国藩是堂堂二品大员，不仅屈尊降贵来恭请一位落魄书生，还与他称兄道弟，彭玉麟受宠若惊，自此用心竭力，与杨载福一起肩负起了湘军水师的建设和统领大任。这支湘军水师夺敌城、封水道、断粮道，在金陵克复中起到了中流砥柱的作用。这支水师后来被李鸿章全盘接收，成为北洋水师最主要的力量，彭玉麟顺理成章地成了近现代中国海军的开创者。

值得一提的是，彭玉麟不仅会打仗，而且对权位毫无贪念之心。他曾六辞高官：一是咸丰十一年(1861)以"已习于军营而疏于民政，请朝廷勿弃长用短"为由而辞去安徽巡抚之职。二是同治四年(1865)以"不懂漕政，加上性情褊急、见识迂愚，不会与各方圆通相处"为由，谢绝漕运总督一职。三是同治七年(1868)以"当年从军，母丧尚有两年未守"为由辞去已当了七年的兵部侍郎之职。四是离职休养三四年后被朝廷任命为兵部侍郎兼光绪帝大婚庆典宫门弹压大臣，庆典一结束便立即请辞。五是光绪七年(1881)请辞两江总督兼南洋通商大臣。六是光绪八年(1882)请辞朝廷兵部尚书。但因中法战争爆发而未获朝廷恩准。中法战争胜利后，他一年内连续四次上疏请求辞职。鉴于他的坚持，朝廷只得接受。

彭玉麟为人清正廉洁，对权位很不在乎。他身居高位，却始终坚持"不要钱"的生活准则。他加入湘军以来，战功赫赫，屡获赏银，但他将所得几乎都捐资用于救济乡民、兴办学堂。他还将为官几十年的官俸、养廉、经费等收入共上百万两银子全部捐出来做了军费。曾国藩是彭玉麟的恩师，对他可谓恩重如山，但是彭玉麟却公私分明，三次弹劾曾国荃；他也不惧李鸿章的权威，将其横行乡里、欺男霸女的侄儿李秋升依法处斩。

如果没有曾国藩，彭玉麟一生极有可能会以痴情画家的身份终老于衡州大山之中。正因为有了曾国藩，才有了平定太平天国的威武水师，才有了中国近代海军的根基，也才有了彭玉麟光辉的一生。

(二)鸿章国荃：用心磨砺青胜蓝

曾国藩特别强调后天的培养对人才的改变，他说"人之气质，由于天生，本难改变，惟读书则可变化气质。古之精相法者，并言读书可变换骨相，欲求变相之法，总须先立坚卓之志"。

曾国藩也特别善于培养人才。他主张多用奖励，少用苛责，他主张"扬善于公庭，规过于私室"。对于李鸿章、曾国荃这样潜力巨大、亟待磨砺的可塑之才，曾国藩总会用心打磨，助其尽快成长成才。

1. 李鸿章：气量宽宏识英才，规过见远用心栽

李鸿章比曾国藩小 12 岁，道光三年（1823）出生于安徽合肥，是与曾国藩同科进士出身的李文安的儿子，也是自己的门下弟子。太平军起，李鸿章随同侍郎吕贤基回安徽办团练，先后随周天爵、李嘉端、吕贤基、福济等清廷大员在皖中与太平军、捻军作战。李鸿章出道不到 5 年，收庐州、克巢县、复和州等，因功高赏厚遭人妒，被迫在家为父丁忧。期满后李鸿章入曾国藩幕府，负责起草文书，但两人磨合得不太好，李鸿章曾一度负气出走长达半年之久，曾国藩对此并不往心里去。后来李鸿章在曾国藩的授权下创建淮军，曾国藩为淮军的充实和干部培养等倾其所有。李鸿章以此军为基础，平捻军、建北洋水师，他本人及他所组建的军队都成了支撑晚清三十年的中流砥柱。

李鸿章身材修长，五官俊美，言谈文雅，举止倜傥，但心高气傲，性格疏懒，不拘小节，爱睡懒觉，公子哥习气很重。在曾国藩幕府担任文书期间，他常常称病不同曾国藩一样早起出操、唱军歌，甚至吃早饭也拖拖拉拉，曾国藩对此很是不快。他专门找李鸿章谈话，经过一番严厉的私室规过后，李鸿章终于痛改前非。

曾国藩之所以对李鸿章如此用心栽培，是因为他很佩服这个比他小 12 岁的门生的见事之明。在湘军的主要将领中，有彭玉麟的忠贞，有杨载福的朴直，有鲍超的勇猛，有李元度的策划，有曾国荃的顽强，但无一人有李鸿章这样洞察全局的清醒、机巧应变的手腕，人才难得，于是曾国藩将其纳入重点培养对象。在重大事情上，曾国藩常常找李鸿章一起出谋划策并对其进行有意训练。正是曾国藩尽心地发现、培养，李鸿章才有机会走到大清王朝的高层管理岗位。

对于曾国藩对李鸿章的发现和培养，薛福成《庸庵笔记·李傅相入曾文正公幕府》记载："文正谓之曰：'少荃天资于公牍最相近，所拟奏咨函批，皆有大过人处，将来建树非凡，或竟青出于蓝亦未可知。'傅相亦自谓：'从前历佐诸帅，茫无指归，至此如识南针，获益匪浅。'"

2. 曾国荃：兄为弟师须耐心，上阵举贤不避亲

曾国荃比曾国藩小 13 岁，是他四个弟弟中最小的一个，也是他的学生。曾国荃于 1840—1842 年在京城跟随曾国藩"一对一"学习了一年半之久。从道光二十一年（1841）正月曾国藩日记中的相关片段，即可窥见亦兄亦师的曾国藩对于曾国荃的教导是何等的用心和耐心。

初十日：夜听九弟背诵《哀江南赋》，略讲解。

十三日：是日九弟开课为文……夜，候弟成文始睡。

十四日：饭后，为九弟改文，久荒制艺，甚难成就，至申正始完……夜，读文数遍，为九弟讲文一首。

十七日：中饭后，小坐，教九弟读诗法。

十九日：早起，为九弟改《父母其顺矣乎》文，小讲提比。

廿日：旋为九弟改文，至未刻毕。

廿二日：为九弟批阅鉴字句之疑……

廿三日：是日，九弟课题《予助苗长矣》……

廿四日：早起。饭后为九弟改文，改起比后……灯后，将九弟文改完。讲一遍，又讲方朴山《王如知此》文与弟听。

廿五日：夜，阅二十四家时文，将选与九弟读，殊不合意。

廿七日：讲文与九弟听……

廿九日：早起，为九弟改昨日课文，题《有不虞之誉》，至旰时始毕。

"少年奇气，倜傥不群"的曾国荃，跟随曾国藩学习一年半后，学问大有提升，他回湖南原籍备考时，曾国藩送他到卢沟桥，以诗"屈指老沉真白眉"赞勉国荃才俊。曾国荃不负众望，于道光二十七年(1847)以府试第一的成绩入县学，不久举优贡。可惜随后太平军起义，曾国荃只能投笔从戎，克吉安、破安庆、捣天京，功封太子少保衔、一等威毅伯，相继任晋、鄂、陕等地巡抚、河东河道总督，历任陕甘总督兼兵部尚书衔、礼部尚书、两江总督兼通商事务大臣，最后加太子太保。曾国荃能有此成就，他的每一步成长都离不开曾国藩的用心培育。我们在此以市面上比较流行的三本从不同角度编选的曾国藩家书为研究样本，稍作分析即可发现，曾国藩家书中，单独给九弟国荃的书信所占比例最大(见表5-1)。

表5-1　曾国藩家书中致诸弟及其中专致九弟国荃数量对比

版本	主要内容	收录家书	致诸弟	专致九弟
金城本(金城出版社，2012)	修身、劝学、治家、人际、为政5篇	126	101(80%)	51(50%)
延边本(延边人民出版社，2010)	修养、劝学、为人、为政、治军、立志、养生、持家、处世、教子10篇	165	122(74%)	43(35%)
中画本(中国画报出版社，2012)	修身、劝学、治家、理财、交友、为政、用人、养生、军事9篇。	154	118(77%)	50(42%)

从表 5-1 中可以看出,如上三部书尽管分类的角度不同,但曾国藩三分之二以上的家书是专门写给他的四个弟弟的,而给四个弟弟的信中,三分之一到二分之一是专门写给九弟曾国荃的。在此将曾国藩专门写给九弟的 100 余封私信的标题列出,即可窥见曾国荃每个方面的成长都倾注了曾国藩的心血(见表 5-2)。

表 5-2　曾国藩专致曾国荃家信标题一览表(以金城本为基础)

主题	金城本	延边本(增补)	中画本(增补)
修身	1. 望勿各逞己见 2. 劝宜息心忍耐 3. 劝弟须保护身体 4. 做人须要有恒心 5. 言凶德有二端 6. 愿共鉴诚二弊 7. 注意平和二字 8. 早起乃健身之妙方 9. 宜平骄矜之气;须戒傲惰二字 10. 做人须清廉谨慎勤劳 11. 必须自立力强 12. 只问积劳不问成名 13. 宜以自养自医为主 14. 凡郁怒最易伤人 15. 宜自修处求强 16. 时刻悔悟大有进益 17. 必须逆来顺受	1. 盛时常作衰时想 2. 圣门教人不外"忠恕"二字 3. 好汉打脱牙和血吞 4. 以硬字法冬藏之德 5. 将权位二字推让少许 6. 花未全开月未圆 7. 应于鄂、赣力堵私盐 8. 盛时退一步 9. 带兵之事,千难万难 10. 料理戎事,增长识力 11. 将才有四大端 12. 打仗要随机应变,出奇制胜 13. 带勇之法,以体察人才为第一 14. 人不可无坚毅之气 15. 治军总须脚踏实地 16. 治军之道以能战为第一要义 17. 存倔强以励志 18. 修身齐家须以明强为本 19. 弟自为宽解 20. 须将万事看,勿恼勿怒 21. 肝脾有疾,用心治之	1. 才能要根植于细节之中 2. 领得恬淡冲融之趣 3. 述为不学有四要事 4. 做后辈宜戒骄横之心 5. 劝捐银修祠堂 6. 患难与共,勿有遗憾 7. 述有负朋友 8. 以方寸为严师 9. 述增加幕僚 10. 无形之功不必说 11. 治身宜不服药 12. 规模远大与综理密微不可缺一 13. 进兵须由自己做主 14. 最戒浪战 15. 凭壕对击,坚韧不出 16. 惟有一静字可以制胜 17. 约期打仗最易误事
劝学	18. 闻九弟习字长进 19. 宜居家时苦学 20. 讲求奏议不迟 21. 谆嘱瑞侄用功 22. 述为学有四要事		
治家	23. 归家料理祠堂 24. 欣悉家庭和睦		

续表

主题	金城本	延边本（增补）	中画本（增补）
人际	25. 述挽胡润帅联 26. 述有负朋友 27. 催周风善速来 28. 交人料理文案 29. 愧对江西绅士 30. 宜以求才为在事 31. 拟保举李次青 32. 拟和陈射仙办大通厘金 33. 述告办事好手不多 34. 随时推荐出色的人 35. 述杨光宗不驯 36. 嘱文辅卿二语 37. 宜多选好替手	22. 心肝之病以自养自医为主 23. 养生以少恼怒为本 24. 不要因诽谤而抑郁牢骚 25. 济人需济急 26. 应交可以同甘共苦之人 27. 人以克终为贵 28. 凡事皆应"久而敬之" 29. 美服患人指，高明逼神恶 30. 处世要内端方而外圆融	18. 初次进扎险地与久扎迥乎不同 19. 既已带兵，则不以多杀为悔 20. 制胜之道，在人不在器 21. 多用活兵，少用呆兵 22. 捻军四种长技与三种短处
为政	38. 以勤字报君，以爱民二字报亲 39. 暂缓祭祀望溪 40. 述筹办粤省厘金 41. 述抽本省之厘税 42. 处事修身宜明强 43. 喜闻九弟得优贡 44. 为政切不可疏懒 45. 述弟为政优于带兵 46. 申请辞退一席 47. 述让纪瑞承荫 48. 述纪梁宜承荫 49. 述奏议乃为臣之事 50. 战事宜自具奏 51. 述治事宜勤军		

从表5-2中可以看出，个性刚烈的曾国荃能成长为曾国藩最得力的助手，并且对晚清和中国近现代历史产生很大的影响，与曾国藩方方面面的谆谆教诲是分不开的。

（三）烈文鲍超：容其所短尽其长

曾国藩不仅是人才管理方面的理论家，而且是人才管理上的实干家和受益者。与诸葛亮对人才的考核标准过于苛细，对他人缺点无限扩大化的倾向相比，曾国藩对人才个性的包容度要高得多："天下无现成之人才，亦无生知之卓识，大抵皆由勉强磨炼而出耳。"在曾国藩的手下，既有赵烈文这样锋芒毕露、桀骜不驯的奇才，也有鲍超这样见利忘义但能征善战的粗人。

1. 赵烈文：高薪诚聘智多星，虚心求教大受益

赵烈文比曾国藩小 21 岁，道光十二年（1832）生于江苏常州的一个官宦家庭，少年时代三应乡试而不中，于是绝意仕途，一心钻研学问，博览群书，留心世事，闻名乡里。咸丰五年（1855），曾国藩在南昌被困，面对太平军坚如磐石的围堵，他无计可施，几乎在等死。这时周腾虎向 45 岁的曾国藩推荐了了 24 岁的赵烈文，说此人能解南昌之危，曾国藩一听，立即以超过自己年薪 180 两白银的 200 两白银聘金去请赵烈文（李江华，2015）。但当曾国藩在南康大营见到赵烈文这个白面书生时，有些失望，就令赵烈文去参观驻扎在樟树镇的湘军水陆各营，以让这个书生开开眼。没想到，赵烈文到大营后不但没被湘军的气势镇住，反而提了一堆意见，还很不客气地说："樟树营陆军营制甚懈，军气已老，恐不足恃。"曾国藩最见不得说大话的书生，心中已有将其辞退之意。恰在这时，赵母有病，赵烈文主动向曾国藩辞行。曾国藩正要欣然应允之时，前线突然传来樟树湘军大败的消息，曾国藩于是虚心向赵烈文请教。得益于赵文烈所献锦囊妙计，南昌之围迅速得解，湘军自此渐入佳境，赵烈文也成了最受曾国藩器重的幕僚之一。

2. 鲍超：容人所短肝胆照，勤勉呵护将星耀

鲍超比曾国藩小 17 岁，道光八年（1828）生于重庆奉节的一个赤贫家庭，自幼丧父。鲍超能从一个目不识丁、性情暴戾的莽汉变成战功赫赫的封疆大吏，完全得益于曾国藩的慧眼识才和精心呵护。

曾国藩第一次见到鲍超时，鲍超正在卖妻筹措路费，准备去寻找失散部队，钱到手后他又反悔，还逞强打伤了买家，因此被官府捉拿归案。鲍超一见到正在为办团练四处招兵买马、求贤问将的曾国藩，就自称"好比当年落难的薛仁贵……愿投帐下"助曾国藩征东扫北。曾国藩认为"这个莽夫人品的确不太好，日后保不定忘恩负义，卖友求荣"，于是细细盘问。鲍超融少林和峨眉武学于一身的深厚的武功造诣令曾国藩非常欣赏，于是曾国藩就把鲍超从广西提督向荣手下调到自己身边。此后鲍超随湘军征战大江南北，会同曾国荃攻陷天京，荣膺一等轻车都尉世职，赏双眼花翎。后克瑞金，搜获洪秀全幼子洪天贵福，被清廷赐一等子爵，加赏一云骑尉世职。

　　曾国藩对鲍超的精心呵护有两个方面很值得借鉴：一是从团队功能优化的角度扬其长抑其短。鲍超善勇战、短谋划，曾国藩便让他与长谋划、勇战稍逊的多隆阿搭班子，使两人彼此扬长补短、相互增益。曾国藩曾对多隆阿说："鲍超粗鲁骁勇，不是良将，蒙你的保护才有今天。鲍超的功劳，就是你的功劳，望你今后还要好好照顾他。"反过来他又对鲍超说："多公（多隆阿）说你有勇无谋，你要多多努力，堵住别人的嘴，别让别人说闲话。"二是关键时刻更注重精神激励。在一次战斗中，太平军各路人马铺天盖地而来，鲍超兵少欲退，曾国藩派人骑马飞驰送信告诉鲍超：贼寇虽然很多，但初来乍到并不可怕，你要学习胡林翼等人的忠勇谋划，把生死置之度外。你的英名已为世人所知，你要好自为之。鲍超读信后，信心为之大增，于是重整旗鼓，奋力杀敌，终获全胜。

　　曾国藩所处的晚清时代，是一个信仰崩溃、价值趋向多元化的时代。由于曾国藩的包容和因势顺导，他几乎揽尽了天下英才。军事上的人才自不必说，他在政治上有左宗棠、李鸿章、沈葆桢、郭嵩涛，在洋务上有薛福成、冯桂芬、容闳等，在科技上有徐寿、华蘅芳、李善兰等人。如果没有曾国藩，左宗棠的政治生涯可能就终止于樊燮事件，彭玉麟可能在衡州山中终老一生，李鸿章可能终身一事无成，曾国荃或许会落草为寇，赵烈文可能会在江苏老家继续自娱自乐，鲍超大约就是一个早早归西的亡命之徒。但因为有了曾国藩，左宗棠就有了平捻定回、复疆讨犁的机会；彭玉麟成为现代海军的奠基人；李鸿章成为晚清的中流砥柱；曾国荃"百战归来再读书"，成功转型成为封疆大吏；赵烈文成为令人惊奇的智多星；鲍超年过半百还能在中法战争中扬威。根据成晓军（2001）的统计，曾国藩的幕僚有四百多人，其中重要幕僚有百余人。据不完全统计，出身曾国藩幕僚而后官至三品者达 47 人，位至督抚者 33 人，其中大学士 1 人，军机大臣 1 人，大学士入值军机者 1 人。曾国藩的幕府，用今天的眼光来看，就是一所以"振兴国家为己任"的高级干部培训学校，通过这一特殊的组织形式，他的个人智慧也得到最大程度的发扬光大。个人智慧变成了一个统治集团的智慧，个人的力量也变成了整个统治集团的力量而得以无限扩大，这种力量足足影响了中华民族一个多世纪。无怪乎梁启超感言："曾文正者，岂惟近代，盖有史以来不一二睹之大人也已；岂惟我国，抑全世界不一二睹之大人也已。"①

---

　　① 唐浩明：《唐浩明评点梁启超辑曾国藩嘉言钞》，1 页，长沙，岳麓书社，2007。

三、功德言立，矫思修身任贤能

从曾国藩的日记、文集、家书、奏折、挽联和碑文，以及后人对他的研究和评价中可以看出，曾国藩能成功，非天时，也非天赋。梁启超认为"文正固非有超群绝伦之天才，在并时诸贤杰中称最钝拙，其所遭值事会，亦终生在拂逆之中……其一生得力在立志自拔于流俗，而困而知，而勉而行，历百千艰阻而不挫屈；不求近效，铢积寸累，受之以虚，将之以勤，植之以刚，贞之以恒，帅之以诚，勇猛精进，坚苦卓绝"。他能做到"所成就震古烁今而莫与争者"，皆因他的自勉自励、自立自强。

与曾国藩"相从日久，相知颇深"的直接下属江苏巡抚何璟也认为，曾国藩能"立功之伟"，根本原因在于他"胥本于进德之勤"，而他"不特今世所罕见，即方之古贤臣，盖亦未遑多让"的超乎寻常的"生平尽瘁报国，克己省身，器识过人，坚贞自矢"的报国之志，矫思修身和知人善任的催化作用也不可或缺。

借用西汉扬雄《法言·修身》中"修身以为弓，矫思以为矢，立义以为的。奠而后发，发必中矣"的观点，曾国藩之所以能成为中国历史上少有的几个能做到立功、立德、立言的三不朽之人，是因为他将"尽忠报国""立义""日事日新"的修身功夫和"大公至诚"的矫思完美结合。这对于当今各级各类领导干部领导水平的自我提升，具有非常切实的指导意义。

(一)立志报国，誓挽狂澜偶圣哲

在曾国藩的家书中，立志读书、尽忠报国的主题随处可见。第一次鸦片战争期间，整个中国已是"豺狼当道，哀鸿遍野"，刚点翰林不久的曾国藩在京城所看到的是士大夫们的麻木无知、钻营贪鄙，为此他心痛不已，赋诗要做"流血的孤凤""要令恶鸟变音声，坐看哀鸿同长养"，以此表明匡时救世之志。

那么，如何才能实现匡时救世、力挽狂澜于既倒的人生大志呢？曾国藩认为，要成为"好人、好官和名将，都要有好师、好友、好榜样"。咸丰九年(1859)，曾国藩作《圣哲画像记》，将周文王、诸葛亮、陆贽、司马光、顾炎武等32位圣哲作为自己的人生偶像，认为作为一个士大夫，除了会读古书、会写文章之外，更重要的是能为国家和人民解决一些实际问题(何烈，2011)。

要匡时救世，人才培养和社会风气改良就是最佳的切入点。曾国藩认为，政治之改革，必先有精神之改革，要改造社会，必先改造教育。平定太平天国的硝烟还未散尽，曾氏兄弟就在南京设局重刊《船山遗书》，曾国藩还亲自撰写序文，阐述效法古人对于社会风气改良的重要性：

> "昔仲尼好语求仁，而雅言执礼；孟氏亦仁、礼并称。盖圣王所以平物我之情，而息天下之争，内之莫大于仁，外之莫急于礼……以求所谓育物之仁，经邦之礼，穷探极论，千变而不离其宗，旷百世不见知而无所于悔。"（王夫之，2016）

要培养人才和改良社会风气，曾国藩认为，身居要津者的引领示范作用最为重要。曾国藩深信宦途的顺逆、世风的清浊，乃至军队作战能力的强弱，无一不取决于少数领导人物是否贤能。他在《原才》中主张，视国家利益为自己利益的"贤且智者"，不仅能改造一代人的风气和习俗，也能使世风日下的形势得以扭转，"社会风俗的淳厚与浇薄，完全取决于一二人心的趋向""少数在位的当道者，如以仁义为倡率，众人必为仁义牺牲生命，在所不惜；如提倡功利，则众人也一定甘心死于功利而不悔"（沈陈汉音，1967）。他在给胡林翼的信上说："观察天下大局，已经无可挽回。如今你我能尽力而为的，惟有多引用一批正人君子，培养几个好官，作为将来起死回生的种子而已。"

知易行难，曾国藩不仅是这么认为的，也是这么做的。"天下事在局外呐喊议论，总是无益，必须躬身入局，挺膺负责，乃有成事之可冀！"在局外呐喊议论，自古以来便是中国文人的风气，但说出来的道理到底能不能通，坚持的论点到底能不能行，却要看一个字——"做"。在实际做事的过程中，人常常会面对很多意想不到的困难和复杂险恶的局势，这时，纵使满腹经纶，也不能断言成败得失。因此，怕失败的人不敢做，怕惹事的人不肯做，怕劳累的人不愿做。曾国藩不晓兵法，却能以书生之身投入血战杀戮之中，其勇气实在难能可贵。

如果换成我们会怎样？敢不敢千辛万苦去蹚浑水，敢不敢降下自尊四面碰壁，敢不敢承受他人落井下石的非议，敢不敢卧薪尝胆苦撑五年、十年？把这些具体的艰难困苦摆在眼前时，还能说出"敢"字的人已寥寥无几，还能真正有所行动的人更是屈指可数。所以，那些真正能够"躬身入局、挺膺负责"的人，就是国家和社会的栋梁，是我们立身立业的楷模，曾国藩就是这样的楷模。

湘军从衡阳出师到武汉的这七八个月里，曾国藩经历过兵败投水自杀、湘军溃逃四散、湖南军政两界的讥讽、长沙城闭门不纳等羞辱，直到攻下武汉才一雪前耻。经过一段短暂的胜利，曾国藩来到江西后，战事很快又处于胶着状态。从咸丰五年到咸丰十年的五六年里，曾国藩在江西、安徽一带的军事行动一直在低迷中徘徊。其间曾国藩遭遇了江西官场的排斥、湖南官场的指责、朝廷的不信任、友军的不配合，他再一次投水自杀未遂，又被朝廷冷落了一年多。

面对这一切，曾国藩忍了。他用老师穆彰阿的一句俗话来安慰自己："好汉打脱牙齿和血吞"。在这位立下"不世之功"的清朝大员的一生中，艰难隐忍之时不可谓不多。这种时候，若忍不住、挺不过，便是末路，再没有后面的柳暗花明。

"困心横虑，正是磨炼英雄，玉汝于成。""古来大有为之人，每于艰险之时，坚韧撑得住，可做出非常事业。"曾国藩用这些话来鞭策自己，也鼓励他人。这种"忍"的精神和功夫，正是自古以来成就大事者的必要条件——须知躬身入局之后，要面对的艰辛困苦、惨重代价和复杂情势，远远超出人们的设想。曾国藩痛苦之时，总以他崇敬的32位圣哲来激励和鞭策自己。有野史上说，幕僚给朝廷拟奏折说湘军"屡战屡败"，曾国藩将"战""败"两字易了一个位置，变为"屡败屡战"。这一字之易，体现了截然不同的精神气概：决不屈服，决不退缩，倒下了再爬起来，前人死了，后人再继续。这是一种不达目的誓不罢休的倔强精神的生动体现。

曾国藩一心想要尽忠报国，干出一番大事业来，所以他的人生格局必然定位于整个国家和民族的安危，而不是个人和小团体利益。

> 国藩处种族权位双重危疑之地，以公诚戒慎示天下，……慈禧以阴狠淫毒妇人，竟不为所动，可知国藩"流水高山"之坦荡胸怀，已能示人以信，而结主之知。……国藩对于满人政权，外力压迫，仅能默运潜移，未可屠鲸斫蛟，以推美让功，逆来顺受，渡过难关，得免陨越，亦云幸矣。然非本经世之学，何来保身之术？高而不危，颠而不倾，《中庸》之所谓智、仁、勇三达德，盖已能融会于心，躬行履践，非徒肆空言也。当在祁门督师之时，四面皆敌，无日不战，手书遗嘱，帐悬佩刀，从容布置，不改常度。"于危苦时不废学"（王闿运语），每日分时批判案牍，接见宾僚，吟览经史，老而弥笃。（萧一山，2011）

总之，曾国藩正是因为有了尽忠报国之志，才能在"遭值时艰"时挺身而出，"毅然以天下自任，忘身忘家，置死生福祸得丧穷通于度外"，躬身自律，率领群贤，以圣哲为人生偶像，忘却个人私利。这样的精神，在今天尤其值得领导者学习和借鉴。

(二)铢积寸累，矫思修身日日新

"古之成大事者，不惟有超世之才，亦必有坚韧不拔之志"。被史家公认

"并非超世绝伦之才"的曾国藩，之所以能成为对中国近现代有深远影响的人，与他在矫思、修身上铢积寸累的坚持息息相关。道光十一年（1831），21岁的曾国藩为了惕厉自己，特起"涤生"为号（涤者，取涤其旧染之污也；生者，取明袁了凡之言"从前种种，譬如昨日死；从后种种，譬如今日生也"）。1838年，他入翰林院，更觉自己要勤苦读书，并改名为"国藩"，誓"以澄清天下为己任"，做"国之藩篱"。他为自己编订了一套自修课程，将读书心得、人情历练、个人修养、诗文创作分别按照"茶余偶谈""过隙影""馈贫粮""诗文钞""诗文草"一一分类记录下来。道光十九年（1839）曾国藩开始写日记，后稍有中断。但从咸丰八年（1858）六月起，不曾再中断过一天。行军、生病的时候，他也仍旧记录，直到1872年他去世的前一天为止。

　　曾国藩矫思、修身的真功夫，固然有家学的熏陶和个人天性因素，但他的翰林导师唐鉴对他的影响却是决定性的（何烈，2011）。曾国藩曾给贺长龄写信说，自己最初治学，不知根本，寻声逐响而已，自从认识了唐鉴先生，才从他那里窥见一点学问的门径。

　　按照唐鉴的建议，曾国藩特别效法和学习倭仁"诚意"和"慎独"的功夫，他从道光二十二年（1842）十月初一日起，便立志"自新"：首先，和倭仁一样，将自己的意念和行事，逐日以楷书写在日记上，以便随时检点克制。其次，为自己规定了主敬、静坐、早起、读书不二、读史、谨言、养气、保身、知其所亡、无忘所能、作字、夜不出门十二条自律自修守则，并严格遵此实行。最后，将所写日记定期送与倭仁审阅，并请他在上面作眉批，提出批评。通过日记来自讼自责是曾国藩矫思、修身的主要方法。在此抄录几则：

　　　道光二十二年（1842）十月初三日："岱云来，久谈，彼此相劝以善。予言皆己所未能而责人者。岱云言余第一要戒"慢"字，谓我无处不着急慢之气，真切中膏肓也。又言予于朋友，每相持过深，不知量而后入，随处不留分寸，卒至小者龃龉，大者凶隙，不可不慎。又言我处事不患不精明，患太刻薄，须步步留心。此三言者皆药石也。"[①]

　　　十月二十一日："晨醒，贪睡晏起，一无所为，可耻……饭后，岱云来，谈至三更。说话太多，神倦，心颇有骄气。斗筲之量，真可丑也。岱云每日工夫甚多而严，可谓惜分阴者，予则玩世不振。客去后，念每日昏锢，由于多吃烟，因立毁折烟袋，誓永不再吃烟。如再食言，

① 唐浩明：《唐浩明评点曾国藩日记》，13～14页，青岛，青岛出版社，2017。

明神殛之!"①

同治二年(1863)二月初一日:"夜,细思处人处事之所以不当者,以其知之不明也。若巨细周知,表里洞澈,则处之自有方术矣。吾之所以不能周知者,以不好问、不善问耳。"②

成大功、享全名者,非必才盖一世。大抵能下人,斯能上人;能忍人,斯能胜人。曾国藩不求虚名功利,知足而乐,心之坚挺以及忍术之强,皆凡人不能企及。曾国藩能游刃于朝野之中,自立于乱世之时,与其非凡的个性修炼和处世原则密不可分。笔者对其碎齿和血以吞的忍辱气魄充满敬意,纵然世人多从所知所感去赞颂他的克己自律,但真实的感受其实是难以言表的。其言易其行却难,但能行者必有佳径。其实,曾国藩破除障碍、排除万难的方法就是:低调以行,避开因锋芒所惹及的祸端;行而坚,思而实,有足乐之心而不失志;能伸能屈,海量心胸,包容万人,结伴以行。曾国藩就是靠这种日日新、苟日新的独到的矫思、修身之功夫,铢积寸累,以勤补拙,不断提升,为立功、立德、立言奠定了坚实的基础。

(三)大公至诚,达人立己创伟业

知人善任是曾国藩能成就一番大业的要诀。曾国藩"不以善战名,而能识拔贤将"(石达开语)、"以知人晓事为职"(蔡锷语),"搜求人才,容纳众议"是曾国藩"最得力处"(方宗诚语)。所以,"曾国藩能成大事,亦由于其幕府宾僚之群策力互助建功也"(李鼎芳语)。

那么,为什么群贤"乐为之用"?《清史稿·曾国藩传》中对曾国藩的评价很好地回答了这个问题:"事功本于学问,善以礼运。公诚之心,尤足格众。……至功成名立,汲汲以荐举人才为己任,疆臣阃帅,几遍海内。以人事君,皆能不负所知"简而言之,就是"公"和"诚"两个字。

所谓公,乃大公,就是"合众人之私以成一人之公""是以明君给人之欲,不失其意,责人之力,不求其情,故人人自以为得君,顶踵思效,所以能收效也"(赵烈文建言曾国藩之语)。曾国藩所推荐的人才,比如左宗棠,曾国藩看中的是他的坚强意志,因为当时国家需要这样的人才,他认为"既然共同为朝

---

① 唐浩明:《唐浩明评点曾国藩日记》,29页,青岛,青岛出版社,2017。
② (清)曾国藩:《曾国藩全集日记》,第二卷,341页,石家庄,河北人民出版社,2016。

廷，那我任何人都应该忍耐"。因此，左宗棠这样的"疆臣闽帅"，"皆能不负所知"，主要源于曾国藩识人用人荐人都一切为公，没有任何私心。

曾国藩的大公体现在他的人才观上。曾国藩认为，天下芸芸众生多是中材之士，君子小人没有一成不变之理，因此人才可以陶冶而成。奖之以忠则忠，勉之以廉则廉，甚至卑琐的人，在严格管理统驭之下，也能约束自己，不至为非，进而发挥一技之长。居于领导地位的人，要善用转移之道、培养之方与考察之法。

曾国藩的大公还体现在他的组织动员上。太平军起义后，南方各省处于水深火热之中。"天下兴亡，匹夫有责"，为了保卫家国，本是一介书生、不谙军事的曾国藩，临危受命组建湘军，毅然决然要挽回清室垂危之命运，保存中国传统文化，切实践行他"拼命报国，侧身修行"的原则（萧一山，2011）。为师出有名，他颁发《讨粤匪檄》，申明普通老百姓、知识分子和士大夫的利益和信仰都受到了侵害，所以"血性男子"要"引为心腹"，"抱道君子"要"礼之幕府，待以宾师"，"仗义仁人"要"专折奏请优叙"。他同时作 80 句的七律《爱民歌》，从扎营、行军、号令三个方面提出了不扰民的具体要求。渐渐地，太平军就成了众矢之的，被平定只是时间问题。

所谓至诚，就是"待人以诚，容人以恕"。

曾国藩的至诚体现在方方面面。以选用将领为例，他特别强调候选人要具有"忠义朴诚之气质"，具备"血性"和"廉明"的品质，最好还是一个能自主学习、自我发现与自我管理的优秀学者。比如统领水师的彭玉麟，就是一名勇猛、正直和谨慎的儒将，深合曾国藩的心意。（费正清和刘广京，1985）罗尔纲在《湘军兵志》中统计，凡姓名、籍贯、出身、职务可查的湘军将领 179 人中，儒生出身的有 104 人，占 58%。以如此众多的儒生为将，这在历代军事史上都是罕见的。

曾国藩大公至诚，知人善任，因此其个人智慧在时空上得到了几何级数的无限扩大。知人即欣赏且善用他人所长，也就是能容人。曾国藩气量宽宏，靖港之役战败后，他被左宗棠痛骂，却顿觉天高地阔，视野和思想都进入了新境界。心胸决定视野，进而决定思想的高度，三者中缺其一，都不可能做到立功、立德、立言。曾国藩有容人的心胸是人才"乐为之用"的逻辑前提，心胸宽阔就是"立己"，知人善任即为"达人"，大公至诚、立己达人乃其成功要诀。

紫山川崎三郎（2012）在《日本人眼中的曾国藩》一书中评价曾国藩，说他"持心光明磊落，皎如日月，知人之明，任人之度，用人之才，容人之量，火眼洞识，综合大观，把持经论的大纲，鄙视空文，看重实践，无一语涉虚，无一步蹈空，规模宏远，思虑周透，大事不糊涂，小事无渗漏，大节义，大文章，大学问，敬天爱民，忠于职守，至诚如神"，其人生格局和经世功夫都不逊于华盛顿、俾斯麦和加里波第。可见，曾国藩堪称世界级的大经世家。

第二节　敬畏历史，李世民克己修行

论及中国历史上最为辉煌的时代，不论从哪个角度看，唐太宗李世民执政的贞观时期都榜上有名。谈到李世民，必言及"贞观之治"，必言及魏徵、王珪、尉迟敬德、房玄龄、杜如晦等诸多谋士良臣，因为"贞观之治"盛世局面的开创，他们功不可没，这已是史家公论。对于贞观之治成因的研究，李世民本人的人格特质，以及他与魏徵等群臣之间的关系，学界研究颇多。这些研究从总体上看，可分为两派。

一派为肯定派，该派对李世民篡位的合法性与合理性，他本人的人品、言行，以及他对"贞观之治"盛世开创所起的引领作用都持理解并支持的态度。如李大华（2009）在《李世民》一书中对玄武门事件后李世民的心理状态是这样描述的："虽然他与兄弟之间的纷争得以了结，以他的胜利宣告结束，可是，他内心却遭受到了空前的熬煎……内心的负疚感，也许永远都不会从心头抹去。话又说回来，除此之外，他能有别的方法吗？所以，他其实是没有选择的余地……无论是现在还是以后，他永远都不能排除一个历史性的看法，即他也是奔着权力而去的，所以才杀了自己的同胞兄弟。"李大华博士从人性本能出发，认为李世民在玄武门事变中弑兄戮弟是无奈之举。对此，郑学檬等人（2006）认为，在分析历史上诸如玄武门事变这样的武力夺权斗争时，人们不免囿于礼法或杀戮来谈论是非。正是这一点使李世民似乎洗不清不孝不悌之名。但是若从政权转移的合理性而言，违礼与杀戮并不是做出评判的唯一标准，商汤放桀、武王伐纣之类，也是以武力夺权，所谓以有道诛无道者也。所以李世民在被动情势下，主动发动玄武门之变，亦有其历史选择的合理性，"遵周公之事"者，即此种合理性之历史根据。郑学檬等人（2006）还从参与玄武门之变的人物阵容去强化这种合理性，他们认为众多杰出人物的政治选择，往往是正确的历史选择。

对于唐太宗的人品和治国能力，以及他与魏徵等群臣的关系，肯定派多认为李世民虚怀若谷、善纳百家之言，其修己达人的人格和品行，以及他在"贞观之治"盛世局面的开创和维系中所起的主导性引领作用，都可堪称后世楷模。

如王奕森(1999)认为，李世民在君民舟水之情上、在君臣修身治世上，对当今的从政为官者仍然具有诸多的借鉴意义。王贵成(2004)则通过李世民对魏徵的种种礼遇的深入解析，如"下令停止营造皇室小殿，用其木材为魏徵建造正堂""魏徵病危，亲与太子两次亲临病榻探望""于(魏徵)安葬之日登苑西楼望丧痛哭，还诏令百官送丧至郊外，并亲自撰写碑文""太宗论定功臣，魏徵得以图像于凌烟阁"等，尽管不排除"做给活人看的"的作秀成分，但唐太宗与魏徵之间鱼水情深的君臣关系还是受到了充分的肯定。对于贞观盛世的出现，曹升生(2009)认为绝非历史的偶然，它客观上是"聪明神武"的唐太宗经营的结果，是他成功驾驭大臣进而构建和谐君臣关系的结果。万泽民(1994)也认为，唐太宗重视人才、渴望人才、爱护人才、重用人才既是"贞观之治"的成因，也是"贞观之治"的重要内容。因为只有他的积极倡导和引领，才为人才辈出提供了良好的善治环境，各类人才才有机会在大治中大显身手，为贞观之治的政治、经济、文化的繁荣以及军事的强大贡献自己的智慧和才能。刘炬(2014)撰文指出，唐太宗智足以知人之贤愚，诚足以尽士之死力，如果没有唐太宗，唐朝就不可能聚集起这样一大批智勇兼备、为国家尽忠竭力的贤能之士，也只有在唐太宗的领导下，这些贤士的智慧才能得到充分的发挥，大唐王朝的历史才能如此熠熠生辉。这也是唐太宗为唐王朝所做的杰出贡献。

另一派为否定派，该派多在李世民弑兄戮弟和逼父退位有违儒家伦理道德上大费笔墨，对他与魏徵等谋臣之间关系的真伪上仔细考证，进而从根本上否定唐太宗的人品，对他执政期间所取得的种种政绩更是嗤之以鼻。

否定派首先对李世民本人个人修为及其在制度建设等方面的积极努力与"贞观之治"之间的关系提出疑问。如陈寿灿(2002)从哲学和政治学的高度出发，认为贞观之治的成因不可对人的因素和制度的因素太过渲染，他认为，此前诸多对贞观之治成因研究所秉持的"德""法"的交织或"分化"或"互用"，都是外在的枝叶，经济结构的稳定和生产与再生产才是内在的根本，所以贞观之治的出现主要源于改朝换代所带来的新的生产关系对生产力的再适应，具有历史发展的必然性。孙文泱(2009)对贞观九年(635)和贞观二十一年(647)李世民前后两次的自我评价提出了质疑，借鉴了大量史料进行证伪，向读者充分展示了李世民试图把贞观之治归因于个人英明神武上的弦外之音。宋斐(2006)甚至从心理分析角度，对兼具"悖逆凶徒"与"千古一帝"于一身的李世民进行了解析，认为唐太宗不光彩的夺权路径使他背负了沉重的心理负担，"贞观之治"的千古功绩只是他为消除心理焦虑而不得不"作秀"以求心理代偿的结果。

　　备受否定派诟病的还有唐太宗与魏徵等群臣之间的关系。王万盈（2002）专门对"笼罩在明君与贤臣的光环下"的李世民与魏徵之间的关系进行了考证，所得结论是李世民之所以器重魏徵，是因为要笼络山东豪杰并制约山东士族集团。随着山东问题重要性的下降，两人之间的关系也从重重假象中逐步显露出来，李世民对魏徵等人劝谏的态度也随之大为改变，从"虚己纳下"到"渐不克终"，再到"不好直言"（田兆阳，2006）。刘高勇（2001）也认为，唐太宗与魏徵之间的君臣关系"充满着政治张力"。对此，刘荫柏（1983）认为，太宗与魏徵之间的关系，由于各自所处的阶级和阶层本性与价值观的不同，并没有最终摆脱"貌合神离，同床异梦，甚至由暗斗而明争"的怪圈。只不过他们都是各自阶级中有远见卓识的佼佼者，所以彼此之间尚能以大局为重，求大同存小异，磕磕碰碰地合作了 17 年，成为在封建统治阶级内部互相倾轧的政治风云中君臣合作比较好的典型。史式（2009）更是公开痛斥，"后人不明真相，就事论事，就觉得魏徵既正直敢言，李世民又虚心接受，这样的君臣关系千古少有，堪为典范，歌颂之声千年不绝"，真实的原因是他与魏徵等人由于互相知根知底而不得不相互妥协、相互防范和相互利用，从而彼此心照不宣、配合默契地共演了一出出双簧大戏，李世民实乃"一生沽名钓誉"之人！为此，史式先生还有诗感叹：为掩恶名挣美名，沽名钓誉赦死刑；瞒得当时天下士，难欺后世明眼人！

　　应该说，上述这些论点，不论出自肯定派还是否定派，都自有其理。但就笔者视野所及，已有的研究很少从李世民本体视角对其所思所行、所作所为进行应有的深入解析，本节将结合《帝范》《贞观政要》等相关文献，从上述视角进行论述。

一、志存高远，李世民心忧天下

　　李世民是一个志存高远、心怀天下之人。他不但追求现实的稳定，而且追求未来的可持续发展。现实要稳定，就必须团结一切可以团结的人，甚至包括自己的敌人；而未来发展要有可持续性，以修己为前提的人才培养和制度的建立就是首要问题，所以他作《帝范》训诫太子，修改法律，设立学校，改革科举。

　　"朕常思，自古有天下者，皆欲子孙万代，政化过于尧舜，及其所行，则与尧舜相反。如秦始皇，亦是英雄之主，平定六国之后，才免其身，至子便失其国。桀、纣、幽、厉，亦皆丧亡，朕为此不得不惧。"由此可见，李世民志存高远，欲谋天下长久之策。对此，他深感担子不轻，整日处于居危思进的自我施压状态。

那么，怎样才能实现现实稳定、未来可持续发展的"国祚长久"的目标呢？如果说现实的稳定需要谋略和胆识，那未来发展的可持续性就需要智慧和体系的支撑。这两方面李世民都不缺，前者从玄武门事变后他对待建成余党魏徵等人的态度，即可窥斑见豹；后者从其创设并积极推行实施的"三权分立"治理体系，所作《帝范》的字里行间，以及设立学校、改革科举的所思所行中皆有体现。

对于饱读诗书、熟知儒家礼仪的李世民来说，不管后世对他发起玄武门事变的原因给出了多么完美的解释，他弑兄戮弟都是事实。既然不仁的罪名已经无法挽回，那么按理说便应该将建成和元吉的余党一并铲除。自"礼崩乐坏"的春秋战国以来，这种做法几乎成了惯例。按照李世民当时的实力，他完全有能力这样做，但他并没有这样做，因为他不想这样做。但如果他不这样做，不仅要终身背负不仁的罪名，还要时刻提防余党卷土重来。可他还是果断地选择了直面弑兄戮弟的不仁以及政敌余党伺机反扑的压力。

陈舜臣（2007）在其著作《大唐帝国：隋乱唐盛三百年》一书中，对玄武门事变后如何处置建成余党的情境进行了再现。

> 将建成和元吉的百名近臣悉数诛杀，并且将其财产没收——有人如此建议。
>
> 尉迟敬德听到这个建议时，心中升起一股怒火。
>
> 说来，他也是因战败归降唐朝的人。有败战体验的人会对弱者心生同情，这是正常的现象。
>
> 当初宋金刚败在唐军手下时，倘若有人坚决主张"附匪之徒一律处死"，降将尉迟敬德哪有今日？对败者要求苛酷的处分，是以讨好主子为能事的卑鄙之徒喜欢干的事情——尉迟敬德如此认为。
>
> "万万不可如此。"他几乎发吼似的大声喊道。会场顿时变得鸦雀无声。
>
> "一切责任在于两名元凶。"他又道，"如今这两名元凶已经伏诛，其余的人还有追究责任的必要吗？"
>
> "一点儿也没错。"李世民立即表示同意。这句话说得极其爽快。
>
> 结果，只有两名元凶——建成和元吉——的家族被处分，其余的人则一概不予问罪，包括与李世民政变军队交战后逃至终南山的薛万彻在内。

唐太宗李世民能成为中国历史上评价最高的明君，主要原因之一就在于其气量宏大，又能采纳部属谏言。李世民这个时候以反射式态度对尉迟敬德的意见表示赞成，证明他的气量确实宏大，本性如此。

主犯处死了，余党为了效忠而拼死到底，自古有之。李世民对建成和元吉的余党不但没有赶尽杀绝，还重用了建成的旧臣，其中就包括大名鼎鼎的魏徵、王珪等人。按照陈舜臣先生的解释，李世民之所以这么做是因为他本性善良、气量宏大。但笔者认为，对于李世民这样身经百战、知民甘苦、心系天下的人来说，他定然知道团结人的重要性。当然，这样的举动，不仅需要博大的心胸，还需要足够的政治智慧，更需要高度的自信，而这种心胸、智慧和自信，不仅能够化敌为友，还能激发其他臣子的忠诚。仅从他把李建成的第一高参魏徵从敌对关系转变成君臣合作关系，就足以证明李世民的心胸之宽阔、政治智慧之高超。

玄武门事变后，作为建成余党的主要首领，魏徵被押到了李世民的面前，李世民问他："你为什么要挑拨我们兄弟，使我们手足相残？"

"倘若皇太子殿下当时采纳我的进言，今日的情形就不是这样了。"魏徵的回答极为爽快。

李世民的属下因此全都勃然大怒，纷纷建议将魏徵枭首示众，但魏徵临危不惧、视死如归。李世民看在眼里，心中不由得暗自嘉许，于是他决定与魏徵单独面谈。

经过一番交谈，李世民觉得魏徵"不想说的话决不说出来"的秉性，与自己"想说的话都说出来"的个性特质彼此相得益彰。这两者就结果而言，或许相同，但由于思考角度不同，所以彼此看到的事物可能并不相同。利用魏徵的言谈来发现自己所没有想到的事情——基于这个目的，李世民决定把魏徵留在自己身边。

李世民与魏徵交谈后，活学活用了一把"雍齿封侯"的故事。既然魏徵这样的政敌接受"招安"后日子过得都还不错，那溃逃四处的政敌余党就没有了反叛的动力。就这样，李世民不仅成功化解了玄武门事变后随时可能再度爆发的政治危机，还将自己在公众视野中不仁不义的形象稍作了修正。

如此这般，李世民将一个个曾经的敌人成功转化为自己人，在他的身边，尉迟敬德、李勣、李靖等人都是通过与魏徵几近雷同的方式"转化"而来。由此可见，李世民是一个志存高远、心系天下，能直面组织生存和发展压力，并能快速把敌人转化成自己人，进而使他们的能力得以充分发挥的具有高超政治智慧的人。所以，玄武门事变后没过几年，唐王朝就出现了天下大治的局面。

"海内升平，路不拾遗，外户不闭，商旅野宿"，史书如此记载。这个时代的社会，几乎被描写成乌托邦。后世的为政者，都以这个时代为良好政治的典范。日本清和天皇时代就仿效于此，亦定元号为贞观。（陈舜臣，2006）

现实稳定了还不够，未来可持续性发展才是硬道理。李世民认为，以修己为前提的制度设计和人才培养是最为关键的问题。《帝范·君体第一》中称："观近古帝王有传位十代者，有一代两代者，亦有身得身失者。朕所以常怀忧惧，或恐抚养生民不得其所，或恐心生骄逸，喜怒过度""夫人者国之先，国者君之本……宽大其志，足以兼包；平正其心足以制断。非威德无以致远，非慈厚无以怀人。"

己所不欲，勿施于人，只有宽大其志，平正其心，才能威德以致远，慈厚以怀人。李世民一方面注重个人修为，另一方面特别重视人才的培养和使用。他在《帝范·求贤第三》中称："夫国之匡辅，必待忠良。任使得人，天下自治……不以卑而不用，不以辱而不尊……齐成一匡之业，实资仲父之谋；汉以六合为家，是赖淮阴之策……故舟航之绝海也，必假桡楫之功；鸿鹄之凌云也，必因羽翮之用；帝王之为国也，必藉匡辅之资。故求之斯劳，任之斯逸。照车十二，黄金累千，岂如多士之隆，一贤之重。此乃求贤之贵也。"对接班人的培养更是他关注的重点，他亲作《帝范》以训诫太子，此举成为后世诸多君主学习的榜样。

此外，李世民从安人宁国的需要出发，特别注重立法方面的制度建设。他说："国家法令，惟须简约，不可一罪作数种条。格式既多，官人不能尽记，更生奸诈。"立法不仅应当由繁而简，而且应当去重而轻，即"死者不可再生，用法务在宽简"。他特别强调法律一旦制定之后，要力求稳定，不可"数变""不可轻出诏令"。对待立法或修改法律，应持慎重态度，不能朝令夕改，轻易变更法度。在这个思想指导下，李世民即位后，就令长孙无忌、房玄龄等人重新修订了《武德律》，并于贞观十一年（637）颁布了《贞观律》，同时还编制和删定大量令、格、式，作为律的补充，共"立律五百条，立刑名二十等，比隋律减大辟九十二条，减流入徒者七十一条，凡削烦去蠹，变重为轻者，不可胜纪"。尤其对死刑一再从轻，起初"议绞刑之属五十条，免死罪，断其右趾"，后来又把断趾法改为流刑，并删去"兄弟连坐俱死"之法，这样一来，较之以前有关死刑的规定几乎减少了一半。

总之，从立法的基本倾向看，李世民的改革务求宽平，并在一定程度上克服了隋末法律过于苛刻的弊病，这对于减轻人民的痛苦有一定的积极作用，对后世封建社会立法也有直接影响。"贞观之治"是法制得到了较好贯彻执行的时代，这个局面的形成与李世民"守文定罪""恤刑慎杀"的法制思想是分不开的。他说："古来帝王以仁义为治者，国祚延长，任法御人者，虽救弊于一时，败亡亦促。""为国之道，必须抚之以仁义，示之以威信，因人之心，去其苛刻，不作异端，自然安静。"单靠严刑峻法，不能从根本上解决问题，只有兴仁义之政，力求恤刑慎杀，才能使老百姓渐知廉耻，官民奉法，盗贼日渐减少。对于执法官吏来说，重要的问题在于严格依法办事。能否依照律令断案，绝不是件小事，它关系到国家存亡的问题。李世民对侍臣们说："朕决事或不能皆如律令，公辈以为小事，不复执奏。夫事无不由小而致大，此乃危亡之端也。"他鼓励臣下对皇帝不守律令的做法要敢于直谏，不应等闲视之。只有君臣上下都能据律断罪，方可做到"庶免冤滥"。所以，李世民非常尊重法律的严肃性和相对独立性，即使有损于自己的权威也在所不惜。如有一次"大开选举"，他下令"诈伪阶资"者自首，否则处死。后查出诈伪者，大理少卿戴胄"据法断流"。李世民认为，这么做是使自己失信于民。戴胄说："法者，国家所以布大信于天下；言者，当时喜怒之所发耳。陛下发一朝之忿，而许杀之，既知不可，而置之以法，此乃忍小忿而存大信。"李世民听后收回成命，并说："朕法有所失，卿能正之，朕复有何忧？"

为了确保国祚长久，李世民高瞻远瞩，虚怀纳言，还遍设学校，改革科举。

总之，因为李世民志存高远，心怀天下，所以他采用了团结一切可以团结之人的策略来促使内部的稳定，同时又不忘修身善行，并借此落实其人才培养政策和制度的优化和推行，这些都是智慧之举。

二、克己修行，唐太宗敬畏留名

李世民是以怎样的心态去实现他所期望的人生目标？那就是，敬畏留名，修己安民。如前所言，李世民志存高远，心怀天下，而要实现这一人生目标，他就不得不勤勉修身，巧借他力。特别值得注意的是，李世民对他生前死后所留下的历史印迹始终心存敬畏，因而能较好地克制自己，能有效地抓住社会的主要矛盾并持之以恒地践行仁政。

虚怀纳谏、克己修行在李世民身上也常有表现，他不仅注重吸取历史上的经验教训，而且非常在意自己以及王朝留在史书中的形象。这一点在学界对李世民的研究中已达成共识。

《贞观政要·慎终》中说，"太宗又曰：'朕观古先拨乱之主皆年逾四十，惟光武年三十三，但朕年十八便举兵，年二十四定天下，年二十九升为天子，此则武胜于古也。少从戎旅，不暇读书，贞观以来，手不释卷，知风化之本，见政理之源。行之数年，天下大治而风移俗变，子孝臣忠，此又文过于古也。昔周、秦已降，戎狄内侵，今戎狄稽颡，皆为臣妾，此又怀远胜古也'。"同时，李世民更希望大唐江山基业永固，流芳百世，与周汉齐名。这正如贞观九年(635)李世民所说："朕端拱无为，四夷咸服……当思善始令终，永固鸿业，子子孙孙，递相辅翼。使丰功厚利施于来叶，令数百年后读我国史，鸿勋茂业粲然可观，岂惟称隆周、炎汉及建武、永平故事而已哉！"

正是因为李世民对历史有如此的敬畏感，所以他才很在意自己的一言一行。他知道自己要想给世人留下一个好印象，一方面要虚怀纳谏，另一方面要克己修行。

贞观七年(633)，李世民准备去九成宫避暑，姚思廉进谏曰："陛下高居紫极，宁济苍生，应须以欲从人，不可以人从欲。然而离宫游幸，此秦皇、汉武之事，故非尧、舜、禹、汤之所为也。"李世民因此赏赐姚思廉帛五十段。贞观十五年(641)，李世民遣使往西域"多赍金帛，历诸国市马"，魏徵谏曰："今陛下凡所施为，皆邈过三王之上，奈何至此欲为孝文、光武之下乎?"太宗便立即下令中止。

如今，有一些基层干部也未必能放下架子、敞开胸怀倾听他人的劝谏。唐太宗贵为皇帝，能虚心纳言，实在难能可贵。

自古以来，官民关系都是社会治理的主要矛盾，李世民对此有着极为深刻的认识。贞观初期，李世民谓侍臣曰："为君之道，必须先存百姓，若损百姓以奉其身，犹割股以啖腹，腹饱而身毙。若安天下，必须先正其身，未有身正而影曲，上治而下乱者。朕每思伤其身者不在外物，皆由嗜欲以成其祸。"李世民对民众的认识比前人深刻，更重要的是，他切实施行了许多以民为本的政策，使得社会政治、经济状况得以迅速改善，彰显出治世风貌：贞观四年(630)，"天下大稔，流散者咸归乡里，米斗不过三四钱，终岁断死刑才二十九人，东至于海，南极五岭，皆外户不闭，行旅不赍粮，取给于道路焉"。民本主义的政治实践经贞观之治成为现实。

"普天之下，莫非王土；率土之滨，莫非王臣"，在中国古代，皇帝具有至高无上的权力，唐太宗亦然。面对掌中的权杖，滥用者多，慎用者少，而李世民堪称慎用中最为慎用者。这种慎用，根源在于他心系天下子民，心系国家的长治久安，也在于他对历史的敬畏。

第三节　人格独立，苏东坡千古一人

相信很多人是通过读林语堂（2008）《苏东坡传》了解苏东坡的。用林语堂的话来说，作《苏东坡传》并没有什么特别的理由，只是以此为乐而已。"知道一个人，或不知道一个人，与他是否为同代人，没有关系。主要的倒是对他是否有同情的了解。归根结底，我们只能知道自己真正了解的人，我们只能完全了解我们真正喜欢的人。我认为我完全知道苏东坡，因为我了解苏东坡。我了解苏东坡，是因为我喜欢苏东坡。"由此看来，林语堂因为对苏东坡有同情（相同的情感体验）的了解，从而完全了解他并真正喜欢他，所以他把为苏东坡作传当作一种享受，行文娓娓道来。读之"如品甘茗，如坐良朋"。

苏东坡于 1037 年出生于四川眉山，1057 年以全国第二名的成绩（实为第一，因主考官欧阳修误将其认作弟子曾巩，为避嫌而改判为第二名）高中进士后，开始了他长达 44 年既跌宕起伏、颠沛流离，又政绩斐然、文思泪泪的仕途生涯。在这 44 年中，他实际从政时间只有 21 年 6 个月，其余时间不是频繁异动、被迫奔走（8 年 4 个月），就是为父母守丧（4 年 6 个月），入狱受审或谪居黄州、惠州、儋州等地（10 年整）。所以，苏东坡的一生，从金榜题名到沦为阶下囚，从位高权重的高官到被贬为平民，都有所经历。尽管命运多舛，他都淡定从容，不改本色。关于他的一生及他的处世态度，在明孝宗赐封他为太师的圣旨中可窥见一斑：

> 敕。朕承绝学于百圣之后，探微言于六籍之中。将兴起于斯文，爰缅怀于故老。虽仪刑之莫觌，尚简策之可求。揭为儒者之宗，用锡帝师之宠。故礼部尚书、端明殿学士、赠资政殿学士、谥文忠苏轼，养其气以刚大，尊所闻而高明；博观载籍之传，几海涵而地负；远追正始之作，殆玉振而金声；知言自况于孟轲，论事肯卑于陆贽？方嘉祐全盛，尝膺特起之招；至熙宁纷更，乃陈长治之策。叹异人之间出，惊谗口之中伤。放浪岭海，而如在朝廷；斟酌古今，而若斡造化。不可夺者峣然之节，莫之致者自然之名。经纶不究于生前，议论常公于身后。人传元祐之学，家有眉山之书。朕三复遗编，久钦高躅。王佐之才可大用，恨不同时。君子之道暗而彰，是以论世。倘九原之可作，庶千载以闻风。惟而英爽之灵，服我衮衣之命。可特赠太师。余如故。

溢美之情，不尽言表。"峨冠正笏立谈丛，凛凛群惊国士风。却戴葛巾从杖屦，直将和气接儿童。"苏东坡方正刚直，既践行儒家积极入世，又保持了超凡脱俗、洒脱豁达的心灵境界，巧妙地解决了进取与退隐、入世与出世的矛盾，为后世读者特别是知识分子树立了一个自如洒脱的典范。

苏东坡不论是在他两度请辞、外放做官的杭州，还是在他谪居的黄州、惠州和儋州等地，前后陆续留下了 2 700 余首诗歌、340 余首词，还有卷帙浩繁的散文、书法、绘画作品，并且大多是气势豪迈、思想丰富、独具匠心的精品。可以说，没有苏东坡，整个北宋政坛和文坛都将黯然失色，天下无人可称"万古风流第一人"。

那么，是什么原因造就了这个被林语堂称为集蛇的智慧和鸽子的温文于一身的全能大家？是哪些因素铸就了这个无可救药的乐天派、伟大的人道主义者、百姓的朋友、大文豪、大书法家、创新的画家、造酒试验家、工程师……？笔者认为，聪颖的个人天资和渊深的家学氛围是其可能性因素，而崇尚才学的社会风气和包容大度的时代氛围是其现实性因素。

一、天资聪颖，父母榜样励大志

苏东坡天资聪颖，思维富有穿透力。10 岁时苏东坡见到一只小老鼠为自救而装死骗人的场景后，即作《黠鼠赋》，发出了"人能碎千金之璧而不能无失声于破釜，能搏猛虎不能无变色于蜂虿，此不一之患也"的感慨，其思维之穿透力，着实令人感叹。

其父苏洵，27 岁才开始发奋读书，终有所成，与两个儿子并称"三苏"。父子三人占据了"唐宋八大家"的三席位置。父亲的勤奋有为对兄弟二人的成长与成才产生了重大影响。苏东坡的母亲不仅知书达理，而且深明大义。一次，她为还未启蒙的苏东坡朗读《后汉书·范滂传》时，小东坡问："我长大之后若做范滂这样的人，您愿不愿意？""你若能做范滂，难道我不能做范滂的母亲吗？"苏东坡后来一生秉持的人生理念，与范滂多有神似之处，母亲的深明大义对苏东坡独立人格的养成，起到了正面导向作用。

苏东坡超人的思维穿透力，加上父母潜移默化的榜样示范作用，共同铸就了苏东坡旷世奇才的坚实根基。

二、朋伴相知，人生低落高歌时

相知伴侣的陪伴，生死弟兄的帮衬，众多朋友的理解与支持，使得苏东坡虽屡遭贬谪，却文思汩汩，传诵天下。

苏东坡先后有两妻一妾，她们不仅贤惠，而且知书达理，不论苏东坡落魄之时还是腾达之际，她们都是苏东坡生活上的贤内助、心灵上的支持者。

原配妻子王弗，是一个"在务实际、明利害方面，似乎远胜过丈夫"的人，与苏东坡相伴 11 年后去世。妻子去世 10 年后苏东坡在梦中与之相见，醒来后所作《江城子·乙卯正月二十日夜记梦》的悼念亡妻之词，感人肺腑，至今无人超越。

江城子·乙卯正月二十日夜记梦

十年生死两茫茫，不思量，自难忘。千里孤坟，无处话凄凉。纵使相逢应不识，尘满面，鬓如霜。

夜来幽梦忽还乡，小轩窗，正梳妆。相顾无言，惟有泪千行。料得年年肠断处，明月夜，短松冈。

续弦的妻子王闰之为王弗堂妹，性格柔顺贤惠，陪伴苏东坡度过了他人生中最重要的 25 个春秋，把苏东坡的孩子们一一抚养成人。苏东坡曾作《蝶恋花》一词表达对王闰之的无限感激之情。王闰之去世时，苏东坡"泪尽目干"。

蝶恋花·同安生日放鱼，取《金光明经》救鱼事

泛泛东风初破五。江柳微黄，万万千千缕。佳气郁葱来绣户，当年江上生奇女。

一盏寿觞谁与举。三个明珠，膝上王文度，放尽穷鳞看圉圉，天公为下曼陀雨。

"不合时宜，惟有朝云能识我；独弹古调，每逢暮雨倍思卿。"侍妾朝云总能给苏东坡带来智慧和灵感，可惜她也是红颜薄命，先苏东坡而去。宋哲宗绍圣二年（1095）五月四日，苏东坡作《殢人娇·白发苍颜》一词记录了他当时的心境及与朝云的相处时光。

殢人娇（又名《赠朝云》）

白发苍颜，正是维摩境界。空方丈、散花何碍。朱唇箸点，更髻鬟生彩。这些个，千生万生只在。

好事心肠，著人情态。闲窗下、敛云凝黛。明朝端午，待学纫兰为佩。寻一首好诗，要书裙带。

苏辙（字子由）作为苏东坡的弟弟，既是与他共享天伦之乐的终身伙伴，

又是苏东坡独立人格坚定不移的支持者。苏东坡每次落难，子由都挺身而出，全力相助。每每如此，子由都遭到牵连，或贬或降，甚至官职尽丢，家财尽失，但他都无怨无悔。可以说，苏东坡的一生，不论春风得意之时，还是惨遭贬谪之日，子由都与他形影不离。他的诗词中有关子由的题材也是最多的。熙宁九年（1076）中秋，在密州上任的苏东坡，因思念不能见面的弟弟，作了《水调歌头·丙辰中秋》一词，这首词让其他所有中秋题材的诗词黯然失色。

水调歌头·明月几时有

序：丙辰中秋，欢饮达旦，大醉。作此篇，兼怀子由。

明月几时有？把酒问青天。不知天上宫阙，今夕是何年。我欲乘风归去，又恐琼楼玉宇，高处不胜寒。起舞弄清影，何似在人间。转朱阁，低绮户，照无眠。不应有恨，何事长向别时圆？人有悲欢离合，月有阴晴圆缺，此事古难全。但愿人长久，千里共婵娟。

身陷"乌台诗案"，苏东坡预料此生无望，遂与子由诀别，作《狱中寄子由（二首）》，诗中没有对死亡的恐惧，没有对冤屈的喋喋抱怨，萦绕不散的唯有浓浓的亲情。

狱中寄子由二首·其一

圣主如天万物春，小臣愚暗自亡身。

百年未满先偿债，十口无归更累人。

是处青山可埋骨，他年夜雨独伤神。

与君世世为兄弟，更结来生未了因。

狱中寄子由二首·其二

柏台霜气夜凄凄，风动琅珰月向低。

梦绕云山心似鹿，魂飞汤火命如鸡。

眼中犀角真吾子，身后牛衣愧老妻。

百岁神游定何处，桐乡知葬浙江西。

苏东坡才华横溢，为人豁达幽默，亦师亦友者甚多。他的朋友名单中，既有司马光、韩琦、富弼、文彦博、范镇、张方平、驸马爷王诜等达官显贵，也有许多诗人、名妓、高僧、地方官员和普通平民，可见苏东坡从未寂寞过。

被贬黄州期间，黄州太守徐大受、武昌太守朱守昌，还有已经追随了他

20年的马梦得，邻居潘酒监、郭药师、庞大夫、农夫古某等人，还有不时慕名而来的访者，皆是苏东坡的好友。因有这些好友相伴，苏东坡的诗、词、赋和散文的功力都大有长进，他一生的文学名篇多在黄州期间完成，如被誉为"千古绝唱"的《念奴娇·赤壁怀古》、脍炙人口的《前赤壁赋》和《后赤壁赋》等。

在惠州期间，不仅惠州周围的地方官们对他很友好，而且远在杭州的僧人参寥、常州的钱世雄也不断派人带礼品、药物及书信来探望。苏州有一个姓卓的佛教徒，曾步行七百里替太湖地区苏家及那里的朋友给苏东坡送信（苏东坡在宜兴的两个儿子很长时间听不到父亲的消息，十分焦虑，这位卓姓佛教徒听到后，便步行出发，横越大庾岭，走得满脸紫糖色，两脚厚茧皮，帮苏东坡与家人保持联络）。道教奇人吴复古和苏东坡同住数月，随后两年，他时常往返于惠州和子由为官所在地高安。另一个苏东坡的同乡道士陆惟谦，也曾不辞两千里之遥特意来看他。

被贬儋州期间，苏东坡一家颇受太守张中的优待，张中让苏东坡住在官舍里。当地默默无闻的读书人、村民也迅速成了苏东坡的好友。后来，因为政敌的干预，苏东坡一家被逐出官舍后，当地村民，尤其是那些贫困的读书人子弟还亲自动手帮他盖房子。

综上可见，苏东坡身处困顿之时，因为有亲人的精心呵护，朋友和追随者的理解与支持，他不仅少有寂寞之感，而且诗文不断，惠泽天下。

三、格局宏大，忠言谠论正大节

不杀士大夫的北宋国策，崇尚才学的社会风气，为苏东坡独立人格的展现提供了时空上的保证。

由于历史原因，宋朝立国后即定下极力奖励文学艺术、不杀士大夫的国策，所以宋朝在中国历史上堪称言论最为自由的朝代之一。在那个时代，尽管出于不同政见，或出于个人恩怨，人与人之间常有争斗，但手段还是比较柔和的，置之死地而后快的情况并不多见。君主思想上较为包容大度，这为苏东坡智慧的挥洒提供了必需的时间和空间。由于国策的效用，北宋也是中国历史上最崇尚诗文才学的时代之一，上至达官显贵，下至黎民百姓，若有一段时间读不到苏东坡的新作，人们就会茶饭不思。就连与北宋为敌的契丹人，对苏东坡的诗词也十分推崇。

送子由使契丹

云海相望寄此身，那因远适更沾巾。

不辞驿骑凌风雪，要使天骄识凤麟。

沙漠回看清禁月，湖山应梦武林春。

单于若问君家世，莫道中朝第一人。

正因为有了崇尚才学的社会氛围，苏东坡每到一地，不论正处于人生低谷还是巅峰，都有很多的追随者。这种文化心理上的强大支持使得苏东坡智慧的灵光随时随地都得以自由地挥洒。

苏东坡是一个既具有宏大的人生格局，又能独立思考，还始终保持幽默诙谐、淡定从容、随遇而安的心灵品性的人。他宏大的人生格局，在他一生的所作所为，以及他诗文的字里行间，处处都有所体现。不论居庙堂之高，还是处江湖之远，他都忧君忧民，"放浪岭海，而如在朝廷；斟酌古今，而若斡造化"。

苏东坡的独立思考能力，在高太后亲政期间展现得最为鲜明。高太后亲政，司马光等保守派顺理成章相继回到了权力中心，他们对王安石等人的变法一概否定，全面废除。根据此前多年的所见所闻、所思所想，时任翰林学士知制诰的苏东坡认为，王安石的新法在内容和推行手段上确有诸多不尽如人意之处，但也有不少合理之处。因此他试图"兼行二帝忠厚励精之政"，做到"仁厚而事不废，核实而政不苛"，认为新法不宜尽废，应"参用所长"。此举令重掌大权的司马光愤然"有逐公意"。于是，刚逃出变法派攻击和诬陷火海的他，又陷入了保守派的不满和排挤之中。此后的两年里，由于他的耿介、坦直和无畏精神使然，他从不人云亦云，一切主张见解都出自自己独立的思考，在没有自觉需要改变之前，坚守自己的独立人格。

苏东坡的幽默，乃是一种洒脱的人格外显。在多种因素的合力推动下，乌台诗案以他被贬为黄州团练副使，不准擅离该地且无权签署公文而告终。历经4个月又20日的狱中之苦后，苏东坡终于重见天日，当天他便扔下两首豪迈诗篇而去。

出狱次前韵二首·其一

百日归期恰及春，残生乐事最关身。

出门便旋风吹面，走马联翩鹊啅人。

却对酒杯浑是梦，试拈诗笔已如神。

此灾何必深追咎，窃禄从来岂有因。

出狱次前韵二首·其二

平生文字为吾累，此去声名不厌低。

塞上纵归他日马，城中不斗少年鸡。

休官彭泽贫无酒，隐几维摩病有妻。

堪笑睢阳老从事，为余投檄向江西。

苏东坡的淡定从容、随遇而安，从他两遭迫害、一贬再贬的心态调适中得以充分展现。高太后去世后，政治风云又起，宋哲宗亲政，变法派又被重用，年近六旬的苏东坡先被贬惠州三年，又被贬海南儋州三年。虽然"兄弟俱窜，家属流离"，但他的心情也只是"随缘委命而已"。他每到一地，都对那里产生感情，把心力倾注在当时的政事和百姓生活上。在惠州，苏东坡已年过六旬，料想将在惠州度过余生，于是他开始建造自己的老年公寓。新居落成后，他写了两行诗，描写在春风中听着房后寺院的钟声，酣美午睡的情景。时任宰相的章惇是他的政敌，得知此事后说道："噢，原来苏东坡过得蛮舒服！"于是又将他贬到海南儋州。

宋哲宗去世后，宋徽宗继位，新皇太后摄政，元祐老臣一律赦罪，苏东坡家人获准自 1100 年 7 月自儋州返回常州，次年 6 月到达。一切都还没有来得及安顿，苏东坡突感不适，1101 年 8 月 24 日，他在家人和朋友的陪伴下安详地闭上了双眼。

林语堂在《苏东坡传》的最后写道：苏东坡今生的浩然之气用尽。人的生活也就是心灵的生活，这种力量形成人的事业人品，与生而俱来，由生活中之遭遇而显示其形态。正如苏东坡在潮州韩文公庙碑中所说："浩然之气，不依形而立，不恃力而行，不待生而存，不随死而亡者矣。故在天为星辰，在地为河狱，幽则为鬼神，而明则复为人。此理之常，无足怪者"。

苏东坡去世 25 年后，北宋灭亡。自此中国人的想象力和灵性、创造性的智慧和独立思考的人格经南宋的忍气吞声、元朝的人性蹂躏、明朝的铁桶政治、清朝的寻章摘句后，几乎丧失殆尽。所以，苏东坡成了古之少有、近代难寻的旷世奇才。

参考文献

阿诺德·汤因比，2001.人类与大地母亲：一部叙事体世界历史[M].徐波，等译，马小军，校.上海：上海人民出版社.

В.П.巴拉诺夫，朱蓓蓓，朱显平，2017.日本侵华战争是第二次世界大战的开端[J].东北亚论坛，26(1)：12-19＋127.

柏杨，2008.中国人史纲(上、下)[M].太原：山西出版集团/山西人民出版社.

贝尔斯，2011.左宗棠传[M].王纪卿，译.南京：凤凰出版传媒集团/江苏文艺出版社.

璧瑜，1938."持久战"与"长期建设"[J].战旗，(42)：16-17.

蔡攀，左世江，王芳，等，2017.青少年暗黑人格对其幸福动机和幸福感的影响[J].中国特殊教育，(12)：60-67＋82.

曹升生，2009.以史为鉴：唐太宗构建和谐君臣关系的成功实践[J].船山学刊，(1)：67-70.

曹应旺，2022.毛泽东《论持久战》蕴含的时代观[J].党的文献，(3)：37-44.

曹应旺，2019.毛泽东为什么能写出《论持久战》[J].党的文献，(3)：50-57.

常璩，1987.华阳国志校补图注[M].任乃强，校注.上海：上海古籍出版社.

陈春花，刘祯，2010.案例研究的基本方法——对经典文献的综述[J].管理案例研究与评论，3(2)：175-182.

陈君生，何继勇，2009.曾国藩的人生智慧[J].船山学刊，(1)：35-37.

陈寿，2006.三国志[M].[宋]裴松之，注.北京：中华书局.

陈寿灿，2002.从贞观之治看先秦儒家德治思想的具体实践与历史价值[J].哲学研究，(9)：45-50＋80.

陈舜臣，2007.大唐帝国：隋乱唐盛三百年[M].廖为智，译.北京：新星出版社.

陈舜臣，2006.诸葛孔明[M].东正德，译.北京：北京图书馆出版社.

陈晓萍，徐淑英，樊景立，2012.组织与管理研究的实证方法[M].2 版.北京：北京大学出版社.

陈峥，陈垣君，2020.民力运用与抗战相持阶段正面战场后勤保障——以桂南会战期间的军民合作站为中心[J].日本侵华南京大屠杀研究，(2)：107-113.

成龙，2020.从马克思主义时代观看当今中国所处的时代性质[J].浙江大学学报(人文社会科学版)，50(6)：29-43.

成思危，2001.认真开展案例研究，促进管理科学及管理教育发展[J].管理科学学报，(5)：1-6.

成晓军，2001.试论曾国藩幕府盛况空前的原因[J].长白学刊，(4)：83-86.

程聪，张颖，陈盈，等，2014.创业者政治技能促进创业绩效提升了吗？——创业导向与组织公正的中介调节效应[J].科学学研究，32(8)：1198-1206.

戴燕，2017.《三国志》讲义[M].北京：生活·读书·新知三联书店.

邓广铭，1979.王安石[M].北京：人民出版社.

董金社，2021.先秦法家[M].北京：现代出版社.

杜丁，2013-09-26.中央已向官员推荐 111 种书《曾国藩》等最受欢迎[N/OL].新京报.

杜君立，2013.历史的细节Ⅱ：弓箭、火药和船如何改变世界[M].上海：上海三联书店.

费正清，刘广京，1985.剑桥中国晚清史1800—1911 年(上)[M].北京：中国社会科学出版社.

高婧，杨乃定，杨生斌，2010.关于管理学本土化研究的思考[J].管理学报，(7)：949-955

高希中，2018.司马迁历史人物评价理念试析[J].南方人物，(4)：171-176.

高中华，赵晨，2014.工作场所的组织政治会危害员工绩效吗？基于个人—组织契合理论的视角[J].心理学报，46(8)：1124-1143.

葛娴，2005.蒋经国的共产党员秘书余致浚[J].炎黄春秋，(12)：17-22.

耿耀国，常国胜，李丽，等，2014.马基雅维里主义人格特质研究述评[J].中国临床心理学杂志，22(5)：816-820.

耿耀国，杨楠，张魁，2012.马基雅维里主义的心理学研究进展[J].中国临床心理学杂志，20(2)：267-270＋274.

龚鹏程，2005.向古人借智慧[M].天津：百花文艺出版社.

韩翼，杨百寅，2014.领导政治技能对员工组织忠诚的影响研究[J].科研管理，35(9)：147-153.

韩翼，杨百寅，2012.师徒关系开启徒弟职业成功之门：政治技能视角[J].管理世界，6：124-132＋188.

韩增海，2010.曾国藩的管理之道[J].刊授党校，(1)：28-29.

韩振峰，2013-12-16.改革的方法论[N/OL].北京日报.

何炳棣，2009.读史阅世六十年[M].南宁：广西师范大学出版社.

何国松，2009.曾国藩传[M].长春：吉林大学出版社.

王寿南，2011.中国历代思想家　清(二)[M].北京：九州出版社.

何曦智，2012.鲁肃生活手札：低调笑到最后的榜样人生[M].北京：中国财富出版社.

洪迈，2002.容斋随笔[M].呼和浩特：内蒙古大学出版社.

黄仁宇，2007.万历十五年[M].上海：三联书店.

黄仁宇，2007.中国大历史[M].上海：三联书店.

黄如金，2007.和合管理：探索具有中国特色的管理理论[J].管理学报，4(2)：135-140＋143.

黄攸立，梁超，2014.马基雅维利主义人格特质对反生产行为的影响研究——工作满意度的中介作用[J].西北工业大学学报(社会科学版)，34(3)：54-59.

基思·格林特，2018.领导力[M].马睿，译.南京：译林出版社.

季思，2020.以中国智慧破解全球化三大困局[J].当代世界，(5)：1.

蒋廷黻，2006.中国近代史[M].北京：团结出版社.

杰弗瑞·菲佛，罗伯特·萨顿，2008.管理的真相：事实、传言与胡扯[M].闫佳，邓瑞华，译.北京：中国人民大学出版社.

景国际，2009.曾国藩的中庸哲学思想[J].文史月刊，(9)：71-72.

康震，2018.康震讲王安石[M].北京：中华书局.

柯美成，胡杭美，2002.中国古代用人智慧[M].北京：华夏出版社.

雷博，2021."失败"与"探路"：王安石变法的历史政治学分析[J].文化纵横，(2)：112-119.

李长安，2019.华为运行管理中的亮点及特色[J].人民论坛，(12上)：22-25.

李大华，2009.李世民[M].北京：东方出版社.

李焘，2004.续资治通鉴长编(卷252)[M].北京：中华书局.

李瀚章(编撰)，李鸿章(校刊)，2011.曾文正公全集(一)[M].北京：中国书店.

李华瑞，2021.近二十年对王安石及其变法的重新认识———为王安石诞辰一千周年而作[J].史学月刊，(11)：5-30.

李建华，侯小明，2012.王安石全传[M].武汉：华中科技大学出版社.

李江华，2015.曾国藩为政之道对领导者的启示[J].领导科学，(22)：51-54.

李平，曹仰锋，2012.案例研究方法：理论与范例———凯瑟琳·艾森哈特论文集[M].北京：北京大学出版社.

李平，2010.中国管理本土研究：理念定义及范式设计[J].管理学报，(5)：633-641＋648.

李琼，黄希庭，2012.自我控制：内涵及其机制与展望[J].西南大学学报(社会科学版)，38(2)：41-52＋173.

李世民，2009.帝范[M].唐政，释译.北京：新世界出版社.

李晓虎，李利霞，2019.宋神宗在熙宁变法中的过失与历史之鉴[J].领导科学，(19)：105-107.

李鑫，2015.中国本土管理研究的X整合主义[J].管理学报，(2)：157-166.

李旭，2019.抚州市2018年王安石学术思想研讨会综述[J].东华理工大学学报(社会科学版)，(6)：116-119.

李永瑞，黎翔，刘欣，2010.管理类本科专业实习定位与操作模式的探索[J].首都经济贸易大学学报，12(4)：119-122.

李永瑞，王铭，宋佳谕，2023.群体断层激活及负面效应涌现：熙宁变法缘何从志同道合走向四分五裂？[J].心理学报，55(2)：336-352.

李永瑞,2009.巴西的启示：如何在竞争中胜出[J].软件工程师,(11)：27-29.

李永瑞,2009.成功领导者的三种基本素质[J].软件工程师,(7)：52-54.

李永瑞,2010.读管仲,品成功组织变革六要素[J].软件工程师,(9)：41-44.

李永瑞,2012.管理者莫自困藩篱不自知[J].中国卫生人才,(7)：57.

李永瑞,2012.管理者如何自知亦知人[J].中国卫生人才,(8)：51.

李永瑞,2012.鉴史镜人[J].中国卫生人才,(9)：59.

李永瑞,2006.借力团队 有所为有所不为[J].软件工程师,(6)：23-25.

李永瑞,2008.精识人性 善用权力[J].软件工程师,(1)：29-31.

李永瑞,2009.旷达、平等和真诚：有效沟通的逻辑前提[J].软件工程师,(12)：26-28.

李永瑞,2010.李世民：心怀天下 善借他力 敬畏留名[J].软件工程师,(10)：41-44.

李永瑞,2005.了解自我,从心理测评开始[J].软件工程师,(12)：26-29.

李永瑞,2004.领导科学与艺术[M].兰州：敦煌文艺出版社.

李永瑞,2012.领导者要有敬畏之心和慎独之行[J].中国卫生人才,(5)：51.

李永瑞,2012.刘邦的经验和诸葛亮的教训[J].中国卫生人才,(4)：59.

李永瑞,2010.鲁肃：全局思维与组织化推进能力[J].软件工程师,(8)：42-45.

李永瑞,2009.商鞅变法：组织变革的经典案例[J].软件工程师,(Z1)：101-103.

李永瑞,2009.商鞅的经典求职路径[J].软件工程师,(1)：21-23.

李永瑞,2009.苏东坡的启示：是什么造就了全能大家？[J].软件工程师,(10)：25-28.

李永瑞,2009.王安石的人格缺陷：知而不行,化友为敌[J].软件工程师,(4)：58-60.

李永瑞,2012.用人单位如何破解"三不"难题[J].中国卫生人才,(2)：55.

李永瑞,2010.曾国藩缘何成为成功者的精神导师和学习楷模？[J].软件工程师,(7)：45-49.

李永瑞,2010.诸葛亮的悲剧：自见不明、独智添愚[J].软件工程师,(6)：36-40.

李永瑞，2012.左宗棠的格局和担当精神[J].中国卫生人才，(12)：57.

李永瑞，章文光，于海波，等，2021.组织行为学[M].4版.北京：高等教育出版社.

李由，2019.华为的治理方法论[J].人民论坛，(34)：26-27.

梁启超，2009.王安石传[M].李争平，译.北京：中国旅游出版社，64.

梁启超，2014.中国历史研究法/中国历史研究法补编[M].北京：中华书局.

林语堂，2008.苏东坡传[M].张振玉，译.西安：陕西师范大学出版社.

刘成国，2018.王安石年谱长编[M].北京：中华书局.

刘峰著，2014.领导科学与领导艺术[M].北京：高等教育出版社/北京大学出版社.

刘高勇，2001.从唐太宗与虞世南、魏征关系的差异看其文化倾向[J].湖北大学学报(哲学社会科学版)，(5)：91-93.

刘海春，2020.论新时代中国国际话语权的建构[J].社会学家，(1)：8-14.

刘炬，1999.《论持久战》与《孙子》"速胜论"之同一性[J].长白学刊，(3)：30-32.

刘炬，2014.试论唐朝东北边疆经略政策的演变及影响[J].北方文物，(3)：46-49.

刘军，吴隆增，许浚，2010.政治技能的前因与后果：一项追踪实证研究[J].管理世界，(11)：94-104＋188.

刘澜，2011.领导力沉思录[M].北京：中信出版社.

刘琦，2005.论中国抗战在世界反法西斯战争中的历史地位[J].佛山科学技术学院学报(社会科学版》，(6)：72-77.

刘文阶，1939.怎样支持持久战[J].持久战，(2)：16.

刘益涛，2015.激流勇进——毛泽东抗战理论与实践[M].北京：中共党史出版社.

刘荫柏，1983.魏征与唐太宗关系辨[J].复旦学报(社会科学版)，(2)：103-105.

罗贯中，2005.三国演义[M].刘世德，郑铭，点校.北京：中华书局.

骆啸声，1987.温公与荆公变法思想之比较[J].湖北大学学报，(6)：82-86.

梅贻琦，1941.大学一解[J].清华学报，13(1)：1-12.

明佳睿，王立胜，2013.诠释毛泽东社会动员智慧的三重向度——从社会学角度重新解读《论持久战》[J].当代世界与社会主义，（2）：145-150.

欧佩玉，孙晓毓，徐文娟，2015.社会压力与马基雅维利主义个性特征对预算松弛影响的实验研究[J].中央财经大学学报，（10）：94-103.

欧阳哲生，2018.古代北京与西方文明[M].北京：北京大学出版社.

潘娜娜，2021.身份理论视域下他者对"中国模式"的学术话语体系建构[J].社会主义研究，（1）：164-172.

彭敦文，2020.毛泽东《论持久战》的当代价值[J].人民论坛，（28）：78-81.

漆侠，1979.王安石变法[M].上海：上海人民出版社.

齐晓栋，张大均，2014.中国文化背景下特质自我控制与心理－行为关系的元分析[J].西南大学学报（社会科学版），40(6)：92-97.

钱穆，1996.国史大纲（修订本）[M].北京：商务印书馆.

钱穆，2012.中国历代政治得失[M].北京：九州出版社.

容闳，2015.西学东渐记[M].长沙：岳麓书社.

瑞贝卡·卡尔，2013.毛泽东传[M].龚格格，译.长沙：湖南人民出版社.

桑兵，2022.大处着眼：《论持久战》与抗战研究的进路[J].抗日战争研究，（1）：4-13.

桑兵，2019.鼓与呼：《论持久战》的舆论攻势[J].中山大学学报（社会科学版），（6）：1-12.

桑兵，2021.国共抗战的战略异同与政治纠葛[J].社会科学战线，（1）：140-156.

桑兵，2020.《论持久战》的言说对象[J].社会科学战线，（7）：98-113＋282.

桑兵，2018.全面抗战前持久战思想的发生与衍化[J].抗日战争研究，（3）：4-19＋159.

商鞅，2006.商君书[M].张觉，校注.长沙：岳麓书社.

邵平桢，2003.孙子《计篇》与毛泽东《论持久战》比较研究[J].毛泽东思想研究，（2）：112-113.

沈陈汉音，1967.1840—1852年期间曾国藩的经世改革思想[J].亚洲研究杂志，27(1)：61-80.

史式，2009.一生沽名钓誉唐太宗李世民[J].文史天地，（1）：32-36.

舒跃育，2015.自我实现者的典范——刘邦自我实现人格的心理传记分析[J].西北师范大学学报(社会科学版)，52(4)：105-110.

司马迁，2006.史记[M].北京：中华书局.

宋斐，2006.从"悖逆凶徒"到"千古一帝"——"李世民之谜"的心理分析[J].中国社会科学院研究生院学报，(3)：61-67.

宋健，赵秋婷，2022.青年职业与教育匹配、职业期望及工作满意度[J].青年探索，(5)：51-64.

苏东水，杨恺钧，苏宗伟，2011.《论持久战》与人本管理.学习与探索[J].(4)：179-182.

苏敬勤，马欢欢，张帅，2018.本土管理研究的传统文化和情境视角及其发展路径[J].管理学报，(2)：159-167.

孙文泱，2009.李世民的自我评价[J].领导文萃，(15)：132-135.

谭伯牛，2014.战天京[M].北京：北京联合出版公司.

谭力文，宋晟欣，2015.管理学本土化问题研究的分析与再思考[J].管理学报，(7)：962-968＋975.

唐浩明，2004.曾国藩[M].武汉：长江文艺出版社.

唐双宁，2015.指导抗战的不朽篇章——重温《论持久战》[J].中共党史研究，(7)：25-27.

唐正芒，周玉文，2016.质疑与释疑：关于《论持久战》影响力之辩论[J].湖南科技大学学报(社会科学版)，(5)：6-12.

陶坚，2021.坚持总体国家安全观，在百年变局中维护好经济安全[J].现代国际关系，(7)：7-8.

田兆阳，2006.李世民纳谏演变三阶段及其启示[J].中国行政管理，(8)：81-82.

田志龙，钟文峰，2019.企业家讲话中如何清楚表达"为何做"？——华为任正非基于利益相关者要素的意义沟通及其话语逻辑分析[J].管理学报，16(10)：1423-1434.

万泽民，1994.论唐太宗的"用人之道"与"贞观之治"[J].浙江大学学报，(4)：16-21.

王夫之，2016.船山遗书[M].北京：中国书店.

王贵成，2004.魏征：一双冷眼看君王[J].文史天地，(1)：29-31.

王洪青，张文勤，2012.国外政治技能最新研究进展述评[J].外国经济与管理，34(12)：49-55.

王立胜，2006.毛泽东"组织起来"思想与中国农村现代化社会基础之再造[J].现代哲学，(6)：46-52.

王萍，朱进炎，2018.马基雅维利主义人格对道德行为决策影响的研究——以道德推脱为中介变量[J].人类工效学，24(5)：41-49.

王珊珊，2019.以中国智慧破解全球"信任赤字"[J].红旗文稿，(24)：37-38.

王万盈，2002.李世民与魏征关系新论[J].西北师大学报(社会科学版)，(5)：100-104.

王学东，2006.管仲[M].北京：解放军出版社.

王艳子，罗瑾琏，李倩，2016.中国"面子"文化情境下领导政治技能对团队领导社会网络的作用机制研究[J].预测，35(3)：8-12＋80.

王艺明，2019.华为如何建立民主化的治理机制[J].人民论坛，(34)：16-18.

王奕淼，1999.李世民的德政思想初探[J].湖南大学学报(社会科学版)，(2)：64-67.

王益明，金瑜，2002.自我管理研究述评[J].心理科学，25(4)：453-456＋464.

王志敏，张蕾，2018.熙宁变法的现实借鉴[J].河北工程大学学报(社会科学版)，(3)：42-44.

魏忠明，邓兴华，2018.文本现象学视角下《论持久战》的创新性价值[J].湖南科技大学学报(社会科学版)，(4)：6-11.

沃伦·本尼斯，伯特·纳努斯，2016.领导者(纪念版)[M].赵岑，徐琨，译.杭州：浙江人民出版社.

吴兢，2006.贞观政要[M].刘配书，等译.北京：新华出版社.

吴跃平，2011.从几个重要历史情节看鲁肃[J].小说评论，(2)：138-140.

武亚军，2010.中国战略管理学的近期发展：一种本土视角的回顾与前瞻[J].管理学报，(11)：1692-1703.

习近平，2014-10-14.牢记历史经验历史教训历史警示，为国家治理能力现代化提供有益借鉴[N/OL].人民日报.

习近平，2011.领导干部要读点历史[J].中共党史研究，(10)：5-10.

习近平，2021.在党史学习教育动员大会上的讲话[J].党建，(4)：4-11.

萧一山，2011.清代通史(三)[M].上海：华东师范大学出版社.

肖宇佳，潘安成，2018."以理"还是"人情"？创业者政治技能与资源获取[J].管理科学学报，21(2)：48-67.

谢佩洪，2016.基于中国传统文化与智慧的本土管理研究探析[J].管理学报，13(8)：1115-1124.

熊公哲，1936.王安石政略[M].北京：商务印书馆.

熊良，1938年创刊号.手工业在持久战中之地位[J].浙江工业，4-6.

徐国利，李天星，2012.中国当代的历史人物评价标准问题研究述评[J].军事历史，(6)：70-74.

徐淑英，任兵，吕力，2016.管理理论构建论文集[M].北京：北京大学出版社.

徐淑英，张志学，2011.管理问题与理论建立：开展中国本土管理研究的策略[J].重庆大学学报(社会科学版)，17(4)：1-7.

徐中玉，2009.苏东坡文集导读[M].北京：中国国际广播出版社.

许士密，2021."逆全球化"的生成逻辑与治理策略[J].探索，(2)：74-87.

许晓平，2003.领导·组织·战略[M].北京：红旗出版社.

鄢海亮，2018.毛泽东《论持久战》版本研究.抗日战争研究[J].(3)：34-43＋159.

晏振宇，孙熙国，2015.传统文化创造性转化路径的思考[J].中国特色社会主义研究，(6)：58-61.

杨奎松，2018.毛泽东为什么要写《论持久战》[J].抗日战争研究，(3)：20-33＋159.

杨越，谢员，秦晨曦，2016.野心家取向：概念、测量、成因与影响[J].心理科学进展，24(3)：410-421.

姚治勋，2005.排斥异己是王安石变法失败的重要原因[J].南京大学学报(哲学·人文科学·社会科学)，(2)：125-131.

翼云，1938.经济持久战的若干问题[J].动员周刊，(7)：10-12.

余明侠，1996.诸葛亮传[M].南京：南京大学出版社.

余源培，2005.掌握客观规律，提高驾驭能力——学习《论持久战》[J].毛泽东邓小平理论研究，(6)：20-25.

贠杰，2021.组织领导力：中国共产党治理成就的制度逻辑[J].管理世界，(8)：20-29.

袁南生，2021.鲁肃与诸葛亮，谁更高明？[J].同舟共进，(5)：85-88.

曾国藩，2011.冰鉴[M].欧阳居士，译.北京：中国画报出版社.

曾国藩，2010.曾国藩家书[M].王峰，注.吉林：延边人民出版社.

曾国藩，2012.曾国藩家书[M].张智，编译，北京：中国画报出版社.

曾国藩，2012.曾国藩家书[M].北京：金城出版社.

曾仕强，2014.曾国藩的启示[M].北京：北京联合出版公司.

张红春，雷国珍，2013.论《群众》周刊在抗战初期的政治动员[J].中共党史研究，(6)：97-106.

张丽华，刘松博，2006.案例研究：从跨案例的分析到拓展现有理论的解释力——中国第二届管理案例学术研讨会综述[J].管理世界，(12)：142-145.

张林祥，2008.《商君书》的成书与思想研究[M].北京：人民出版社.

张梦中，马克·霍哲，2002.案例研究方法论[J].中国行政管理，(1)：43-46.

张宛艳，2013.曾国藩的人格修炼之道[J].中国党政干部论坛，(11)：95-97.

张文娟，张惠，2014.黑暗三人格的两面性及心理机制解析[J].北京师范大学学报(社会科学版)，(4)：38-47.

张祥浩，魏福明，2011.王安石评传[M].南京：南京大学出版社.

张祥浩，1995.论王安石变法失败的原因[J].赣南师范学院学报，(2)：21-25.

张小锋，2015.《论持久战》与抗日战争胜利的再认识[J].红旗文稿，(9)：14-15.

张荫麟，2005.你应该知道的中国史纲[M].北京：九州出版社.

张志学，赵曙明，连汇文，等，2021.数智时代的自我管理和自我领导：现状与未来[J].外国经济与管理，43(11)：3-14.

赵鼎新，2006.东周战争与儒法国家的诞生[M].夏江旗，译.上海：华东师范大学出版社/上海三联书店.

赵君，廖建桥，2013.马基雅维利主义研究综述[J].华东经济管理，27(4)：145-148.

赵坤，2020.现代个体与共同体关系重建的前提及其中国智慧[J].四川大学学报(哲学社会科学版)，(5)：21-27.

赵益，2000.王霸义利——北宋王安石改革批判[M].南京：南京大学出版社.

郑学檬，卢华语，张宇，等，2006.李世民评传[M].南京：南京大学出版社.

仲伟民，1997.宋神宗[M].长春：吉林文史出版社.

周惠斌，2012-01-18.《论持久战》英译本的由来[N/OL].中华读书报.

周志武，高剑平，2003.马基雅维利与韩非子政治思想之比较[J].广西民族学院学报(哲学社会科学版)，(S2)：152-155+240.

周重礼，余雷英，2001.毛泽东《论持久战》发表之后[J].湖南档案，(3)：38-39.

朱东安，2006.曾国藩文选(注释本)[M].天津：百花文艺出版社.

朱根生，1999.《战争论》与《论持久战》若干观点之比较[J].解放军外国语学院学报，(6)：111-113.

朱子彦，2006.走下圣坛的诸葛亮——三国史新论[M].北京：中国人民大学出版社.

诸葛亮，2014.诸葛亮集[M].段熙仲，闻旭初，编校.北京：中华书局.

庄迪君，1999.诸葛亮的局限与鲁肃的智慧[J].管理科学文摘，(11)：46-48.

紫山川崎三郎，2012.曾国藩传：日本人眼中的曾国藩[M].王纪卿，译.香港：中和出版社.

《组织行为学》编写组，2019.组织行为学[M].北京：高等教育出版社.

Ahearn K K, Ferris G R, Hochwarter W A, et al., 2004. Leader political skill and team performance[J]. Journal of Management, 30：309-327.

Baumeister R F, Vohs K D, Tice D M, 2007. The strength model of self-control[J]. Current Directions in Psychological Science, 16(6)：351-355.

Bedell K, Hunter S, Angie A, et al., 2006. Ahistoriometric examination of Machiavellianism and a new taxonomy of leadership[J]. Journal of Leadership & Organizational Studies, 12(4)：50-72.

Bromiley P, Rau D, 2016. Social, behavioral, and cognitive influences on upper echelons during strategy process: A literature review[J]. Journal of

Management，35(8)：1249-1256.

Christie R，Geis F，1970. Studies in Machiavellianism［M］. New York：Academic Press.

Dahling J J，Whitaker B G，Levy P E，2009. The development and validation of a new machiavellianism scale［J］. Journal of Management，35(2)：219-257.

Deluga R J，2001. American presidential Machiavellianism：Implications for charismatic leadership and rated performance［J］. The Leadership Quarterly，12(3)：339-363.

Ferris D L，Brown D J，Berry J W，et al.，2008. The development and validation of the workplace ostracism scale［J］. Journal of Applied Psychology，93(6)：1348-1366.

Gunnthorsdottir A，McCabe K，Smith V，2002. Using the Machiavellianism instrument to predict trustworthiness in a bargaining game［J］. Journal of Economic Psychology，23(1)：49-66.

Holtbrügge D，2013. Indigenous management research［J］. Management International Review，(53)：1-11.

Lau D C，Murnighan J K，1998. Demographic diversity and faultlines：The compositional dynamics of organizational groups［J］. Academy of Management Review，23(2)：325-340.

Lin H C，Lin P C，2019. The interplay between CEO-TMT exchange level and differentiation：Implications for firm competitive behaviors and performance［J］. Journal of Business Research，95：181-191.

Lin H C，Rababah N，2014. CEO-TMT exchange，TMT personality composition，and decision quality：The mediating role of TMT psychological empowerment［J］. The Leadership Quarterly，25(5)：943-957.

Ling Y，Simsek Z，Lubatkin M H，et al.，2008. Transformational leadership's role in promoting corporate entrepreneurship：Examining the CEO-TMT interface［J］. Academy of Management Journal，51(3)：557-576.

Liu C C，2008. The relationship between Machiavellianism and knowledge sharing willingness［J］. Journal of Business and Psychology，22(3)：233-240.

Martin R，Guillaume Y，Thomas G，et al.，2016. Leader-member exchange (LMX) and performance：A meta-analytic review[J]. Personnel Psychology，69(1)：67-121.

Martindale C，1973. An experimental simulation of literary change[J]. Journal of Personality and Social Psychology，(25)：319-326.

Mathieu J E，Gallagher P T，2019. Embracing complexity：Reviewing the past decade of team effectiveness research[J]. Annual Review of Organizational Psychology and Organizational Behavior，6(1)：17-46.

Milliken F J，Martins L L，1996. Searching for common threads：Understanding the multiple effects of diversity in organizational groups[J]. Academy of Management Review，21(2)：402-433.

Mintzberg H，1983. Power in and around organizations[M]. Englewood Cliffs. NJ：Prentice Hall.

Monaghana C，Bizumica B，Sellbomb M，2018. Nomological network of two-dimensional Machiavellianism[J]. Personality and Individual Differences，130：161-173.

Paleczek D，Bergner S，Rybnicek R，2018. Predicting career success：Is the dark side of personality worth considering? [J]. Journal of Managerial Psychology，33(3)：437-456.

Pfeffer J，1981. Power in organizations[M]. Boston：Pitman.

Ricks J，Fraedrich J，1999. The paradox of Machiavellianism：Machiavellianism may make for productive sales but poor managemen reviews[J]. Journal of Business Ethics，20(3)：197-205.

Roberson Q M，2019. Diversity in the workplace：A review，synthesis and future research agenda[J]. Annual Review of Organizational Psychology and Organizational Behavior，6：69-88.

Shafer W E，Lucianetti L，2018. Machiavellianism，stakeholder orientation，and support for sustainability reporting[J]. Business Ethics，27：272-285.

Simonton D K，2003. Qualitative and quantitative analyses of historical data[J]. Annual Review of Psychology，(54)：617-640.

Siu W S，Tam K C，1995. Machiavellianism and Chinese banking executives in

Hong Kong[J]. International Journal of Bank Marketing, 13(2): 15-21.

Valentine S, Fleischman G, 2018. From schoolyard to workplace: The impact of bullying on sales and business employees' machiavellianism, job satisfaction, and perceived importance of an ethical issue[J]. Human Resource Management, 57(1): 293-305.

Webb E J, Campbell D T, Schwartz R D, et al. , 1981. Nonreactive measures in the social sciences[M]. Boston: Houghton Mifflin Press.